독자의 1초를
아껴주는 정성을
만나보세요!

세상이 아무리 바쁘게 돌아가더라도 책까지 아무렇게나 빨리 만들 수는 없습니다.
인스턴트 식품 같은 책보다 오래 익힌 술이나 장맛이 밴 책을 만들고 싶습니다.
땀 흘리며 일하는 당신을 위해 한 권 한 권 마음을 다해 만들겠습니다.
마지막 페이지에서 만날 새로운 당신을 위해 더 나은 길을 준비하겠습니다.

길벗IT 도서 열람 서비스

도서 일부 또는 전체 콘텐츠를 확인하고 읽어볼 수 있습니다.
길벗만의 차별화된 독자 서비스를 만나보세요.

더북(TheBook) ▶ https://thebook.io

더북은 (주)도서출판 길벗에서 제공하는 IT 도서 열람 서비스입니다.

Google Gemini 1.5/LlamaIndex/LangChain JINKOUCHINO PROGRAMMING JISSENNYUMON
Copyright © 2024 HIDEKAZU FURUKAWA
All rights reserved.
Original Japanese edition published by Born Digital, Inc.
Korean translation rights © 2025 by GILBUT PUBLISHING CO., LTD
Korean translation rights arranged with Born Digital, Inc, Tokyo
through Botong Agency.

이 책의 한국어판 저작권은 보통 에이전시를 통한 저작권자와의 독점 계약으로 (주)도서출판 길벗에 있습니다.
신저작권법에 의해 한국 내에서 보호를 받는 저작물이므로 무단전재와 복제를 금합니다.

제미나이 인공지능 프로그래밍
GEMINI AI PROGRAMMING

초판 발행 · 2025년 5월 13일

지은이 · 후루카와 히데카즈
옮긴이 · 하승민
발행인 · 이종원
발행처 · (주)도서출판 길벗
출판사 등록일 · 1990년 12월 24일
주소 · 서울시 마포구 월드컵로 10길 56(서교동)
대표 전화 · 02)332-0931 | **팩스** · 02)323-0586
홈페이지 · www.gilbut.co.kr | **이메일** · gilbut@gilbut.co.kr

기획 및 책임편집 · 정지은(je7304@gilbut.co.kr) | **편집** · 정지은 | **표지 디자인** · 박상희 | **제작** · 이준호, 손일순, 이진혁
마케팅 · 임태호, 전선하, 박민영, 서현정, 박성용 | **유통혁신** · 한준희 | **영업관리** · 김명자 | **독자지원** · 윤정아
교정교열 · 김윤지 | **전산편집** · 책돼지 | **CTP 출력 및 인쇄** · 금강인쇄 | **제본** · 경문제책

▶ 이 책은 저작권법의 보호를 받는 저작물로 이 책에 실린 모든 내용, 디자인, 이미지, 편집 구성은 허락 없이 복제하거나 다른 매체에 옮겨 실을 수 없습니다.
▶ 인공지능(AI) 기술 또는 시스템을 훈련하기 위해 이 책의 전체 내용은 물론 일부 문장도 사용하는 것을 금지합니다.
▶ 잘못 만든 책은 구입한 서점에서 바꿔 드립니다.

ISBN 979-11-407-1337-0 93000
(길벗 도서번호 080441)

정가 35,000원

독자의 1초를 아껴주는 길벗출판사

(주)도서출판 길벗 | IT단행본&교재, 성인어학, 교과서, 수험서, 경제경영, 교양, 자녀교육, 취미실용 www.gilbut.co.kr
길벗스쿨 | 국어학습, 수학학습, 주니어어학, 어린이단행본, 학습단행본 www.gilbutschool.co.kr

페이스북 · https://www.facebook.com/gbitbook
예제소스 · https://github.com/gilbutITbook/080441

제미나이
인공지능
프로그래밍

후루카와 히데카즈 지음 | 하승민 옮김

길벗

지은이의 말

이 책은 구글 제미나이(Gemini)를 활용하여 사람을 돕는 '챗봇 AI'를 개발하는 입문서입니다. 2024년 5월 말부터 정식으로 출시된 제미나이 1.5 프로, 제미나이 1.5 플래시에 대응하며, 대상 독자는 다음과 같습니다.

- 챗봇 AI 구조를 이해하고 싶은 사람
- 챗봇 AI에 지식이나 계산할 수 있는 능력을 주고 업무를 자동화하고 싶은 사람
- 로봇이나 AI 버튜버에 적용할 대화 엔진을 만들고 싶은 사람
- 직접 개발한 애플리케이션에 채팅 기능을 탑재하고 싶은 사람

제미나이는 구글이 개발한 최신 챗봇 AI입니다. 로그인하고 대화를 입력만 하면 바로 사용할 수 있으며, 사람처럼 자연스러운 대화가 가능하다는 점에서 전 세계적으로 인기를 끌었습니다. 최근 출시된 오픈AI의 챗지피티(ChatGPT)와 함께 연구자나 전문가가 아닌 일반인이 인공지능을 활용하기 시작하는 전환점이 되었습니다.

제미나이에는 지금까지 챗봇 AI보다 우수한 기능이 많이 있습니다.

- 사람처럼 자연스러운 대화가 가능
- 한국어 대화 지원
- 다양한 업무에 대응
- 프로그래밍 언어에 특화
- 각종 구글 서비스와 연계

이 기능을 활용하여 업무를 자동화하거나, 대화 엔진을 개발하거나, 애플리케이션에 채팅 UI를 탑재하려는 사람이 많을 것입니다. 이러한 사람들에게 도움이 되고자 이 책을 집필했습니다.

챗봇 AI 서비스인 제미나이는 대화를 할 수 있는 기술로, AI 모델인 제미나이 1.5 프로와 제미나이 1.5 플래시를 주로 사용합니다. 제미나이는 이 두 모델을 활용해서 개발한 대화형 애플리케이션의 한 예라고 할 수 있습니다.

제미나이를 개발한 구글은 제미나이 1.5 프로와 제미나이 1.5 플래시에 쉽게 접근할 수 있도록 제미나이 API를 제공합니다. 이를 활용하면 전문적인 지식을 갖춘 챗봇 AI를 개발할 수 있습니다.

이 책에서는 제미나이 1.5에 추가된 다양한 기능을 설명합니다.

- 멀티 모달(동영상 및 음성) 입력
- 파일 API
- 시스템 지시
- 함수 호출

여기에 더해 최신 LLM 애플리케이션을 개발할 수 있는 프레임워크도 소개합니다.

- 라마인덱스
- 랭체인

라마인덱스(LlamaIndex)는 자기만의 데이터를 사용하여 질의응답을 하는 검색 증강 생성(Retrieval-Augmented Generation, RAG)을 매우 쉽게 구축할 수 있는 프레임워크입니다. 랭체인(LangChain)은 자연어 인터페이스로 API와 함수, 데이터베이스 등 도구(tool)를 조작하는 에이전트(Agent)를 구축하는 데 적합한 프레임워크입니다. 이 두 프레임워크를 이용하면 AI 연구자들이 내놓은 최신 학습 알고리즘을 빠르게 활용할 수 있습니다.

이 책으로 AI를 활용하여 프로그래밍을 시작하려는 사람들이 도움을 받고 다양한 분야에서 AI를 활용할 수 있는 계기가 되길 바랍니다.

마지막으로 이 책을 집필하는 데 많은 도움을 준 분들께 감사하다는 말씀을 전합니다.

후루카와 히데카즈

옮긴이의 말

이 책은 대규모 언어 모델을 활용한 개발과 관련된 기초 가이드를 제공합니다. 특히 제미나이, 라마인덱스, 랭체인 등 주요 라이브러리와 플랫폼을 중심으로 간단하게 실습 예제를 다루어 보면서 애플리케이션을 효과적으로 설계하고 구현하는 데 필요한 지식을 소개합니다.

이 책에서 다루는 제미나이를 비롯한 라마인덱스, 랭체인 등 라이브러리들은 단순히 AI 모델 기능을 활용하는 데 그치지 않고 데이터 처리, 정보 검색, 애플리케이션 설계 등 다양한 영역에서 AI 응용 범위를 확장시키는 데 유용합니다. 이러한 기술은 AI 생태계의 현재뿐만 아니라 미래에도 핵심적인 역할을 하리라 확신합니다.

AI는 매우 빠르게 발전하고 있습니다. 이것으로 앞으로는 인간과 기계가 더욱 자연스럽게 상호작용을 할 수 있게 될 것입니다. 특히 API 중심 서비스 설계는 AI의 유연성과 확장성을 극대화하는 데 중요한 역할을 합니다. 이러한 흐름 속에서 AI 모델과 API의 조합은 AI를 실질적인 비즈니스 도구로 발전시키는 데 필수적인 요소로 자리 잡았습니다.

실제로 이 책을 번역하는 중에도 제미나이는 계속 연구를 거듭하여 2.0과 딥리서치 같은 모델이 새롭게 릴리스되었습니다. 그렇다고 제미나이 1.5를 기반으로 한 실습과 사례가 의미가 없어진 것은 아닙니다. 오히려 독자들이 이 책을 바탕으로 과거 모델과 그것에 기반을 둔 서비스를 최신 버전과 비교하면서 변화 흐름을 파악한다면, 더욱 발전된 방향으로 애플리케이션을 설계하고 개발할 수 있으리라 생각합니다.

마지막으로 번역 과정에서 저자 의도를 최대한 충실히 전달하고자 노력했지만 부족한 부분이 있더라도 너그럽게 이해해 주시길 바랍니다. 이 책이 독자 여러분의 창의적인 프로젝트와 AI 서비스 개발 여정에 실질적인 도움이 되길 진심으로 바랍니다.

감사합니다.

하승민

이 책의 활용법

이 책은 구글 제미나이를 활용하는 방법뿐만 아니라 제미나이 API를 사용하여 커스터마이징한 챗봇 AI를 독자적인 시스템에 통합하는 방법을 단계별로 설명합니다.

책에서 소개하는 샘플 코드는 API 기능을 이해하는 데 초점을 맞춘 간단한 예제지만, 구글 클라우드 서비스인 구글 코랩(Google Colaboratory) 또는 안드로이드 스튜디오(Android Studio), 엑스코드(Xcode)에서도 정상적으로 동작하는 것을 확인했습니다.

이 책은 2024년 6월 기준으로 집필했고, 10월 기준으로 번역했습니다. 무료 버전에서도 기본 기능은 실행할 수 있지만, 요청 횟수에 제한이 있거나 향후 유료 버전으로 전환해야 실행이 가능한 경우도 있으므로 이 점 미리 양해 부탁드립니다.

이 책을 활용하면 현재 큰 인기를 끌고 있는 강력한 성능의 생성형 AI 기능을 자체 서비스나 애플리케이션 일부로 제공할 수 있을 것입니다.

이 책 구성

1장 제미나이 알아보기

이 장에서는 책 주제인 제미나이의 개요와 시작하는 방법을 설명합니다. 또 제미나이가 등장하기까지 AI 모델 역사를 되짚어 보고, 각 모델별 특징을 정리했습니다. 자연어 처리 AI의 기초가 되는 머신러닝과 딥러닝의 개요, 작동 방식도 간단히 소개합니다.

2장 제미나이 사용

이 장에서는 제미나이를 활용하는 방법을 자세히 다룹니다. 제미나이는 텍스트 및 이미지 생성뿐만 아니라 구글 검색과 연동하여 생성된 결과를 검토하고 유사한 검색 결과가 있는지 간단하게 확인할 수 있습니다. 제미나이는 웹 브라우저에서 제미나이 API를 간편하게 사용할 수 있는 서비스인 구글 AI 스튜디오(Google AI Studio)와 버텍스 AI 스튜디오(Vertex AI Studio) 두 서비스를 제공합니다.

3장 파이썬 개발 환경 준비

제미나이 API를 사용하여 애플리케이션이나 서비스에 제미나이 기능을 통합하려면 파이썬(Python) 개발 환경이 필요합니다. 이 책에서는 원활하게 실습할 수 있도록 구글 코랩을 사용합니다. 구글 코랩은 구글 계정만 있다면 무료로 사용할 수 있지만, 몇 가지 제한 사항이 있으므로 미리 확인하길 권장합니다.

4장 제미나이 API(파이썬 편)

이 장에서는 제미나이 API를 활용하여 실제 프로그램을 작성합니다. 제미나이는 질의응답, 프로그램 생성, 챗봇 등 텍스트 생성뿐만 아니라 이미지, 동영상, 음성도 함께 다룰 수 있도록 멀티모달 입력을 지원하는 점이 특징입니다. 외부 기능을 호출하여 활용하는 함수 호출(function calling)과 추가 학습을 이용하여 특정 요구 사항에 맞게 모델을 최적화하는 파인 튜닝(fine-tuning)도 설명합니다. 마지막으로 구글 클라우드 플랫폼(Google Cloud Platform, GCP)의 버텍스 AI(Vertex AI) 서비스에서 사용할 수 있는 버텍스 AI 제미나이 API(Vertex AI Gemini API)를 소개합니다.

5장 제미나이 API(안드로이드 편)

제미나이는 안드로이드 개발 환경인 안드로이드 스튜디오(Android Studio)에서 코틀린(Kotlin)을 사용한 프로그래밍을 지원합니다. 다만 4장에서 소개한 파이썬과 달리 2024년 10월 기준으로, 지원하는 기능에 일부 제한이 있으니 확인이 필요합니다. 안드로이드 기기의 로컬 환경에서 AI 모델을 활용하는 방법도 간단히 소개합니다.

6장 제미나이 API(iOS 편)

제미나이는 iOS 개발 환경인 엑스코드(Xcode)에서 스위프트(Swift)를 사용한 프로그래밍을 지원합니다. 이 장도 4장에서 소개한 파이썬과 달리 2024년 10월 기준으로, 지원하는 기능에 일부 제한이 있으니 확인이 필요합니다. iOS 기기의 로컬 환경에서 AI 모델을 활용하는 방법도 간단히 소개합니다.

7장 라마인덱스

라마인덱스(LlamaIndex)는 제미나이 모델이 사전에 학습하지 않은 데이터에 접근해서 질의응답을 수행할 수 있게 하는 프레임워크입니다. 사용자가 지정한 다양한 외부 데이터를 검색하여 질의응답에 활용할 수 있습니다. 이것으로 파인 튜닝보다 가벼우면서도 간편하게 모델 지식을 확장할 수 있습니다. 또 벡터 스토어(Vector Store)를 활용하면 빠르고 정확한 응답을 얻을 수 있습니다. 이 방법도 설명합니다.

8장 랭체인

랭체인(LangChain)은 다양한 모듈을 제공하며, 이들 간에 연계도 쉬워 더욱 고도화된 LLM 애플리케이션을 개발하고자 하는 사용자에게 적합한 프레임워크입니다. 이 장에서는 랭체인의 기본 개념과 주요 모듈 개요를 간단한 예제와 함께 소개합니다. 또 고급 활용 예시로 여러 도구를 사용하고 복잡한 작업을 수행할 수 있는 에이전트를 설명합니다.

이 책에서 사용하는 언어와 라이브러리

이 책에서 예시로 설명한 프로그램은 다음 언어 및 라이브러리를 사용합니다.

- Python 3.10
- Gemini 1.5 Flash, Gemini 1.5 Pro, Gemini Nano, Gemma
- Android Studio Iguana 이후, Kotlin
- Xcode 15.0 이후, Swift
- google-generativeai 0.8.4
- google-cloud-aiplatform 1.79.0
- LlamaIndex 0.11.20
- LangChain 0.3.7

예제 파일 내려받기

책에서 사용하는 예제 파일은 길벗출판사 웹 사이트에서 도서 이름으로 검색하여 내려받거나 깃허브에서 내려받을 수 있습니다.

- 길벗출판사 웹 사이트: https://www.gilbut.co.kr/
- 길벗출판사 깃허브: https://github.com/gilbutITbook/080441

> **주의**
> 이 책에서 제공하는 샘플 프로그램은 학습 목적으로 제작되었으므로 실제 사용을 보장하지 않습니다. 학습 목적 이외의 용도로 사용할 수 없으므로 주의하기 바랍니다. 또 본문에서는 웹 사이트에서 패키지, 라이브러리, AI 모델 등을 내려받아 활용하는 경우가 있는데, 이 또한 반드시 이용 허가 및 관련 라이선스 정보를 먼저 확인한 뒤 사용하기 바랍니다.

베타 테스터 후기

GEMINI

이 책은 제미나이 기본 사용법부터 랭체인까지 API와 허깅 페이스 모델 등을 활용한 AI 개발을 다룹니다. 현업에서 LLM 관련 연구 및 개발을 진행하는 입장에서 보았을 때, 이 책은 실무에 바로 적용할 수 있는 코드 예제가 풍부하여 실용적입니다. 특히 구글 코랩을 활용한 파이썬 코딩뿐만 아니라 안드로이드 스튜디오와 엑스코드 등 다양한 개발 환경에서도 단계별 실습을 진행할 수 있도록 구성되어 있습니다. 이 책은 제미나이를 처음 접하는 초보자에게 훌륭한 입문서가 될 것입니다. 제미나이를 활용한 AI 프로젝트를 시작하려는 개발자에게도 추천하고 싶은 책입니다.

- **실습 환경** Colab

이혜민_삼성전자 빅데이터센터 AI research engineer

시중에 소개된 대부분의 생성형 AI 관련 개발서는 챗지피티 API와 랭체인 사용법을 다룬 반면, 이 책은 약간 생소한 제미나이 API를 쉽게 사용하는 방법을 다룹니다. 단순하게 데스크톱 애플리케이션만 만드는 예제뿐만 아니라 제미나이 나노를 활용한 안드로이드/iOS 개발 예제도 포함하기에 관련 앱을 개발하는 개발자에게 좋은 가이드를 제공합니다. 무엇보다 각 코드 예제를 스탭바이스탭으로 쉽게 설명하여 관련 지식이 없는 상태에서도 빠르게 따라 할 수 있는 부분이 좋았습니다. 후반부에 나오는 랭체인과 랭스미스의 연계를 다룬 예제는 제미나이 활용 범주를 좀 더 넓혀 주는 내용을 다루고 있어 전반적으로 생성형 AI 활용에서 도움을 받을 수 있었습니다.

- **실습 환경** Windows 11, Colab, Gemini 2.0 Flash, Gemma 3

강찬석_LG전자 소프트웨어 엔지니어

이 책은 제미나이 개발 이야기로 시작하여 버전별 특징과 사용법, 활용법 등 챗봇 사용자에게 유용한 정보들을 차근차근 알려 줍니다. 그다음에는 파이썬 등 서버 환경에서 제미나이를 활용하는 방법과 iOS와 안드로이드 같은 모바일 기기에서 내장해서 활용하는 방법 등 다양한 서비스 개발 방식도 소개합니다. 그뿐만 아니라 라마인덱스, 랭체인, 랭스미스, 벡터 스토어 등 도구를 활용하여 LLM을 튜닝하는 전문 기술까지 실습을 하면서 배울 수 있었습니다. 제미나이로 무언가를 시작하려는 사람에게 처음부터 끝까지 모든 것을 알려 주는 '종합 선물 세트' 같은 책이라고 할 수 있습니다.

- **실습 환경** Windows, Colab, Gemini 1.5

김병규_아이스크림에듀 AI연구소

이 책은 AI 기술과 프레임워크를 실용적으로 활용하는 방법을 체계적으로 다루고 있습니다. 제미나이 API를 구글 AI 스튜디오, 버텍스 AI 스튜디오, 안드로이드, iOS 환경에서 활용하는 방법을 명확히 설명하며, 라마인덱스와 랭체인의 개념과 응용을 심도 있게 다룹니다. 특히 검색 증강 생성(RAG) 구현과 간단한 에이전트 설계 등 실질적인 예제를 활용하여 독자 이해를 돕습니다. 초보자와 전문가 모두에게 유용하며, AI 기술을 프로젝트에 적용하려는 독자에게 강력히 추천할 만한 실용적인 가이드입니다.

- **실습 환경** macOS Sonoma, Google AI Studio(Gemini 2.0 Flash), PyCharm, Python 3.10

박상길_소프트웨어 엔지니어

이제는 누구나 생성형 AI 기술을 사용하는 것이 일상이 되어 버린 요즘, LLM 기반 챗봇 서비스 3대 강자인 오픈AI의 챗지피티, 앤스로픽의 클로드, 구글의 제미나이는 여전히 업계 최강자가 되고자 치열하게 경쟁하고 있습니다. 셋 다 모두 뛰어난 성능을 자랑하며 각종 벤치마크에서 서로 엎치락뒤치락하면서 자신만의 모델을 구축해 가고 있습니다. 이 책은 그중 최근 공격적인 행보를 하고 있는 구글의 제미나이를 담았습니다. 제 기억으로는 아마도 제미나이만 다룬 국내 첫 도서가 아닌가 싶습니다. 그만큼 제미나이를 활용하는 방법을 풍부하게 담고 있습니다. 그렇기에 제미나이를 처음 사용하는 경우라도 이해하는 데 전혀 문제없도록 내용을 구성한 것이 이 책의 장점이지 않을까 합니다.

또 제미나이 웹 서비스뿐만 아니라 구글 AI 스튜디오와 버텍스 AI, 제미나이 API 발급부터 해당 API를 활용한 모바일 앱 개발까지 설명하므로 제미나이를 활용하여 자신만의 챗봇 기반 서비스를 개발하려는 사람들에게 많은 도움이 되리라 생각합니다. 참고로 베타 리딩을 진행하는 시점에 신규 추론 모델인 제미나이 2.5 프로 익스페리멘탈이 새로이 발표되어 함께 사용해 보았는데, 확실히 응답 속도가 빨라지고 추론 능력도 좋아졌다고 느꼈습니다. 저 또한 유료 결제를 심각하게 고려하는 중입니다. 이 책으로 여러분도 제미나이가 지닌 매력에 흠뻑 빠져 볼 수 있길 바랍니다.

- **실습 환경** Windows 11, Colab, Gemini 2.0 Flash

최성욱_삼성전자 VD사업부 Security Lab

AI 파운데이션 모델은 발전 속도가 빠르고 수시로 변경되기 때문에 관련 개발서를 출간하는 일이 쉽지 않습니다. 최근에는 딥시크 출현과 더불어 제미나이 2.5도 커다란 임팩트를 주었습니다. Think flash 추론 모델, 이미지 생성 모델의 개발 속도는 따라잡기 힘들 정도입니다. 특히 제미나이는 오디오/비디오 언더스탠딩, 이미지 인식에서는 CNN 모델을 뛰어넘는 성능을 보입니다. 이 책으로 최신 제미나이 2.5 모델과 윈도우용 코드로 실습하며 베타 테스트를 진행해 보았는데, 제미나이에 대한 이해가 훨씬 깊어졌음을 느낄 수 있었습니다.

- **실습 환경** Windows 10/11 VSCODE, Colab, Gemini 2.5 Pro Experimental-0325 신규 모델

이태희_UCA수퍼컴퓨팅아카데미 대표

1장 제미나이 알아보기 ····· 021

1.1 제미나이 알아보기 023
- 1.1.1 제미나이란 023
- 1.1.2 제미나이 모델 종류 026
- 1.1.3 대규모 언어 모델의 개요 027
- 1.1.4 제미나이 API 알아보기 029
- 1.1.5 대규모 언어 모델의 활용 사례 030

1.2 제미나이 시작 033
- 1.2.1 제미나이 시작하기 034
- 1.2.2 제미나이 어드밴스드 035

1.3 인공지능과 머신러닝, 딥러닝 036
- 1.3.1 인공지능과 머신러닝, 딥러닝 036
- 1.3.2 뉴런과 신경망 038
- 1.3.3 모델 작성과 학습, 추론 040

1.4 자연어 처리와 딥러닝 모델 043
- 1.4.1 자연어 처리 분야에서 딥러닝 모델 역사 043
- 1.4.2 딥러닝 모델을 이용하여 이미지 처리하기 051
- 1.4.3 딥러닝을 활용하여 음성 처리하기 055

2장 제미나이 사용 ····· 059

2.1 제미나이 사용법 061
- 2.1.1 제미나이 화면 구성 061
- 2.1.2 제미나이에서 실행할 수 있는 주요 작업 065

2.2 구글 AI 스튜디오 사용법 070
- 2.2.1 구글 AI 스튜디오 시작하기 070
- 2.2.2 구글 AI 스튜디오의 화면 구성 071
- 2.2.3 API 키 가져오기 071
- 2.2.4 새 프롬프트 작성과 모델 튜닝, 라이브러리 071
- 2.2.5 문서 072
- 2.2.6 설정 072
- 2.2.7 도구 모음 072
- 2.2.8 시스템 지시 073
- 2.2.9 프롬프트 실행하기 073
- 2.2.10 실행 설정하기 074

2.3 버텍스 AI 스튜디오 사용법   076

2.3.1 버텍스 AI 스튜디오 시작하기   076
2.3.2 버텍스 AI 제미나이 API 사용 요금   077
2.3.3 버텍스 AI 스튜디오의 화면 구성   077
2.3.4 왼쪽 메뉴   078
2.3.5 도구 모음   079
2.3.6 시스템 지시   079
2.3.7 프롬프트 실행하기   080
2.3.8 실행 설정하기   080

3장   파이썬 개발 환경 준비 ····· 083

3.1 파이썬 개요   085

3.1.1 파이썬이란   085

3.2 구글 코랩 알아보기   086

3.2.1 구글 코랩이란   086
3.2.2 구글 코랩 시작하기   087
3.2.3 파이썬 스크립트 실행하기   088
3.2.4 파이썬 패키지 설치하기   090
3.2.5 텍스트 추가하기   091
3.2.6 구글 코랩의 화면 구성하기   093
3.2.7 구글 코랩의 메뉴   094
3.2.8 GPU 사용하기   095
3.2.9 구글 드라이브 마운트   095
3.2.10 구글 코랩의 사용 한도와 대책   097
3.2.11 구글 코랩의 요금제   099

3.3 파이썬 기초 문법   101

3.3.1 문자열 출력하기   101
3.3.2 변수와 연산자   102
3.3.3 문자열   104
3.3.4 리스트   106
3.3.5 딕셔너리   107
3.3.6 튜플   108
3.3.7 제어문   109
3.3.8 함수와 람다식   111
3.3.9 클래스   112
3.3.10 패키지 임포트와 컴포넌트 직접 호출   113

4장 제미나이 API(파이썬 편) ····· 115

4.1 텍스트 생성   117
- 4.1.1 텍스트 생성의 개요   117
- 4.1.2 제미나이 API의 개요   118
- 4.1.3 구글 AI 제미나이 API의 개요   119
- 4.1.4 구글 AI 제미나이 API의 요금   120
- 4.1.5 API 키 가져오기   120
- 4.1.6 제미나이 API 준비   122
- 4.1.7 모델 목록 확인   122
- 4.1.8 텍스트 생성   123
- 4.1.9 스트리밍   124
- 4.1.10 챗   125
- 4.1.11 생성 파라미터   126
- 4.1.12 토큰 수 확인   128
- 4.1.13 안전 설정   128
- 4.1.14 시스템 지시   131
- 4.1.15 JSON 모드   132

4.2 멀티모달   136
- 4.2.1 멀티모달 개요   136
- 4.2.2 지원하는 파일 형식   137
- 4.2.3 제미나이 API 준비하기   138
- 4.2.4 이미지 질의응답   138
- 4.2.5 File API를 사용한 이미지 질의응답   140
- 4.2.6 음성 질의응답   141
- 4.2.7 동영상 질의응답   143

4.3 임베딩   145
- 4.3.1 임베딩 개요   145
- 4.3.2 제미나이 API 준비   147
- 4.3.3 임베딩 모델 종류   147
- 4.3.4 text-embedding-004 사용법   147
- 4.3.5 text-embedding-004를 활용한 이웃 탐색   149
- 4.3.6 bge-m3 사용법   152
- 4.3.7 bge-m3를 활용한 이웃 탐색   154

4.4 함수 호출   155
- 4.4.1 함수 호출의 개요   155
- 4.4.2 제미나이 API 준비하기   157

  4.4.3 자동 함수 호출하기　157
  4.4.4 도구 설정하기　159
  4.4.5 수동 함수 호출하기　162
  4.4.6 병렬 함수 호출하기　165
 4.5 파인 튜닝　168
  4.5.1 파인 튜닝의 개요　168
  4.5.2 제미나이 API 요금　169
  4.5.3 파인 튜닝 모델 목록 가져오기　169
  4.5.4 학습 데이터 준비하기　170
  4.5.5 학습하기　171
  4.5.6 추론하기　174
  4.5.7 파인 튜닝 모델 설명 업데이트하기　174
  4.5.8 파인 튜닝 모델 삭제하기　175
  4.5.9 인증 정보 파일　175
 4.6 버텍스 AI 제미나이 API　177
  4.6.1 버텍스 AI 제미나이 API의 개요　177
  4.6.2 버텍스 AI 제미나이 API 요금　178
  4.6.3 서비스 계정 키 준비하기　178
  4.6.4 버텍스 AI 제미나이 API 준비하기　182
  4.6.5 텍스트 생성하기　183
  4.6.6 이미지 질의응답　184

5장　제미나이 API(안드로이드 편) ····· 187

5.1 텍스트 생성　189
 5.1.1 텍스트 생성의 개요　189
 5.1.2 구글 AI 제미나이 API의 개요　189
 5.1.3 제미나이 API 요금　190
 5.1.4 API 키 가져오기　190
 5.1.5 제미나이 API 준비하기　191
 5.1.6 텍스트 생성하기　195
 5.1.7 스트리밍　197
 5.1.8 챗　199
 5.1.9 생성 파라미터　200
 5.1.10 안전 설정　201

5.2 멀티모달　204
　5.2.1 멀티모달 개요　204
　5.2.2 제미나이 API 준비하기　205
　5.2.3 이미지 질의응답　205

5.3 로컬 LLM　206
　5.3.1 로컬 LLM의 개요　207
　5.3.2 제미나이 나노와 젬마　207
　5.3.3 안드로이드의 로컬 언어 모델 실행 환경　209
　5.3.4 Llama.cpp 데모 애플리케이션 실행하기　211

6장　제미나이 API(iOS 편) ····· 215

6.1 텍스트 생성　217
　6.1.1 텍스트 생성의 개요　217
　6.1.2 구글 AI 제미나이 API의 개요　217
　6.1.3 제미나이 API 요금　218
　6.1.4 API 키 가져오기　218
　6.1.5 제미나이 API 준비하기　218
　6.1.6 텍스트 생성하기　222
　6.1.7 스트리밍　224
　6.1.8 챗　225
　6.1.9 생성 파라미터　227
　6.1.10 안전 설정　228

6.2 멀티모달　231
　6.2.1 멀티모달 개요　231
　6.2.2 제미나이 API 준비하기　231
　6.2.3 이미지 질의응답　232

6.3 로컬 LLM　233
　6.3.1 로컬 LLM의 개요　233
　6.3.2 iOS의 로컬 LLM 실행 환경　233
　6.3.3 Llama.cpp 데모 애플리케이션 실행하기　235
　6.3.4 MLX Swift 데모 애플리케이션 실행하기　237

7장 라마인덱스 241

7.1 라마인덱스 시작 243
- 7.1.1 라마인덱스란 243
- 7.1.2 라마인덱스 핵심 단계 244
- 7.1.3 문서 준비하기 246
- 7.1.4 라마인덱스 준비하기 247
- 7.1.5 라마인덱스를 활용한 질의응답 249
- 7.1.6 인덱스 저장과 불러오기 253

7.2 라마인덱스 커스터마이징 254
- 7.2.1 라마인덱스 커스터마이징의 개요 254
- 7.2.2 라마인덱스 준비하기 254
- 7.2.3 문서 준비하기 254
- 7.2.4 LLM 커스터마이징하기 254
- 7.2.5 임베딩 모델 커스터마이징하기 258
- 7.2.6 토크나이저 커스터마이징하기 260
- 7.2.7 텍스트 분리기 커스터마이징하기 262
- 7.2.8 쿼리 엔진 커스터마이징하기 264
- 7.2.9 리랭커 266

7.3 데이터로더 269
- 7.3.1 데이터로더 개요 269
- 7.3.2 웹 페이지를 활용한 질의응답 269
- 7.3.3 유튜브 동영상을 활용한 질의응답 272

7.4 벡터 스토어 275
- 7.4.1 벡터 스토어의 개요 275
- 7.4.2 라마인덱스 준비하기 278
- 7.4.3 문서 준비하기 278
- 7.4.4 파이스 사용 순서 278
- 7.4.5 파인콘 개요와 API 가져오기 281
- 7.4.6 파인콘 사용 순서 283

7.5 평가 288
- 7.5.1 라마인덱스 평가하기 288
- 7.5.2 라마인덱스 준비하기 289
- 7.5.3 문서 준비하기 289
- 7.5.4 질문 컨텍스트 데이터셋 생성하기 290
- 7.5.5 Retrieval Evaluation 293
- 7.5.6 응답 성능 평가하기 295

8장 랭체인 ····· 299

8.1 랭체인 시작   301
- 8.1.1 랭체인 개요   301
- 8.1.2 랭체인 활용 사례   302
- 8.1.3 랭체인의 패키지 구성하기   303
- 8.1.4 랭체인의 모듈 소개하기   305
- 8.1.5 랭체인 준비하기   306
- 8.1.6 LLM   306
- 8.1.7 프롬프트 템플릿   308
- 8.1.8 출력 파서   309
- 8.1.9 체인   311
- 8.1.10 에이전트   312
- 8.1.11 랭스미스   316

8.2 LLM   320
- 8.2.1 LLM 개요   320
- 8.2.2 랭체인 준비하기   320
- 8.2.3 LLM 사용법   322
- 8.2.4 ChatModel 사용법   324
- 8.2.5 스트리밍   325
- 8.2.6 버텍스 AI 제미나이 API의 LLM 사용법   326

8.3 프롬프트 템플릿   328
- 8.3.1 프롬프트 템플릿 모듈의 개요   328
- 8.3.2 랭체인 준비하기   329
- 8.3.3 문자열 프롬프트 템플릿의 사용법   329
- 8.3.4 챗 프롬프트 템플릿의 사용법   330
- 8.3.5 메시지플레이스홀더의 사용법   331

8.4 출력 파서   332
- 8.4.1 출력 파서의 개요   332
- 8.4.2 랭체인 준비하기   333
- 8.4.3 문자열 출력 파서의 사용법   334
- 8.4.4 단순 JSON 출력 파서의 사용법   335
- 8.4.5 파이단틱 출력 파서의 사용법   336

8.5 체인   338
- 8.5.1 체인 개요   338
- 8.5.2 LCEL 개요   338
- 8.5.3 러너블 개요   340

8.5.4 랭체인 준비하기   341
8.5.5 체인 사용법   341
8.5.6 러너블 사용법   343
8.5.7 러너블의 입출력 스키마 확인하기   347

8.6 챗봇   347
8.6.1 챗봇 개요   347
8.6.2 랭체인 준비하기   348
8.6.3 LLM 준비하기   348
8.6.4 챗봇 준비하기   349
8.6.5 커스텀 지시   351
8.6.6 대화 이력 관리하기   353
8.6.7 랭스미스 확인하기   355

8.7 검색 증강 생성   355
8.7.1 검색 증강 생성의 개요   355
8.7.2 랭체인 준비하기   357
8.7.3 임베딩 모델 준비하기   357
8.7.4 벡터 스토어 준비하기   358
8.7.5 리트리버 준비하기   362
8.7.6 검색 증강 생성 구현하기   364
8.7.7 검색 증강 생성으로 문서 처리하기   365
8.7.8 랭스미스 확인하기   368

8.8 에이전트   369
8.8.1 에이전트 개요   369
8.8.2 랭체인 준비하기   370
8.8.3 임베딩 모델 준비하기   370
8.8.4 도구 준비하기   371
8.8.5 에이전트 구현하기   375
8.8.6 메시지 스트리밍   377
8.8.7 대화 이력을 포함한 에이전트 구현하기   377
8.8.8 랭스미스 확인하기   380

찾아보기   381

1장

제미나이 알아보기

1.1 제미나이 알아보기
1.2 제미나이 시작
1.3 인공지능과 머신러닝, 딥러닝
1.4 자연어 처리와 딥러닝 모델

구글이 개발한 제미나이(Gemini)는 오픈AI(OpenAI)의 **챗지피티**(ChatGPT)처럼 전 세계에서 사용하는 인공지능 서비스입니다. 제미나이는 제미나이 1.0 울트라, 제미나이 1.0 프로, 제미나이 1.5 프로, 제미나이 1.5 플래시, 제미나이 나노 등 여러 모델이 있습니다. 텍스트뿐만 아니라 이미지, 음성, 동영상까지 대부분의 멀티모달을 지원하며, 나노 모델은 안드로이드나 아이폰 같은 에지 디바이스(edge device)에서도 활용할 수 있다는 것이 특징입니다. 이 장으로 제미나이의 전체적인 그림을 파악하기 바랍니다.

이 책은 제미나이의 활용 방법을 알기 쉽게 설명하는 것이 주된 목적입니다. 자연어 처리 AI의 기반인 머신러닝과 딥러닝의 개요와 원리도 간략하게 소개하지만, 자세한 내용을 알고 싶다면 전문서 등을 참고하기 바랍니다.

마지막 절에서는 과거부터 현재까지 사용한 대규모 언어 모델의 개요와 특징을 정리했습니다. 이 장으로 책을 읽을 때 알아 두면 좋은 사전 지식을 충분히 이해할 수 있길 바랍니다.

이 장에서 다룰 핵심 내용
- 제미나이 서비스의 전체적인 그림과 활용 사례를 파악합니다.
- 대규모 언어 모델의 기반인 머신러닝, 딥러닝의 기초 개념과 구조를 이해합니다.
- 과거부터 현재까지 사용한 다양한 대규모 언어 모델의 개요를 파악합니다.

1.1 제미나이 알아보기

먼저 이 책 주제인 제미나이를 간략하게 알아보겠습니다. 다양한 분야에서 각종 서비스로 활용되는 대규모 언어 모델 사례도 소개합니다.

1.1.1 제미나이란

제미나이는 구글에서 개발한 최신 인공지능 채팅 서비스입니다. 구글 AI 연구 팀과 구글 딥마인드(Google DeepMind) 연구원들이 중심이 되어 개발했습니다.

구글 계정에 접속하여 대화만 입력하면 되는 간편함과 인간과 대화하는 것 같은 자연스러움으로 세계적인 인기를 끌고 있습니다. 최근 오픈AI의 챗지피티와 마찬가지로 연구원이나 전문가가 아닌 일반인이 인공지능을 활용하는 전환점이 된 서비스입니다.

URL 제미나이
https://gemini.google.com/app

▼ 그림 1-1 제미나이 서비스의 대화 화면

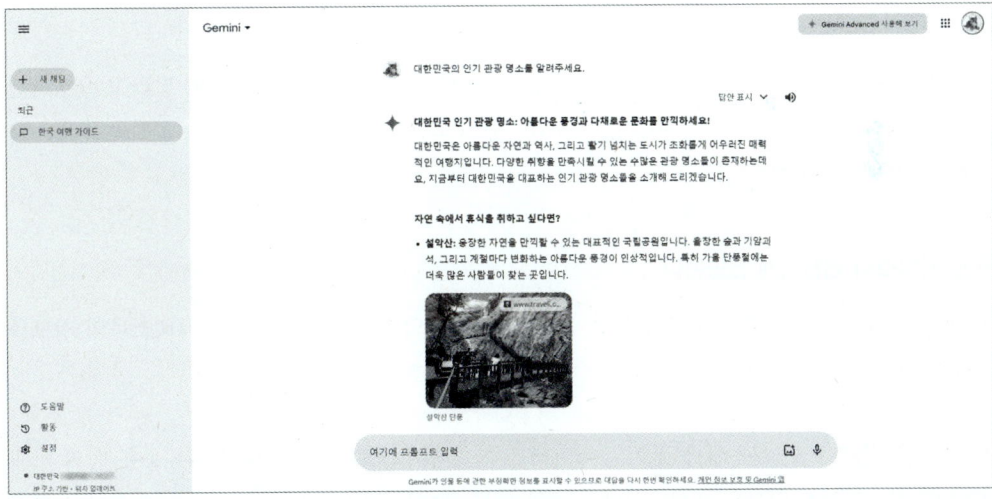

제미나이의 우수성

제미나이에는 우수한 기능이 많습니다.

인간과 자연스럽게 대화할 수 있다

제미나이는 언어의 규칙이나 문맥을 이해합니다. 따라서 사람이 말하는 것처럼 자연스럽게 대화할 수 있습니다. 다만 정확하지 않은 말을 그럴듯하게 할 수도 있으니 주의해서 사용해야 합니다.

한국어로 대화할 수 있다

제미나이는 다양한 언어를 지원하므로 한국어로도 자연스럽게 대화할 수 있습니다. 한국어 정보가 아닌 영어 등 다른 언어의 정보도 한국어로 변환해서 답변합니다. 제미나이는 학습 데이터의 대부분이 영어 기반이므로 한국어보다는 영어로 질문해야 정확한 정보를 얻을 수 있습니다.

다양한 작업을 지원한다

제미나이는 대규모 데이터와 사람이 한 피드백으로 학습하기 때문에 다양한 작업에 도움을 줄 수 있습니다. 일상적인 대화뿐만 아니라 텍스트를 생성하거나 질의응답, 번역, 프로그램 생성 등 다양한 작업을 수행할 수 있습니다.

프로그래밍 능력이 우수하다

제미나이는 프로그래밍 언어도 생성할 수 있는데, 프로그램 소스 코드를 만들어 달라고 요청하면 원하는 목적에 부합하는 프로그램을 생성할 수 있습니다. 이렇게 생성한 프로그램은 사연어로 작업한 것 이상으로 정확합니다.

구글 서비스와 원활하게 연동된다

지메일, 구글 맵, 구글 드라이브, 유튜브 등 구글 서비스와 연동할 수 있고 이 서비스들의 정보를 토대로 대화가 가능합니다.

제미나이는 앞으로도 계속해서 새로운 데이터를 학습하여 모델 정확도 향상이나 응용 범위 확대가 기대되는 서비스입니다. 제미나이가 인간과 컴퓨터 또는 인간끼리 하는 소통을 원활하게 중재하는 역할을 맡게 되면 현재 인간이 하는 업무의 대부분을 대체할 수 있을지도 모릅니다.

Column ≡ 구글 딥마인드

구글 딥마인드는 영국에 본사를 둔 인공지능 연구 개발에 특화된 구글 산하 기업입니다. 인공지능 분야에서 수많은 실적을 올려 지금까지도 큰 주목을 받고 있습니다.

URL 구글 딥마인드
https://deepmind.google/

- 알파고(AlphaGo): 2016년 이세돌 기사에게 승리한 인공지능 바둑 프로젝트
- 알파폴드(AlphaFold): 단백질의 입체 구조를 아주 높은 성능으로 예측하는 데 성공한 프로젝트
- 알파스타(AlphaStar): 실시간 전략 게임(Real-Time Strategy, RTS)으로 유명한 스타크래프트2의 프로게이머에게 승리한 인공지능 개발 프로젝트

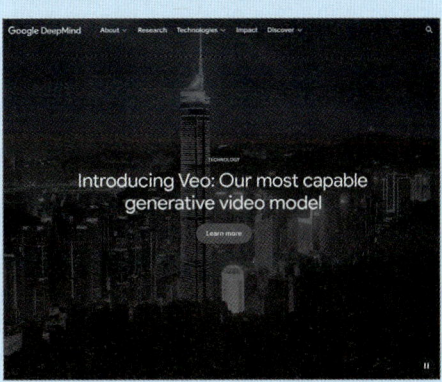

▼ 그림 1-2 구글 딥마인드의 웹 페이지

Column ≡ 자연어 처리

자연어는 한국어나 다른 외국어처럼 우리가 일상에서 사용하는 언어를 의미합니다. 파이썬(Python)이나 C 언어로 대표되는 컴퓨터가 사용하는 프로그래밍 언어와 구별하려고 자연어라고 부릅니다.

자연어를 컴퓨터로 처리하는 일련의 기술을 자연어 처리라고 합니다. '말하는 언어'부터 '쓰는 언어'까지 자연어가 갖는 의미를 다양한 방법으로 분석합니다.

제미나이는 자연어뿐만 아니라 프로그래밍 언어까지 학습했지만, 자연어 분야에서 주로 활용하는 만큼 제미나이에서 사용하는 기술을 일반적으로 자연어 처리라고 합니다.

▼ 그림 1-3 자연어와 프로그래밍 언어

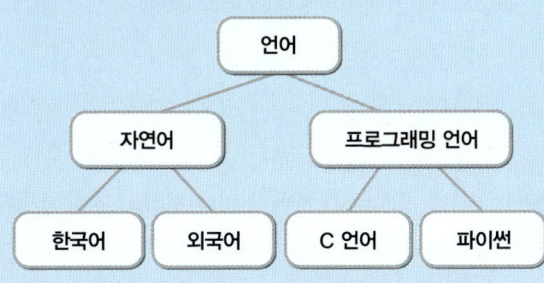

1.1.2 제미나이 모델 종류

2024년 6월을 기준으로 무료 버전은 제미나이 1.0 프로 모델을 사용하고, 유료 버전인 제미나이 어드밴스드(Gemini Advanced)는 제미나이 1.5 프로 모델을 사용하여 운영됩니다. 이처럼 제미나이 서비스는 다양한 용도와 작업 수행 능력에 따라 여러 버전의 모델을 제공합니다.

제미나이 1.0 울트라

제미나이 1.0 울트라(Gemini 1.0 Ultra)는 가장 성능이 뛰어난 모델로 어려운 작업에 최적화되어 있습니다. 이 모델은 텍스트, 이미지, 음성, 동영상, 소스 코드 등을 동시에 처리하고 추론할 수 있으며, 고수준 인공지능 연구나 기업 솔루션 개발에 적합합니다.

현시점에서는 연산에 유리한 제미나이 1.5 프로를 권장하며, 일반적인 수준의 작업을 대상으로 제공하는 모델은 아닙니다.

제미나이 1.0 프로

제미나이 1.0 프로(Gemini 1.0 Pro)는 범용적인 태스크에 적합한 모델로 텍스트 생성, 소스 코드 생성, 추가 질의응답 등에 강점이 있습니다. 이 모델은 다양한 구글 서비스와 통합되어 추론, 계획, 이해 능력을 강화하는 데 사용하며, 텍스트 생성 모델과 멀티모달 모델을 별도로 제공합니다.

제미나이 1.5 프로

제미나이 1.5 프로(Gemini 1.5 Pro)는 제미나이 1.0 울트라보다 더 적은 자원으로도 동일한 성능을 내는 모델입니다. 이 모델은 최대 200만 토큰(token)[1]의 컨텍스트 윈도우(Context Window)[2]를 가지며, 멀티모달 모델만 제공합니다.

제미나이 1.5 플래시

제미나이 1.5 플래시(Gemini 1.5 Flash)는 제미나이 1.5 프로를 개선하여 더욱 빠르고 저렴하게 만든 모델입니다. 따라서 이 모델은 주로 실시간 응답이 필요한 작업에 적합하며, 컨텍스트 윈도우가 최대 100만 토큰입니다.

---

1 역주 토큰은 문장을 구성하는 단어, 형태소, 문자 등 최소 단위로, 자연어 처리에서 텍스트를 분석하거나 딥러닝 모델이 학습할 수 있도록 변환하는 과정에서 사용합니다. 이것으로 문장을 구조적으로 나누고 의미를 효과적으로 처리할 수 있습니다.

2 역주 언어 모델이 입력된 텍스트에서 한 번에 처리할 수 있는 최대 토큰 수를 나타내는 개념입니다. 일반적으로 컨텍스트 윈도우가 큰 모델일수록 더욱 복잡한 문제나 긴 대화를 효과적으로 처리할 수 있습니다.

제미나이 나노

제미나이 나노(Gemini Nano)는 스마트폰 같은 에지 디바이스에서 사용할 수 있도록 최적화된 경량화 모델입니다. 매우 효율적이며, 실시간 텍스트 요약이나 자동 응답 제안 기능을 모바일 애플리케이션으로 활용할 수 있습니다.

이 모델은 크게 나노-1(파라미터 18억 개)과 나노-2(파라미터 32.5억 개) 두 가지 버전이 있습니다. 지금은 구글 픽셀 8 프로(Google Pixel 8 Pro) 등 일부 안드로이드 단말기에서만 제공합니다.

▼ 그림 1-4 제미나이 모델 종류

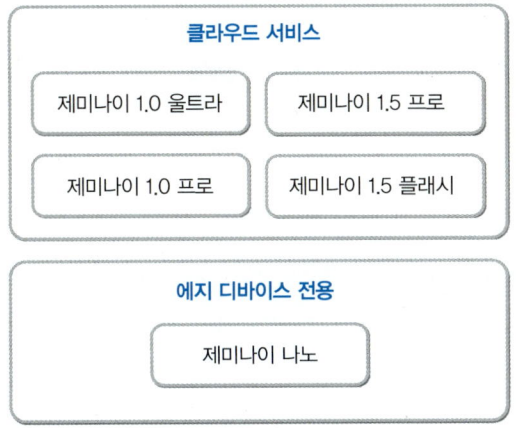

더욱 상세한 제미나이 모델 정보는 다음 웹 페이지를 참고합니다.

URL 제미나이 - 구글 딥마인드
https://deepmind.google/technologies/gemini/

오픈AI의 인공지능 채팅 서비스는 **챗지피티**로 부르고, 여기에 사용된 대규모 언어 모델을 지피티-4, 지피티-3.5로 명명합니다. 제미나이 1.5 프로, 제미나이 1.5 플래시, 제미나이 나노 같은 대규모 언어 모델과 함께 인공지능 채팅 서비스 역시도 제미나이로 통칭합니다. 따라서 상황이나 문맥에 따라 제미나이가 서비스를 칭하는지 또는 대규모 언어 모델을 칭하는지 구분해야 합니다.

1.1.3 대규모 언어 모델의 개요

대규모 언어 모델(Large Language Model, LLM)은 다양한 자연어 처리 작업을 수행하려고 방대한 양의 텍스트 데이터를 학습하여 풍부한 지식을 습득한 **딥러닝 모델**을 일컫습니다. 딥러닝에 관해서는 1.3절에서 자세히 설명하겠습니다.

여러 대규모 언어 모델처럼 제미나이 역시 자연어 처리 작업에서 놀라운 정확도를 보여 주목받았습니다.

자연스러운 문장 생성

대규모 언어 모델은 임의의 문장 뒤에 이어질 문장을 예측하는 능력을 학습합니다. 다시 말해 **임의의 문장**을 입력하면 **다음 문장**을 예측해서 출력하는 딥러닝 모델입니다. 입력된 문장은 **프롬프트**(prompt)라고 하고, 출력된 문장은 **컴플리션**(completion)이라고 합니다. 예를 들어 모델에 '나는'을 입력하면 '전설이다'처럼 자연스럽게 이어질 문장을 출력합니다. 대규모 언어 모델은 문장 생성뿐만 아니라 다양한 자연어 처리 작업에도 활용할 수 있습니다. 예를 들어 '대한민국 수도는?'이라는 질문을 입력하면 '서울'이라는 응답을 출력합니다.

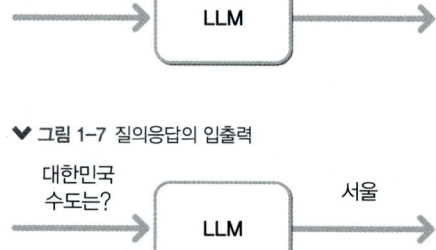

▼ 그림 1-5 대규모 언어 모델(LLM)의 입출력

▼ 그림 1-6 문장 생성의 입출력

▼ 그림 1-7 질의응답의 입출력

논리적 사고 촉진

대규모 언어 모델은 임의의 문장에 이어질 다음 문장을 예측하는 모델이기 때문에 자연스러운 문장을 생성하는 작업에는 능숙하지만, 수학처럼 논리적인 사고를 결합하는 데는 취약합니다. 그러나 질문 마지막에 '차근차근 생각해 봅시다(Let's think step by step)'처럼 프롬프트를 추가로 입력하면 정답률이 높아지는 것을 확인할 수 있습니다. 다음 질문을 하면 자연스럽게 문장을 출력하지만, 얻고자 하는 결과는 틀리게 나오는 것을 알 수 있습니다.

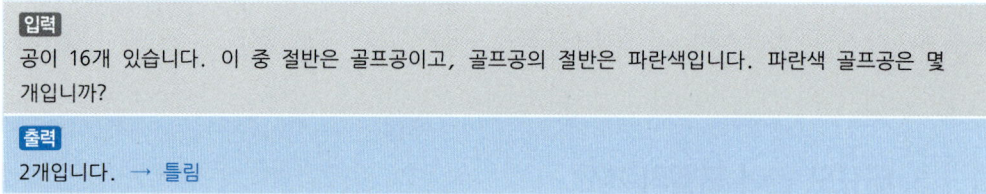

입력
공이 16개 있습니다. 이 중 절반은 골프공이고, 골프공의 절반은 파란색입니다. 파란색 골프공은 몇 개입니까?

출력
2개입니다. → 틀림

질문 마지막에 '차근차근 생각해 봅시다.'를 추가하면 단계적으로 추론하여 정답을 올바르게 출력합니다.

> **입력**
> 공이 16개 있습니다. 이 중 절반은 골프공이고, 골프공의 절반은 파란색입니다. 파란색 골프공은 몇 개입니까?
> 차근차근 생각해 봅시다.

> **출력**
> 처음 주어진 공의 개수는 16개입니다.
> 이 중 절반이 골프공이기 때문에 골프공은 모두 8개입니다.
> 골프공의 절반은 파란색이므로 골프공 중 파란색 공은 모두 4개입니다.
> 따라서 정답은 4개입니다. → 정답

이와 같이 단계적으로 추론을 유도함으로써 복잡한 문제에서 정답률을 향상시키는 방법을 **사고의 사슬**(Chain of Thought, CoT)이라고 합니다. 대규모 언어 모델에 관한 더 자세한 내용은 1.4절에서 알아보겠습니다.

1.1.4 제미나이 API 알아보기

제미나이 API는 구글에서 제공하는 자연어 처리 API입니다. API(Application Programming Interface)란 소프트웨어 애플리케이션끼리 정보를 주고받는 인터페이스로, 개발자가 자신의 애플리케이션에 대규모 언어 모델인 제미나이 기능을 포함하는 데 사용할 수 있습니다.

제미나이 API의 주요 기능은 다음과 같습니다.

- 텍스트 생성
- 멀티모달
- 임베딩
- 함수 호출
- 파인 튜닝

제미나이 API는 다음 두 종류가 있습니다.

- 구글 AI 제미나이 API: API 키만으로 간단하게 사용할 수 있는 제미나이 API
- 버텍스 AI 제미나이 API: 구글 클라우드 서비스로 제공하는 제미나이 API

처음 사용한다면 구글 AI 제미나이 API를 사용하고, 실제 운영하려는 서비스에 활용한다면 버텍스 AI(Vertex AI) 제미나이 API를 사용하길 권장합니다.

제미나이 API는 기본적으로 파이썬 같은 프로그래밍 언어로 사용해야 하지만, 웹 UI로도 사용할 수 있습니다.

웹 UI는 웹 페이지에서 조작할 수 있는 UI를 의미하는 것으로, 제미나이 API로 어떤 작업이 가능한지 간편하게 테스트할 수 있습니다. 구글 AI 제미나이 API용 웹 UI로는 구글 AI 스튜디오를 제공하고, 버텍스 AI 제미나이 API용 웹 UI로는 버텍스 AI 스튜디오를 제공합니다.

▼ 그림 1-8 구글 AI 스튜디오

▼ 그림 1-9 버텍스 AI 스튜디오

자세한 구글 AI 스튜디오, 버텍스 AI 스튜디오 내용은 2장에서 설명하고, 제미나이 API 내용은 4~6장에서 설명하겠습니다.

1.1.5 대규모 언어 모델의 활용 사례

이번에는 대규모 언어 모델을 실제로 활용한 사례를 알아보겠습니다.

애플리케이션에 인공지능 통합

구글 워크스페이스용 제미나이는 **구글 워크스페이스**의 애플리케이션(구글 문서, 구글 슬라이드, 구글 스프레드시트, 지메일, 구글 밋 등)에 내장된 제미나이의 생성 AI 기능입니다.

URL 구글 워크스페이스용 제미나이
https://support.google.com/a/answer/13623623?hl=ko

각 애플리케이션에 제공되는 기능은 다음과 같습니다.

- 구글 문서: 문서 작성, 교정
- 구글 슬라이드: 이미지 생성
- 구글 스프레드시트: 데이터 정리, 스마트 입력(셀 안에 들어갈 데이터를 자동으로 완성, 제안)
- 지메일: 이메일 초안 작성
- 구글 밋: 배경 이미지 생성, 자막 번역

구글 문서에서 문서를 작성하려면 오른쪽 제미나이 아래쪽에서 '여기에 프롬프트 입력'에 생성할 텍스트 설명을 지시하고, **삽입**을 누르면 문서를 자동으로 생성할 수 있습니다. 구글 Slides에서도 이미지를 생성할 수 있지만, 영문만 지원합니다. 따라서 GWS(Google WorkSpace) 계정의 언어를 영어로 설정한 뒤 작업해야 합니다.

▼ 그림 1-10 문서 작성 및 이미지 생성 예시

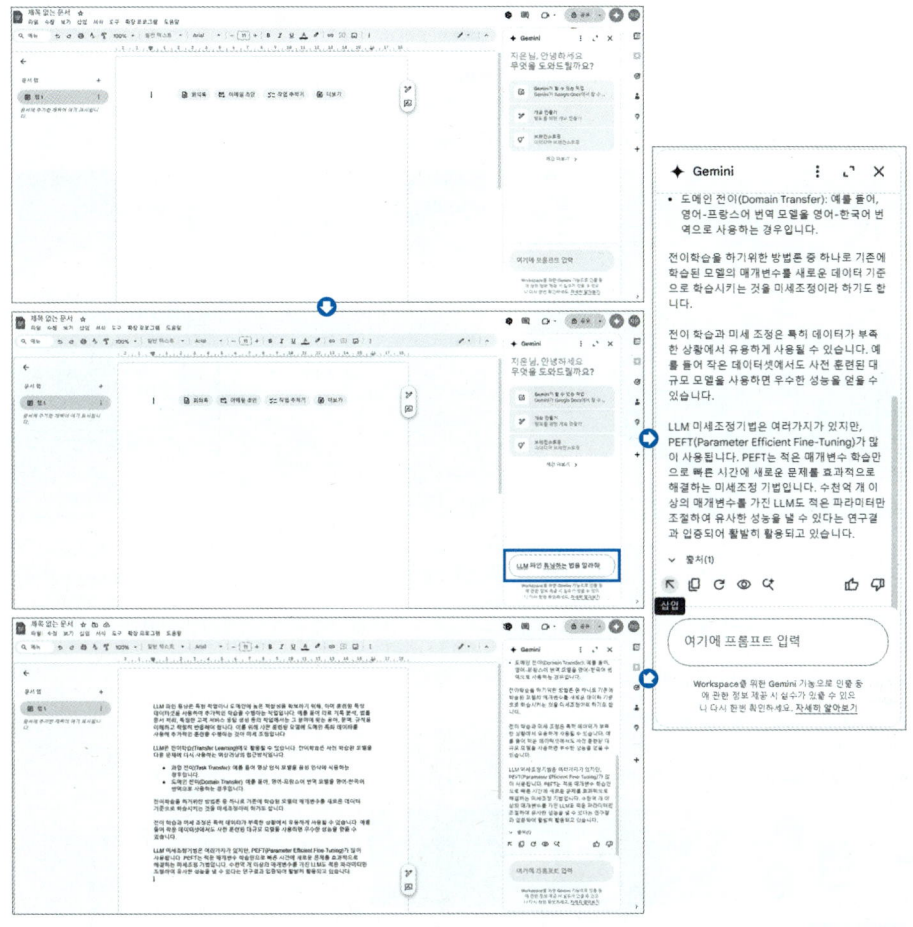

Column ≡ 구글 워크스페이스용 제미나이의 사용법

구글 워크스페이스용 제미나이를 사용하려면 다음 두 요금제 중 하나를 구독해야 합니다.

URL 구글 워크스페이스 엔터프라이즈, 비즈니스(기업용)
https://workspace.google.com/solutions/ai/

URL 구글 원 AI 프리미엄(개인 사용자용)
https://one.google.com/about/plans?hl=ko

인공지능 캐릭터와 대화

대규모 언어 모델은 오래전 챗봇 AI에 비해 훨씬 더 사람다우면서도 자연스러운 대화가 가능합니다. 이 장점을 가장 잘 끌어내고 있는 예시가 최근 유행하고 있는 AI 캐릭터와의 대화입니다.

캐릭터를 불러낼 수 있는 '게이트박스(Gatebox)'나 손에 쥘 수 있을 정도의 커뮤니케이션 로봇 '스택짱(Stack-chan)'[3]에 대규모 언어 모델을 탑재한 데모가 공개되어 화제가 되었습니다.

URL 게이트박스
https://www.gatebox.ai/products

▼ 그림 1-11 캐릭터 소환 장치 게이트박스

URL 스택짱
https://protopedia.net/prototype/2345

▼ 그림 1-12 커뮤니케이션 로봇 스택짱

이외에도 최근 유튜브에서 라이브 스트리밍을 하는 AI 캐릭터인 AI 버츄얼 유튜버(VTuber: 버튜버)가 다수 활약하고 있습니다.

URL 뉴로사마(Neuro-sama), AI 버튜버 – 유튜브
https://www.youtube.com/@Neurosama

▼ 그림 1-13 뉴로사마(Neuro-sama), AI 버튜버

---

3 역주 일본에서 개발했기 때문에 짱(ちゃん)이라는 애칭이 붙은 것으로 보입니다.

로봇 제어

대규모 언어 모델 기술은 로봇을 제어하는 시스템에도 크게 활용될 것으로 기대합니다. 구글 딥마인드는 2023년 7월 로봇을 이해하고 로봇 동작을 지원하는 언어 모델 RT-2를 발표했습니다.

RT-2(Robotics Transformer-2)는 웹에 있는 텍스트와 이미지로 학습된 트랜스포머(Transformer) 기반의 모델로, 로봇 행동을 직접 출력할 수 있습니다. 언어 모델이 일반적인 아이디어나 개념을 학습하려고 웹에 있는 텍스트를 학습하는 것처럼 RT-2도 웹에서 데이터를 전송받아 로봇이 취할 동작 정보를 할당합니다.

지금까지 시스템에서 로봇이 작업을 수행할 때는 해당 작업을 명시적으로 학습해야 했지만, RT-2는 언어 모델이 습득한 지식을 전송받을 수 있어 명시적으로 학습하지 않아도 작업을 수행할 수 있습니다.

URL **구글 AI 기술 블로그 - 말하는 로봇**
https://blog.google/technology/ai/google-deepmind-rt2-robotics-vla-model/

▼ 그림 1-14 RT-2로 로봇을 제어하는 모습

1.2 제미나이 시작

GEMINI

제미나이는 다음 순서로 실행합니다. 자세한 제미나이 사용 방법은 2.1절에서 설명하겠습니다.

1.2.1 제미나이 시작하기

이제 제미나이를 시작해 봅시다.

1. 웹 브라우저에서 제미나이 웹 사이트에 접속합니다.

    URL 제미나이
    https://gemini.google.com/

    ▼ 그림 1-15 제미나이 로그인 페이지

    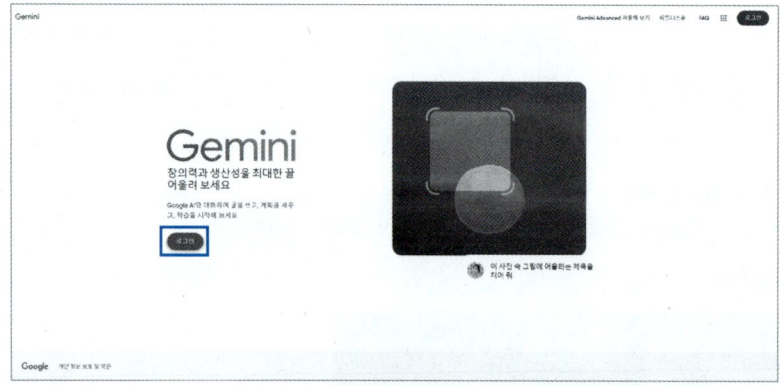

2. 화면에 보이는 **로그인**을 눌러 구글 계정에 로그인합니다.

    구글 계정이 없다면 다음 링크를 참고하여 새 구글 계정을 만듭니다.

    URL 구글 계정 만들기
    https://support.google.com/accounts/answer/27441?hl=ko

3. 텍스트 박스에 적당한 질문을 입력하고 **제출**을 클릭합니다.

    ▼ 그림 1-16 질문 입력

    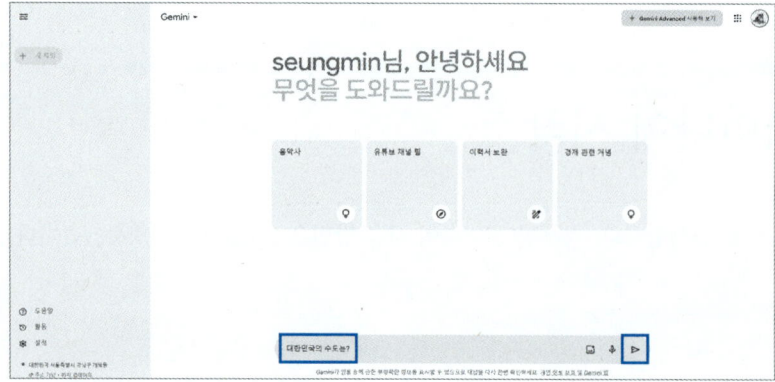

4. 제미나이의 응답을 확인합니다.

▼ 그림 1-17 응답 확인

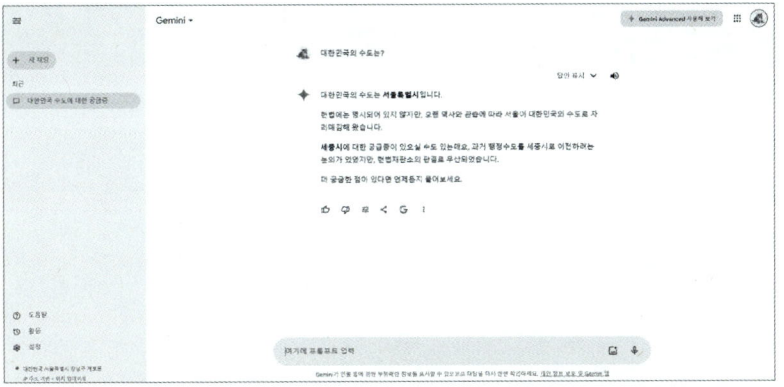

더욱 자세한 내용은 2.1절에서 살펴보겠습니다.

1.2.2 제미나이 어드밴스드

제미나이 어드밴스드(Gemini Advanced)는 제미나이 서비스의 유료 버전입니다. 제미나이는 기본 무료로 제공되지만, 제미나이 어드밴스드를 구독하면 더욱 뛰어난 기능을 이용할 수 있습니다.

제미나이 어드밴스드는 다음 장점이 있습니다.

- **구글에서 가장 성능이 좋은 제미나이 1.5 프로를 사용할 수 있다**
  추론이나 지시에 대한 대응, 코딩, 창의적인 협업을 수행할 수 있습니다.

- **성능이 최첨단이다**
  다양한 프로그래밍 언어의 소스 코드를 이해하고 설명할 수 있으며, 고품질의 소스 코드를 생성할 수 있습니다.

- **매우 복잡한 작업도 할 수 있다**
  텍스트, 이미지, 소스 코드 등 다양한 입력을 빠르게 이해하고 처리할 수 있습니다.

구글의 구독제 서비스인 구글 원(Google One)에서 AI 프리미엄(월/29,000원)을 선택하면 구글 어드밴스드를 사용할 수 있습니다. 구글 어드밴스드는 다음 링크를 참고합니다.

URL 요금제와 요금 설정(구글 원)
https://one.google.com/about/plans?hl=ko

▼ 그림 1-18 제미나이 어드밴스드 요금제

화면 왼쪽 위에서 제미나이와 제미나이 어드밴스드를 선택할 수 있으며, 정책에 따라 요금은 다를 수 있습니다.

1.3 인공지능과 머신러닝, 딥러닝

이 절에서는 인공지능 모델로 자연어 처리를 수행하는 기초 지식으로 머신러닝과 딥러닝을 설명하겠습니다. 수식은 등장하지만, 깊은 수학적 지식은 필요하지 않습니다.

1.3.1 인공지능과 머신러닝, 딥러닝

머신러닝(machine learning)은 수많은 데이터에서 규칙성을 찾아내어 분류 같은 추론을 수행하는 규칙을 컴퓨터가 생성하도록 하는 방법입니다. 다양한 인공지능 연구 분야 중 하나로 볼 수 있습니다.

머신러닝 이전의 인공지능은 예측이나 판단을 하는 규칙을 모두 인간이 생각해 내야 했습니다. 그러나 그 규칙을 생각해 내는 사람이 그 분야의 전문가라고는 할 수 없으며, 전문가라고 해도 자신의 감각(행동 평가)을 올바르게 규칙으로 정의하는 것은 매우 어려운 일입니다.

▼ 그림 1-19 인공지능과 머신러닝, 딥러닝의 관계

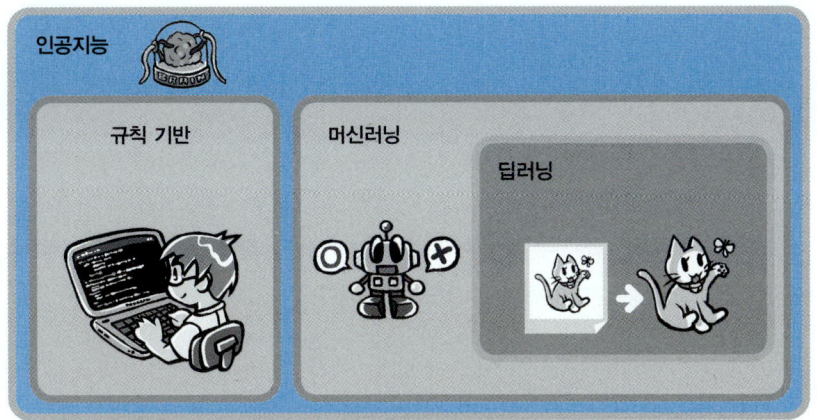

규칙 기반이라고 하는 이 방법은 인간의 한계가 고스란히 인공지능 한계로 대물림된다고 볼 수 있습니다.

▼ 그림 1-20 인간이 규칙을 직접 생각해 내야 하는 규칙 기반 시스템

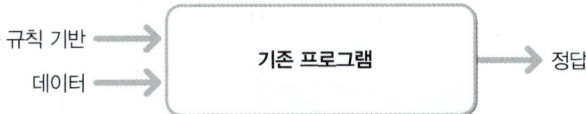

그래서 등장한 것이 머신러닝입니다. 머신러닝은 컴퓨터가 수많은 데이터를 분석하여 그 안에 숨어 있는 규칙과 상호 관계를 파악하고 답을 이끌어 내는 규칙을 찾아 줍니다.

따라서 머신러닝은 명시적으로 프로그래밍하는 것이 아니라 학습을 위한 구조를 구현하는 것이 핵심입니다. 많은 양의 데이터와 원하는 정답을 입력하면 컴퓨터는 그 정보에서 통계적인 구조를 추출하고 최종적으로 작업을 자동화하는 규칙을 생성합니다.

▼ 그림 1-21 데이터와 정답에서 규칙을 유도해 내는 머신러닝

이 규칙을 찾아내려는 방법 중 하나가 바로 딥러닝(deep learning)입니다. 딥러닝은 인간 뇌에 있는 신경 세포인 **뉴런**과 그 연결을 참고하여 만든 **신경망**(뉴럴 네트워크) 모델을 사용하여 학습과 예측을 수행하는 기술입니다.

신경망은 크게 **네트워크 구조**와 조정이 가능한 **가중치 파라미터** 두 부분으로 구성되어 있습니다. 학습으로 **가중치**를 최적화시켜 데이터에서 답을 출력하는 규칙을 생성합니다.

1.3.2 뉴런과 신경망

이제 뉴런과 신경망의 개요를 살펴보겠습니다. 수식이 나오기는 하지만, 깊은 수학적 지식이 없어도 그림과 설명을 차근차근 읽으면 충분히 이해할 수 있을 것입니다.

뉴런

인간 뇌 속에 있는 신경 세포를 뉴런이라고 합니다. 다음 그림은 생물학적 뉴런을 모델링한 것입니다. 이때 가중치 파라미터는 뉴런끼리 얼마나 강하게 연결되었는지 의미합니다.

뉴런은 x_1과 x_2라는 데이터가 입력되었을 때 $x_1 \times w_1 + x_2 \times w_2$가 임계치보다 크면 1이라는 답을 출력하고, 그렇지 않으면 0이라는 답을 출력합니다.

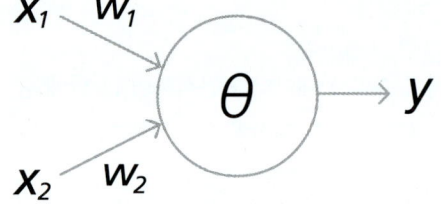

▼ 그림 1-22 뉴런 구조

▼ 표 1-1 뉴런의 파라미터

파라미터	설명
x_1, x_2	입력(데이터)
y	출력(정답)
w_1, w_2	가중치 파라미터
θ	임계 값

예를 들어 $w_1 = 1.0$, $w_2 = 1.0$, $θ = 1.5$처럼 가중치 파라미터와 임계치를 조정하기 바랍니다. 이렇게 가중치 파라미터와 임계치를 조정하면 AND 함수(x_1과 x_2 모두 1일 때만 1)에 해당하는 규칙을 표현할 수 있습니다.

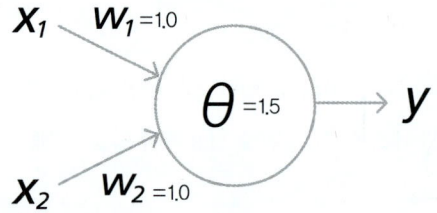

▼ 그림 1-23 AND 함수를 나타내는 뉴런

▼ 표 1-2 AND 함수의 입력과 출력

x_1	x_2	y
0	0	0
1	0	0
0	1	0
1	1	1

$x_1 \times w_1 + x_2 \times w_2$를 실제로 계산하면 다음과 같습니다.

- 입력이 $x_1 = 0.0$, $x_2 = 0.0$일 때 $0.0 \times 1.0 + 0.0 \times 1.0 = 0.0$(임계 값 1.5 이하)이고, 출력은 0입니다.
- 입력이 $x_1 = 1.0$, $x_2 = 0.0$일 때 $1.0 \times 1.0 + 0.0 \times 1.0 = 1.0$(임계 값 1.5 이하)이고, 출력은 0입니다.
- 입력이 $x_1 = 0.0$, $x_2 = 1.0$일 때 $0.0 \times 1.0 + 1.0 \times 1.0 = 1.0$(임계 값 1.5 이하)이고, 출력은 0입니다.
- 입력이 $x_1 = 1.0$, $x_2 = 1.0$일 때 $1.0 \times 1.0 + 1.0 \times 1.0 = 2.0$(임계치 1.5 이상)이고, 출력은 1입니다.

뉴런 모델은 학습할 때 가중치 파라미터뿐만 아니라 임계 값도 최적화합니다. 뇌 속에 있는 임계 값은 뇌세포 감도와도 같은 것으로, 기본적으로 변화하지 않으므로 학습으로 최적화할 때는 모델이 특정 패턴에 민감하게 반응하도록 **편향**시킨다는 의미가 내포되도록 **임계 값**을 **바이어스**라고 합니다.

신경망

뉴런 모델 하나만으로는 복잡한 문제를 풀 수 없습니다. 그래서 그림 1-24와 같이 **뉴런** 여러 개를 나란히 세워 **층**을 만들고, 또 그 층을 쌓아 올려 더 복잡한 문제를 다룰 수 있도록 신경망을 만듭니다.

신경망의 여러 층 중에서 처음에 입력 값을 받는 층을 '입력층', 마지막에 연산 결과를 출력하는 층을 '출력층', 입력층과 출력층 사이에 위치하는 층을 '중간층(또는 은닉층)'이라고 합니다. 입력층의 뉴런 수가 입력 데이터의 수, 출력층의 뉴런 수가 예측한 정답 수가 됩니다.

중간층은 여러 층으로 쌓을 수 있고, 층을 깊이 쌓은 신경망을 **심층 신경망**(딥뉴럴 네트워크)이라고 합니다.

딥러닝이 유행하기 이전에는 신경망의 층이 몇 개 되지 않아 기술적인 문제로 충분히 학습하기 어려웠고 성능도 미흡했습니다. 그러나 시간이 흐르면서 심층 신경망을 효과적으로 학습할 수 있는 다양한 기법이 등장하면서 딥러닝이 빠르게 확산되었습니다.

또 학습에 필요한 계산 능력이 향상되고 인터넷이 확산되면서 학습 데이터를 더 쉽게 수집할 수 있어 딥러닝 발전은 더욱 가속화되었습니다.

▼ 그림 1-24 간단한 신경망 구조

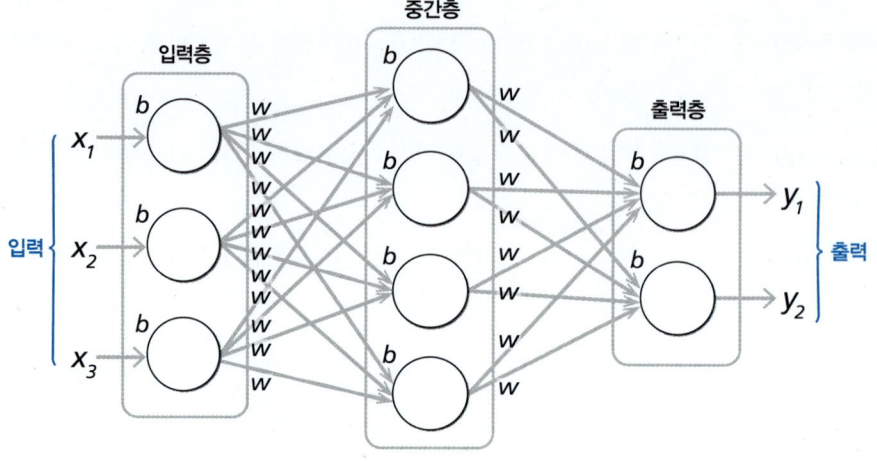

▼ 표 1-3 신경망의 파라미터

파라미터	설명
x_1, x_2, x_3	입력(데이터)
y_1, y_2	출력(정답)
w	가중치 파라미터
b	바이어스

1.3.3 모델 작성과 학습, 추론

딥러닝에는 모델 작성과 학습, 추론까지 세 가지 과정이 있습니다.

모델 작성

모델 작성은 신경망의 **네트워크 구조**를 작성하는 과정입니다. 입력층의 입력 수부터 출력층의 수와 은닉층의 수까지 각 층의 종류 등을 용도에 맞게 설계합니다.

학습을 시작하기 전 뉴런은 올바른 가중치 파라미터와 바이어스를 알지 못하기에 0이나 난수 등으로 초기화합니다. 이 상태의 모델에는 테스트용 데이터를 주어도 올바른 답을 출력하지 못합니다.

학습

학습은 **학습 데이터**의 입력에 따라 적절한 **예측 값**을 출력하도록 가중치 파라미터와 바이어스를 최적화하는 과정입니다. 좋은 모델을 학습하려면 많은 양의 학습 데이터에 정답을 라벨링해서 사용해야 합니다.

예를 들어 개와 고양이를 분류하는 모델을 학습한다고 가정합시다. 학습 데이터는 동물이 찍힌 사진과 그 동물이 개와 고양이 중 어느 동물인지 나타내는 정답 라벨로 구성됩니다. 정답 라벨은 보통 **원-핫 벡터**(one-hot vector) 형태로 주어집니다. 해당 이미지가 고양이라면 (1.0, 0.0)이 라벨이 되고, 개라면 (0.0, 1.0)이 라벨이 됩니다.

학습이 시작되면 모델이 예측한 값과 실제 정답 라벨을 먼저 비교합니다. 예측 값은 정답을 예측한 확률로 이해하면 좋습니다. 예를 들어 다음 그림과 같이 고양이 0.4를 개 0.6으로 예측했다면, 이는 학습 이미지에 찍힌 동물이 고양이일 확률은 40%, 개일 확률은 60%라고 예측했다는 뜻입니다.

▼ 그림 1-25 학습 과정에서 예측 값과 정답 비교

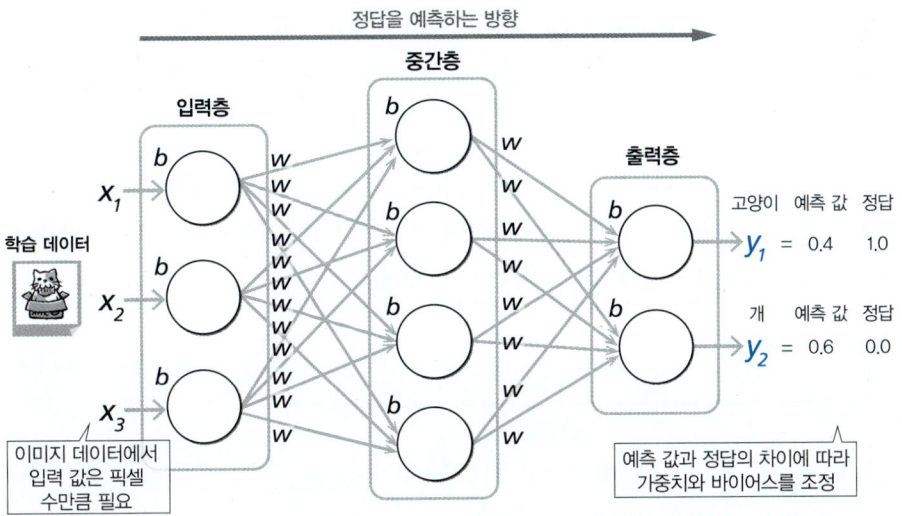

그러나 이 예시에 따르면 실제 정답 라벨은 고양이로 되어 있어 모델이 정답을 맞히려면 예측 값과 정답 라벨의 차이를 줄이는 과정이 필요합니다. 이 차이를 **손실**(loss)이라고 하며, 손실이 작아지는 방향으로 학습을 진행하면 정확도가 높은 모델이 완성된다고 할 수 있습니다. 이를 위해 **오차 역전파**라는 과정을 거쳐 가중치와 바이어스 값을 최적화해 나갑니다.

▼ 그림 1-26 최적화로 파라미터 갱신

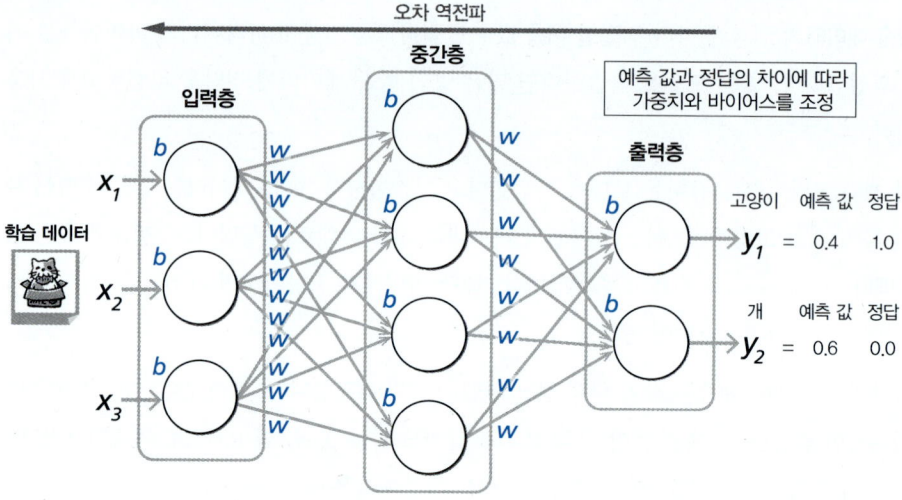

이렇게 학습 과정을 반복하면 예측 값과 정답 간 차이는 점차 줄어들고, 최종적으로는 학습 데이터의 입력에 따라 적절한 예측 값을 출력하는 모델을 만들 수 있습니다.

추론

모델 학습이 끝났다면 **테스트 데이터**를 모델에 입력합니다. 그리고 예측 값이 가장 높을 경우를 정답으로 추론합니다. 테스트 데이터는 학습에 사용하지 않은 데이터이므로 이 데이터의 정답을 높은 확률로 예측한다면 그 모델은 분류 성능이 높다고 할 수 있습니다.

▼ 그림 1-27 추론으로 학습된 모델 확인

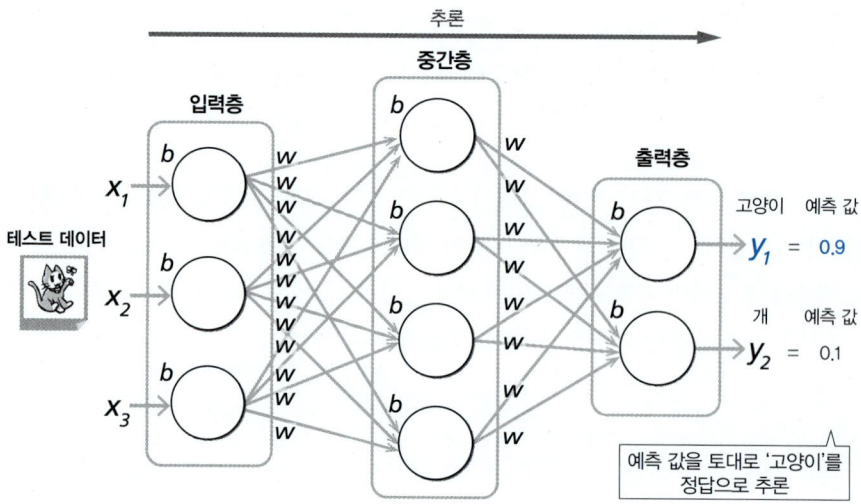

1.4 자연어 처리와 딥러닝 모델

인공지능과 머신러닝, 딥러닝의 개요를 이해한 뒤 과거부터 현재까지 사용해 온 AI 모델에는 어떤 것들이 있는지 살펴보겠습니다. 이 책의 주요 주제인 자연어 처리뿐만 아니라, **이미지 처리**와 **음성 처리**를 위해 응용한 모델도 간략하게 소개합니다.

1.4.1 자연어 처리 분야에서 딥러닝 모델 역사

이 책에서는 자연어 처리를 위한 딥러닝 모델로 **제미나이**를 주로 사용합니다. 표에서는 제미나이 모델이 탄생하기까지 흐름을 소개합니다.

▼ 표 1-4 딥러닝 모델 계보

모델 이름	등장한 연도	모델 이름	등장한 연도	모델 이름	등장한 연도
RNN	1986년	지피티-2	2019년	팜 2	2023년
시퀀스-투-시퀀스	2014년	T5	2019년	제미나이	2023년
어텐션	2015년	지피티-3	2020년		
트랜스포머	2017년	지피티-3.5	2022년		
버트	2018년	지피티-4	2023년		

순환 신경망(1986년)

순환 신경망(Recurrent Neural Network, RNN)은 입력과 출력을 시퀀스 단위로 처리할 수 있는 딥러닝 모델입니다. 주로 자연어 처리, 동영상 분류, 음성 인식에서 사용되었습니다. 트랜스포머 모델이 등장하기 전까지는 구글 번역 같은 기계 번역 분야에서도 활용되었습니다.

순환 신경망 모델의 특징은 은닉층이 **재귀 구조**를 갖는다는 것입니다. 다시 말해 이전 시각 은닉층의 출력을 고려해서 현 시각 은닉층의 출력을 계산하는 구조입니다.

▼ 그림 1-28 RNN 모델

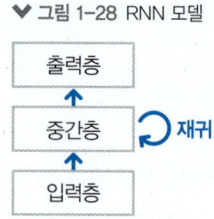

▼ 그림 1-29 RNN 모델의 시계열 처리 예시

시퀀스-투-시퀀스(2014년)

시퀀스-투-시퀀스(Sequence-to-Sequence, Seq2Seq)는 입력된 시퀀스 데이터를 다른 시퀀스 데이터로 변환하는 순환 신경망 기반의 딥러닝 모델입니다. 주로 기계 번역(영어 문장 → 한국어 문장), 요약(원문 → 요약), 대화(자신의 발언 → 상대의 응답) 같은 작업에서 자주 사용됩니다.

이 모델의 특징은 문장과 같은 입력을 압축하는 **인코더**(encoder)와 출력을 전개하는 **디코더**(decoder)로 나누어 생각할 수 있다는 점입니다.

▼ 그림 1-30 시퀀스-투-시퀀스 모델의 예시

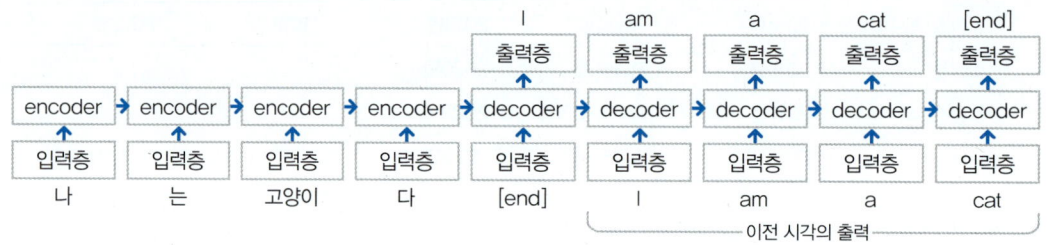

어텐션(2015년)

어텐션(Attention)은 시퀀스 데이터의 특정 부분에 주의를 기울이도록 학습시키는 구조입니다.

시퀀스-투-시퀀스는 짧은 문장이 입력으로 들어오면 정확하게 번역할 수 있지만, 입력 문장이 길어질수록 정확도가 떨어진다는 단점이 있습니다. 인코더의 길이가 고정되어 있어 고정된 길이보다 긴 문장을 넣으면 정보가 상실되기 때문입니다. 이 문제를 해결한 모델이 바로 어텐션입니다.

어텐션의 주요 개선점은 다음 두 가지입니다.

- **모든 인코더 정보를 디코더로 전달한다**

  시퀀스-투-시퀀스에서는 마지막 인코더의 정보만 디코더로 전달하지만, 어텐션은 모든 인코더의 정보를 디코더로 전달합니다.

▼ 그림 1-31 어텐션 모델의 예시

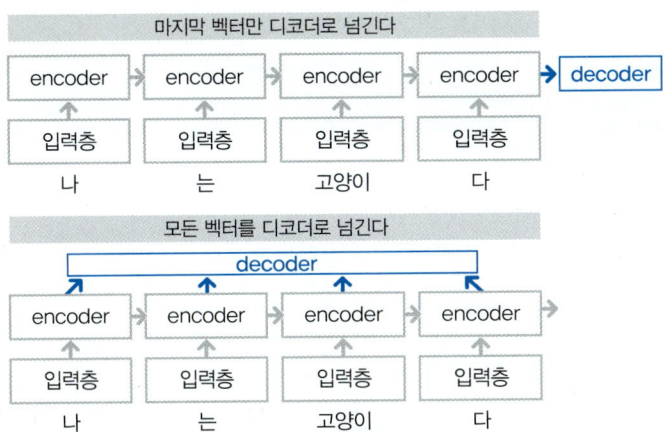

- **인코더의 중요한 정보를 점수로 활용한다**

  인코더의 정보를 점수화하여 점수가 높은 중요한 정보만 디코더에서 사용하도록 합니다.

> **Column** 시퀀스 데이터
>
> 시퀀스 데이터란 같은 종류의 데이터를 직렬로 나열한 것입니다. 이미지 분류는 이미지 한 장(즉, 데이터 한 개)으로 추론하지만, 대화와 같은 자연어 처리는 문자를 직렬로 나열한 데이터로 추론합니다. 일반적으로 시퀀스 데이터는 시간과는 무관하게 순서 자체가 중요한 데이터지만, 시간의 흐름에 따라 순차적으로 발생한 시퀀스 데이터를 **시계열 데이터**라고 합니다.

트랜스포머(2017년)

트랜스포머는 시퀀스-투-시퀀스와 마찬가지로 시퀀스 데이터를 다른 시퀀스 데이터로 변환하는 딥러닝 모델로, 순환 신경망을 사용하지 않고 어텐션으로만 구축한 것이 특징입니다. 현재 구글 번역 등의 기계 번역에 활용됩니다.

시퀀스-투-시퀀스에서 인코더와 디코더는 순환 신경망을 이용하지만, 데이터를 순서대로 입력해야 하므로 학습하는 데 시간이 오래 걸립니다. 반면에 트랜스포머 모델은 어텐션을 사용하기 때문에 학습에 소요되는 시간이 적습니다.

자연어 처리에서 매우 중요한 트랜스포머 모델의 특징은 크게 두 가지입니다.

- **여러 인코더와 디코더를 함께 쌓아 올린 모델이다**

  여러 인코더와 디코더를 겹침으로써 복잡한 작업에 대응할 수 있게 되었습니다.

▼ 그림 1-32 트랜스포머 모델의 예시

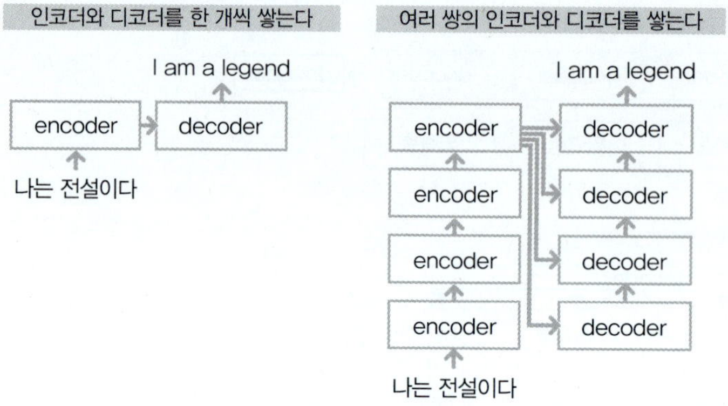

- **인코더와 디코더는 순환 신경망이 아닌 어텐션을 사용한다**

  어텐션을 사용하는 모델이므로 학습에 드는 시간을 절약할 수 있고, GPU를 이용한 학습의 병렬화가 동시에 가능하여 대규모 자연어 처리 모델을 학습할 수 있게 되었습니다.

버트(2018년)

버트(Bidirectional Encoder Representations from Transformers, BERT)는 많은 자연어 처리 벤치마크에서 인간의 작업 수행 능력 점수를 앞지른 것으로 화제가 된 트랜스포머 기반의 딥러닝 모델입니다. 이 모델의 가장 큰 특징은 트랜스포머의 인코더 부분만 쌓아 올린 모델이라는 점으로, 문장 내 빈칸으로 남겨진 단어를 예측하는 데 강점을 보입니다. 특히 **사전 학습** 이후에 **파인 튜닝**을 이어 진행하는 방식으로 학습 효율을 높였습니다.

- **사전 학습+파인 튜닝**

  사전 학습은 라벨이 없는 대량의 학습 데이터를 사용하여 언어의 범용적인 규칙을 학습합니다. 이 범용적인 언어 규칙을 학습한 모델을 **언어 모델**이라고 합니다. 학습하는 데 시간이 매우 오래 걸리지만, 한 번 학습하면 파인 튜닝을 통해 다양한 작업에 특화된 모델을 빠르게 만들어 적용할 수 있습니다.

  ▼ 그림 1-33 사전 학습과 파인 튜닝

  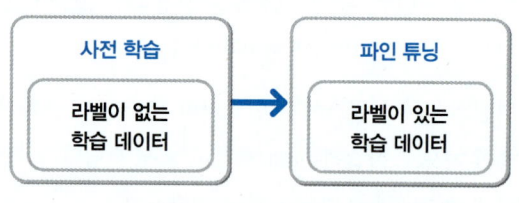

  파인 튜닝은 사전 학습된 모델을 토대로 특정 작업에 맞추어 진행하는 추가적인 학습의 형태입니다. 모델을 처음부터 라벨링된 데이터로 학습할 때보다 더욱 적은 데이터로 파인 튜닝이 가능하고, 적은 학습 시간 대비 높은 성능의 모델을 얻을 수 있습니다.

> **Column** 라벨이 있는 데이터와 없는 데이터
>
> 고양이와 개의 이미지를 분류하는 모델을 만들려면 고양이라는 라벨을 추가한 고양이 사진과 개라는 라벨을 추가한 개 사진을 많이 준비해야 합니다. 이처럼 정답을 추가한 데이터를 **라벨이 있는 데이터**라고 합니다. 학습에 필요한 데이터를 준비할 때는 인력이 많이 필요하므로 라벨이 붙은 데이터를 확보하는 것은 어려운 일입니다.
>
> 인터넷에 있는 문장의 문자열을 학습하려면 문장을 많이 수집해야 합니다. 문장만 있으면 문장의 배열을 학습할 수 있으므로 정답을 추가하지 않아도 됩니다. 이렇게 정답을 추가하지 않는 데이터를 **라벨이 없는 데이터**라고 합니다. 이 경우에는 라벨을 추가할 인력이 필요하지 않으므로 라벨이 없는 데이터를 활용하는 편이 훨씬 유리합니다.

> **Column** 오토 인코딩 모델
>
> 버트처럼 인코더 부분을 쌓아 올린 모델을 오토 인코딩 모델이라고 합니다. 이 종류의 모델이 가장 잘 수행할 수 있는 작업은 **텍스트 분류**입니다. 다음 모델은 오토 인코딩 모델의 좋은 예시입니다.
>
> BERT/ALBERT/RoBERTa/DistilBERT/XLM/XLM-RoBERTa/FlauBERT/ELECTRA/Longformer

지피티-2(2019년)

지피티-2(GPT-2)는 인간이 쓴 것처럼 자연스러운 문장을 생성할 수 있어 악용될까 염려되어 논문 공개를 연기하면서 화제가 된 트랜스포머 기반의 딥러닝 모델입니다. 버트와 달리 트랜스포머의 디코더 부분만 쌓아 올린 구조로, 임의의 문장에 이은 다음 단어를 예측하는 데 특화되어 있습니다.

지피티-2를 개발한 오픈AI에서는 다음 네 종류의 사전 학습 모델을 제공하며, 파라미터 수가 클수록 정확도가 높은 것으로 알려져 있습니다.

- 지피티-2(small): 1억 2,400만 파라미터
- 지피티-2(medium): 3억 5,500만 파라미터
- 지피티-2(large): 7억 7,400만 파라미터
- 지피티-2(xl): 13억 파라미터

지피티-2의 사전 학습 모델을 사용하는 방법으로, 파인 튜닝 이외에도 **제로샷**(Zero Shot)이라는 방법을 제안합니다. 이것은 임의의 문장에 이은 다음 문장을 예측하는 능력을 사용해서 학습되지 않은 작업을 추론하는 방법입니다.

예를 들어 'Q. 남산 타워의 높이는? A.'에 이어지는 문장을 추론하면 '해발 479.7m'라고 하는 답변의 문장이 반환되는데, 학습되지 않은 질문에 대해 응답하는 것을 알 수 있습니다. 지피티-2의 성능으로는 아직 제로샷으로 대응할 수 있는 작업들이 한정되어 있지만, **텍스트 생성** 본연의 성능을 향상시킴으로써 어떤 작업이든 수행할 수 있는 범용적인 모델을 만들 수 있다는 가능성을 보여주었습니다.

> Column ≡ **자기 회귀 모델**
>
> 지피티-2처럼 디코더를 쌓아 올린 모델을 자기 회귀 모델(Autoregressive Model)이라고 합니다. 이 부류의 모델들이 가장 잘 해내는 작업은 **텍스트 생성**입니다. 다음 모델이 대표적인 예시입니다.
>
> GPT/GPT-2/GPT-3/CTRL/Transformer-XL/Reformer/XLNet

T5(2019년)

텍스트-투-텍스트 트랜스퍼 트랜스포머(Text-To-Text Transfer Transformer, T5)는 텍스트를 텍스트로 변환하는 트랜스포머 기반 모델입니다. 학습 데이터를 바꾸기만 하면 질의응답, 요약, 번역 등 다양한 자연어 처리 작업을 같은 모델로 해결할 수 있다는 것이 특징입니다. 앞서 알아본 버트나 지피티와 다르게 이 모델은 트랜스포머의 인코더와 디코더를 모두 사용합니다.

- 질의응답: 입력(질문) → 출력(응답)
- 요약: 입력(원문) → 출력(요약)
- 번역: 입력(영어) → 출력(일본어)

▼ 그림 1-34 T5 모델의 예시

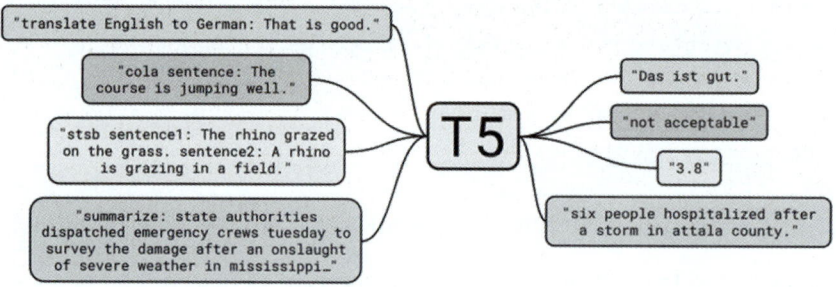

> Column ≡ **시퀀스-투-시퀀스 모델**
>
> 텍스트-투-텍스트 트랜스퍼 트랜스포머처럼 텍스트를 텍스트로 변환하는 모델을 시퀀스-투-시퀀스 모델이라고 합니다. 가장 잘 수행하는 작업은 번역, 요약, 질문에 대한 응답입니다. 다음 모델이 시퀀스-투-시퀀스 모델의 대표적인 예시입니다.
>
> BART/Pegasus/MarianMT/T5/MBart
>
> 2014년에 발표된 시퀀스-투-시퀀스(Seq2Seq)와 이름이 같아서 혼동하는 경우가 있지만, 여기에서는 트랜스포머 기반 딥러닝 모델의 분류명으로 시퀀스-투-시퀀스 모델이라는 이름을 사용합니다. 이와 별개로 텍스트에서 텍스트로 변환하는 모델을 전반적으로 시퀀스-투-시퀀스(또는 텍스트-투-텍스트)라고 부를 때도 있습니다.

지피티-3(2020년)

지피티-3(GPT-3)는 사람이 쓴 것처럼 자연스러운 문장을 생성할 뿐만 아니라, 자연어에서 프로그램의 소스 코드와 웹 페이지의 레이아웃까지 생성해서 화제가 된 지피티-2의 차기 모델입니다. 지피티-2와 비교해서 117배의 파라미터를 가집니다.

- 지피티-3: 1,750억 파라미터

지피티-3의 사전 학습 모델을 사용하는 방법으로 파인 튜닝과 더불어 **프롬프트 엔지니어링**이라는 기법이 제안되었습니다. 자연어로 어떤 지식을 어떻게 활용할지 프롬프트로 명시하는 것으로, 모델의 정확도 향상을 꾀하는 방법입니다.

예를 들어 그림 1-35와 같이 '간단한 덧셈을 하는 프로그램입니다'는 작업 설명과 '2+1=3', '3+5=8'이라는 답변을 예시로 보여 주는 것만으로 '4+1='의 계산 결과를 올바르게 반환합니다. 이 예시에서 파란색 음영 부분이 실제 지피티-3가 생성한 텍스트입니다.

지피티-3는 다양한 자연어 처리 작업을 수행할 수 있다는 것이 장점이지만, 모든 작업에 대해 추론 정확도는 아직 실용 수준에 미치지 못한다는 느낌을 지울 수 없습니다.

▼ 그림 1-35 지피티-3의 프롬프트와 출력 예시

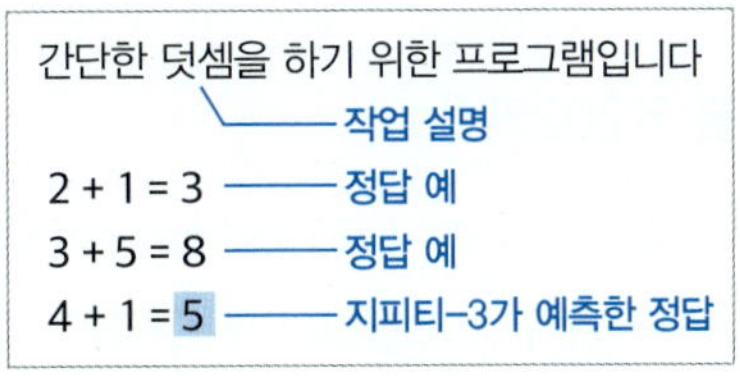

```
간단한 덧셈을 하기 위한 프로그램입니다  ── 작업 설명
2 + 1 = 3   ── 정답 예
3 + 5 = 8   ── 정답 예
4 + 1 = 5   ── 지피티-3가 예측한 정답
```

지피티-3.5(2022년)

지피티-3.5(GPT-3.5)는 인간의 피드백을 통한 강화 학습을 이용하여 언어 모델과 인간의 지시 간에 일관성을 높인 모델입니다. **강화 학습**은 어떤 환경 속에서 행동을 선택하고, 그 행동에 따라 얻을 수 있는 보상을 최대화하는 방향으로 학습하는 머신러닝 기법의 하나입니다. 이것으로 이전 모델보다 복잡한 명령을 더욱 잘 이해할 수 있게 되었고, 자연스러운 응답에 한층 가까워졌습니다.

이처럼 추론 정확도가 실용 수준에 도달하여 기존 애플리케이션에도 채팅 UI가 포함되기 시작했습니다.

> **Column ≡ 인간 피드백에서 강화 학습을 수행하는 RLHF**
>
> RLHF(Reinforcement Learning from Human Feedback)는 인간의 피드백을 활용한 강화 학습 에이전트(특정 환경에서 자율적으로 행동하는 프로그램)의 학습을 개선하는 기법입니다.
>
> 보통 강화 학습에서 에이전트는 보상으로 행동을 결정하고, 그 결과를 기반으로 학습합니다. 그러나 보상이 불명확하거나, 보상을 얻는 목표가 복잡하면 에이전트 학습이 어려울 수 있습니다. 이 경우에 인간이 피드백을 제공함으로써 에이전트의 학습이 원활하도록 지원할 수 있습니다.
>
> 지피티-3.5는 RLHF를 이용하여 인간의 지시를 따르는 능력이 비약적으로 향상된 것입니다.

지피티-4(2023년)

지피티-4(GPT-4)는 지피티-3.5에서 더욱 진화한 모델입니다. 다양한 벤치마크에서 인간 수준의 성능을 발휘하여 미국 변호사 시험에서 응시자 중 상위 10% 정도의 점수를 획득했다는 결과도 확인할 수 있습니다.

지피티-4의 최신 버전은 멀티모달이며, 텍스트뿐만 아니라 이미지도 입력할 수 있습니다. 파라미터 수도 이전 모델보다 클 것으로 예상되지만, 공개하지 않았기 때문에 알 수 없습니다.

▼ 그림 1-36 지피티-4 웹 페이지

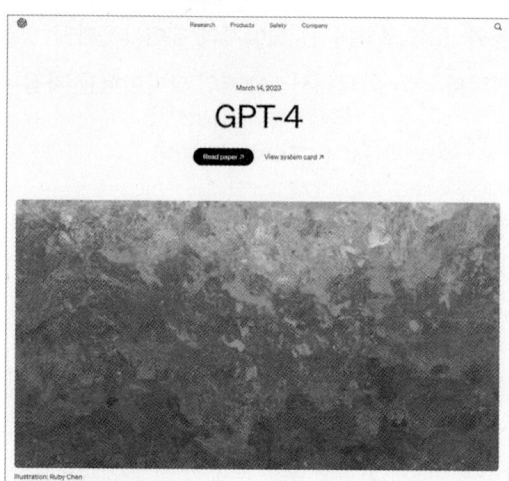

URL 지피티-4 - 오픈AI 블로그
https://openai.com/index/gpt-4-research/

팜 2(2023년)

팜 2(PaLM 2)는 2023년 5월 출시된 구글이 개발한 대규모 언어 모델 PaLM(Pathways Language Model)의 후속 모델입니다. 구글이 개발한 챗봇 AI 바드(Bard)에서 대화를 위한 기술로 이용됩니다.

다국어 지원, 이미지에 관한 질의응답, 기타 구글 서비스와 연계가 가능하다는 점이 특징이며, 지피티-4에 이은 고성능의 대규모 언어 모델이 되었습니다.

▼ 그림 1-37 팜 2 소개 웹 페이지

URL 팜 2 소개
https://blog.google/intl/ko-kr/company-news/technology/google-palm-2-ai-large-language-model-kr/

제미나이(2023년)

제미나이는 2023년 12월에 발매된 구글 딥마인드가 개발한 대규모 언어 모델입니다. 구글이 개발한 챗봇 AI 서비스 제미나이(바드에서 서비스 이름 변경)가 대화하기 위한 기술로 이용되고 있습니다.

여러 변형 모델로 제공되며, 가장 유능한 제미나이 1.0 울트라는 특정 벤치마크에서 지피티-4를 앞서는 결과를 내었다고 발표되었습니다.

▼ 그림 1-38 제미나이 소개 웹 페이지

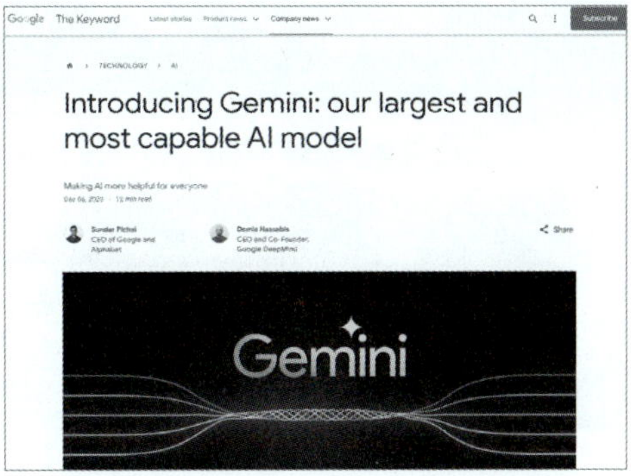

URL 제미나이 소개
https://blog.google/technology/ai/google-gemini-ai/

1.4.2 딥러닝 모델을 이용하여 이미지 처리하기

트랜스포머 모델은 자연어 처리에 사용하려고 고안된 딥러닝 모델입니다. 최근에는 이미지 분류나 생성 등 **이미지 처리** 분야에서도 큰 성과를 올리고 있습니다.

다음 표는 트랜스포머를 이미지 처리에 응용한 예입니다.

▼ 표 1-5 이미지 처리 모델의 계보

모델 이름	등장한 연도	모델 이름	등장한 연도
이미지 지피티	2020년	달리 3	2023년
클립	2021년	이마젠 2	2023년
달리	2021년	이마젠 3	2024년
달리 2	2022년		

이미지 지피티(2020년)

이미지 지피티(Image GPT)는 절반이 잘린 이미지에서 나머지 절반을 생성하도록 고안된 딥러닝 모델입니다. 지피티-2는 임의의 문장에 이어질 문장을 그럴듯하게 생성할 수 있는 모델로 화제가 되었는데, 이 원리를 이미지에도 응용하여 이미지의 잘린 부분에 그럴듯한 이미지를 자동으로 생성할 수 있게 되었습니다.

입력: 반이 잘린 이미지 → **출력**: 나머지 반의 이미지

▼ 그림 1-39 이미지 지피티 모델의 활용 예시

클립(2021년)

클립(CLIP)은 오픈AI가 개발한 이미지와 텍스트의 연관성 기반으로 순위를 매기는 딥러닝 모델입니다. 기존의 **지도 학습**을 이용한 이미지 분류에서는 미리 정해진 카테고리 안에서만 분류할 수 있었던 반면, 클립을 사용하면 추론할 때 자유롭게 카테고리를 지정해서 분류할 수 있습니다. 지피티-2에서 설명한 제로샷과 같은 개념이라고 볼 수 있습니다.

▼ 그림 1-40 클립 모델의 활용 예시

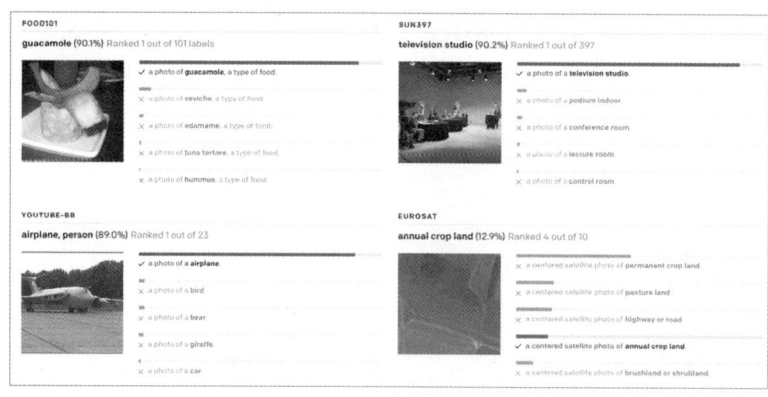

달리(2021년)

달리(DALL-E)는 텍스트와 이미지가 쌍으로 있는 데이터셋을 사용해서 텍스트에서 그 의미에 걸맞은 이미지를 생성하도록 학습된 모델입니다.

입력: 텍스트 → **출력:** 이미지

현실에 존재하는 것은 물론, 동물이나 음식을 의인화하거나 서로 간의 의미가 무관한 것을 조합한 이미지도 생성할 수 있습니다.

- an illustration of a baby daikon radish in a tutu walking a dog

    (강아지를 산책시키는 무의 일러스트레이션)

    ▼ 그림 1-41 달리가 생성한 동물과 야채를 의인화한 일러스트

- an armchair in the shape of an avocado

    (아보카도 모양을 한 의자)

    ▼ 그림 1-42 달리가 생성한 상이한 두 물체의 조합 이미지

달리 2(2022년)

달리 2(DALL-E 2)는 이전 모델보다 해상도를 4배 높여 더욱 사실적이고 정확한 이미지를 생성할 수 있습니다.

▼ 그림 1-43 달리 2가 생성한 이미지 예시

달리 3(2023년)

달리 3(DALL-E 3)는 이전 모델들과 비교했을 때 주어진 텍스트 의미를 정확하게 반영해서 이미지를 생성하는 성능이 비약적으로 향상되었습니다. 현재 **챗지피티**나 **코파일럿**(Copilot)에서 사용하는 이미지 생성 AI가 바로 달리 3입니다.

▼ 그림 1-44 달리 3가 생성한 이미지 예시

이마젠 2(2023년)

이마젠 2(Imagen 2)는 구글 딥마인드에서 개발한 텍스트에서 이미지를 생성하는 모델입니다. 달리와 비교하면 더욱 사실적인 이미지를 만들어 내는 것이 특징입니다. 2024년 6월 기준으로, 챗봇 AI 서비스인 제미나이에서는 영어로 이미지 생성을 요청하면 이마젠 2를 사용할 수 있습니다.

입력: 텍스트 → **출력**: 이미지

URL 이마젠 2
https://deepmind.google/technologies/imagen-2/

▼ 그림 1-45 이마젠 2 웹 페이지

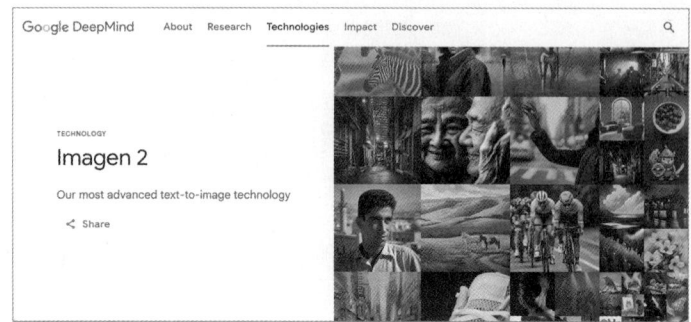

이마젠 3(2024년)

이마젠 3(Imagen 3)는 이전 모델과 비교했을 때 주어진 텍스트를 바탕으로 더욱 정확하고 사실적인 이미지를 생성할 수 있습니다. 또 이미지 일부를 수정하거나 이미지 밖으로 영역을 확장하는 등 새로운 기능도 추가되었습니다.

입력: 텍스트 → **출력**: 이미지

`URL` 이마젠 3
https://deepmind.google/technologies/imagen-3/

▼ 그림 1-46 이마젠 3 웹 페이지

1.4.3 딥러닝을 활용하여 음성 처리하기

딥러닝 모델은 문장이나 이미지 생성 이외에도 음성이나 노랫소리를 합성하는 음성 처리 분야에서 크게 활약하고 있습니다. 딥러닝 모델을 음성 처리에 응용한 예시를 소개합니다.

▼ 표 1-6 음성 처리 모델의 계보

모델 이름	등장한 연도	모델 이름	등장한 연도
타코트론 2+웨이브글로우	2017년	뮤직LM	2023년
뉴트리노	2020년	보이스 엔진	2023년
주크박스	2020년	수노	2023년
위스퍼	2022년		

타코트론 2+웨이브글로우(2017년)

타코트론 2(Tacotron 2)는 텍스트를 **멜 스펙트로그램**(Mel Spectrogram)[4]으로 변환하는 딥러닝 모델이고, 웨이브글로우(WaveGlow)는 멜 스펙트로그램을 음성으로 변환하는 딥러닝 모델입니다. 이 두 가지 딥러닝 모델을 조합하면 텍스트를 음성으로 변환할 수 있습니다.

입력: 텍스트 → **출력**: 음성

뉴트리노(2020년)

뉴트리노(NEUTRINO)는 신경망을 사용한 가성 신시사이저입니다. 가사가 포함된 악보에서 발성 타이밍, 음의 높낮이, 목소리의 톤과 거친 정도 등을 추론해서 노래 부르는 목소리를 생성합니다.

사람에 가까운 자연스러운 노래를 실현하면서 악보만 작성하면 생성할 수 있는 간편함도 갖추고 있어 큰 화제를 모았습니다.

입력: 가사가 포함된 악보 → **출력**: 노래

주크박스(2020년)

주크박스(Jukebox)는 아티스트, 장르, 가사, 곡의 길이를 지정하면 자동으로 **노래 소리가 있는 음악**을 생성하는 딥러닝 모델입니다. 해당 곡이 발표된 연도, 아티스트, 장르 등 메타 데이터를 소리와 함께 학습함으로써 음악의 특징을 학습한 것입니다.

입력: 아티스트, 장르, 가사, 곡의 길이 → **출력**: 노래 소리가 있는 음악

위스퍼(2022년)

위스퍼(Whisper)는 대화 음성을 텍스트로 변환하는 딥러닝 모델입니다. 다국어 음성 인식, 음성 번역, 언어 인식, 음성 구간 검출도 가능한 모델입니다. 스마트폰 버전의 챗지피티 음성 대화에도 이용되며, 오픈AI에서 오픈 소스로 공개하고 있습니다.

입력: 대화 음성 → **출력**: 텍스트

---

4 역주 소리 신호의 주파수 성분을 시간에 따라 시각적으로 표현한 그래프입니다. 인간의 청각적 특성을 반영하기 위해 주파수 축을 멜 스케일(Mel Scale)로 변환하여 소리의 주파수 정보를 더욱 직관적으로 이해할 수 있도록 도와줍니다.

URL 위스퍼

https://openai.com/index/whisper/

▼ 그림 1-47 위스퍼 웹 페이지

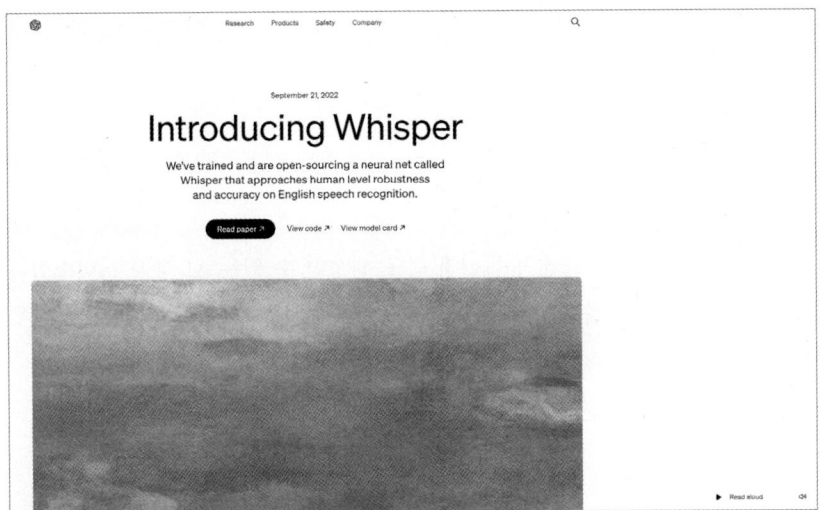

뮤직LM(2023년)

뮤직LM(MusicLM)은 구글이 개발한 텍스트에서 음악을 생성하는 모델입니다. 이 모델은 간단한 텍스트 설명을 바탕으로 고품질의 음악을 생성할 수 있습니다.

입력: 텍스트 설명 → **출력:** 음악

URL 뮤직LM

https://google-research.github.io/seanet/musiclm/examples/index.html

▼ 그림 1-48 뮤직LM 웹 페이지

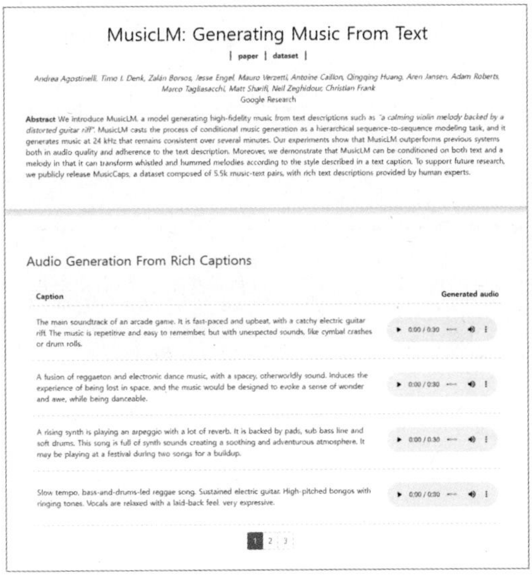

보이스 엔진(2023년)

보이스 엔진(Voice Engine)은 텍스트에서 고품질의 음성을 생성하는 모델입니다. 이 기술로 텍스트와 몇 초의 음성 샘플에서 인간과 같은 음성을 생성할 수 있게 되었습니다. 스마트폰 버전의 챗GPT 음성 대화에도 이용됩니다.

입력: 텍스트 → **출력:** 대화 음성

수노(2023년)

수노(Suno)는 가사와 키워드를 입력하면 노래가 들어간 곡을 생성할 수 있는 AI 작곡 서비스입니다. 곡의 작곡뿐만 아니라 노래도 불러 줍니다. 한국어로도 노래할 수 있으며, 성능이 높아서 매우 큰 인기를 얻고 있습니다.

2024년 6월 기준으로 Suno v3.5가 제공되고 있으며, 현재도 성능이 계속 향상되고 있습니다.

입력: 가사, 키워드 → **출력:** 노래가 들어간 곡

URL 수노
https://suno.com/

▼ 그림 1-49 수노 웹 페이지

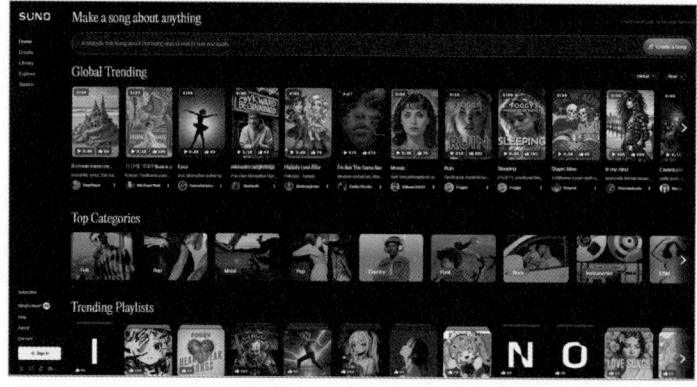

2장
제미나이 사용

2.1 제미나이 사용법
2.2 구글 AI 스튜디오 사용법
2.3 버텍스 AI 스튜디오 사용법

이 장에서는 제미나이 사용 방법을 자세히 알아보겠습니다. 제미나이의 특징 중 하나인 구글의 다양한 서비스를 이용한 질의응답이나 이미지의 입력과 생성, 음성을 활용한 입출력을 실습할 것입니다. 구글 검색 엔진을 연동하면 제미나이에서 답변을 한 번 더 확인하고, 비슷한 검색 결과가 있는지 버튼 조작 한 번으로 확인할 수 있습니다.

제미나이는 웹 브라우저에서 **제미나이 API**를 간편하게 사용할 수 있게 **구글 AI 스튜디오**(Google AI Studio)와 **버텍스 AI 스튜디오**(Vertex AI Studio) 서비스를 제공합니다. 전자가 API 키만으로 간단히 이용할 수 있는 API라면, 후자는 구글 클라우드 서비스에서 제공하는 API입니다. 구글 AI 스튜디오는 무료 플랜을 제공하며, 버텍스 AI 스튜디오는 일정 기간 무료로 체험할 수 있는 유료 서비스입니다.

두 서비스는 기능이 거의 같지만, UI가 다른 차이점 등이 있으므로 하나씩 살펴보겠습니다. 4장 이후부터는 제미나이 API를 활용한 프로그래밍을 설명할 예정인데, API가 어떤 방식으로 동작하는지 확인할 때는 이 장의 웹 UI를 사용하길 권장합니다.

이 장에서 다룰 핵심 내용
- 제미나이의 화면 구성과 설정 방법, 텍스트와 이미지를 활용하는 방법을 알아봅니다.
- 구글 AI 스튜디오의 웹 브라우저 화면 구성과 설정 방법을 이해합니다.
- 버텍스 AI 스튜디오의 웹 브라우저 화면 구성과 설정 방법을 이해합니다.

2.1 제미나이 사용법

1.2절에서 제미나이를 사용하기에 앞서 간단한 절차를 소개했습니다. 이 절에서는 제미나이를 사용하는 방법을 더욱 자세히 알아보겠습니다.

2.1.1 제미나이 화면 구성

제미나이 화면 구성은 다음 그림과 같습니다.

▼ 그림 2-1 제미나이 화면 구성

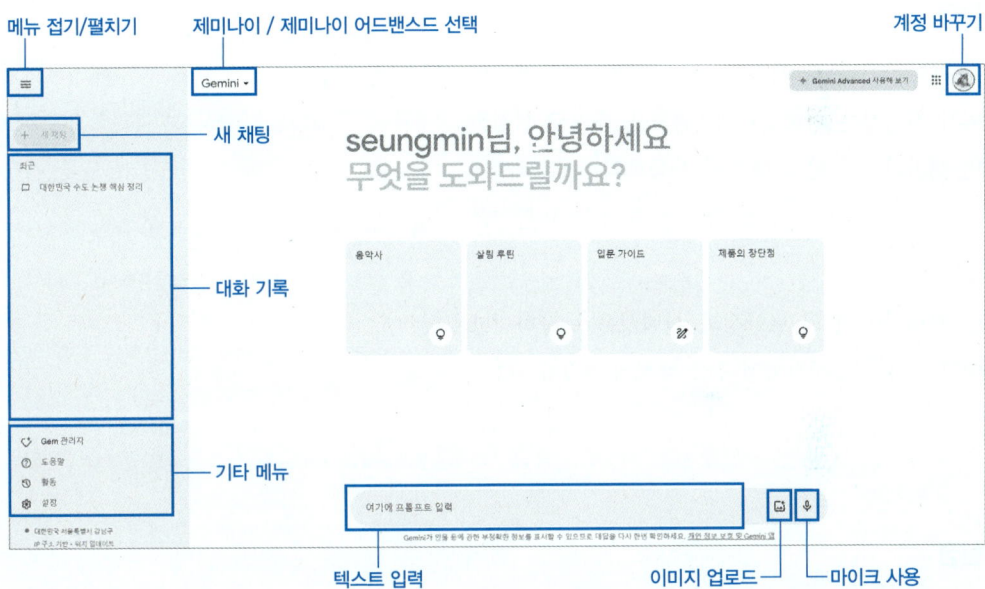

제미나이는 텍스트 입력창에 메시지를 입력한 뒤 나타나는 제출을 클릭하거나 Enter 를 눌러 사용할 수 있습니다. 화면 왼쪽 위에서 새 채팅을 클릭하여 새로운 대화를 시작할 수 있습니다.

새 채팅 아래에는 대화 기록이 나타나며, 이전 대화를 확인할 수 있습니다. 또 이미지를 직접 업로드하거나 음성으로 텍스트를 입력할 수도 있습니다.

대화 기록

대화 기록 오른쪽 아래에 있는 ⋮(더보기)를 클릭하면 고정, 이름 변경, 삭제 메뉴가 나타납니다.

▼ 그림 2-2 대화 기록 메뉴

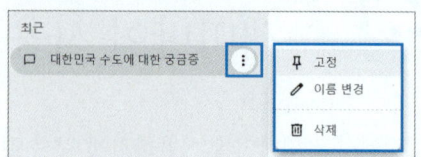

도움말

도움말은 기타 조작에 관한 설명입니다.

▼ 그림 2-3 도움말 메뉴

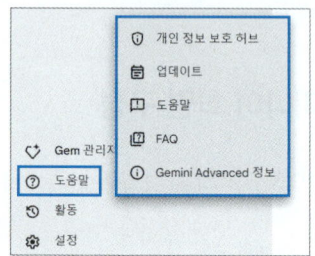

활동

활동에 관한 관리 페이지입니다. 활동이란 제미나이가 저장하는 정보입니다. 활동을 중지로 설정하면 제미나이와 나눈 대화를 사용자의 구글 계정에 더 이상 저장하지 않고, 확인할 수 없는 비활성화 상태가 됩니다.

단 제미나이 앱의 보안성과 신뢰성을 보장하려고 대화는 최대 72시간까지 구글 계정에 저장합니다.

▼ 그림 2-4 활동 설정

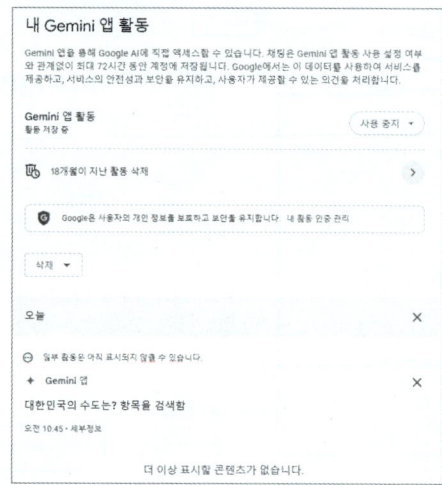

설정

각종 설정을 확인할 수 있습니다. 상세한 설정 항목은 다음 그림과 같습니다.

▼ 표 2-1 설정 메뉴 세부 사항

항목	내용
확장 프로그램	확장 프로그램 설정
내 공개 링크	공개 링크 관리
어두운 테마	화면 표시 스타일을 어두운 테마 혹은 밝은 테마로 전환

▼ 그림 2-5 설정 메뉴

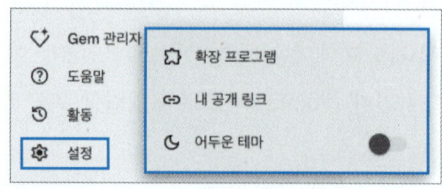

확장 프로그램

설정 메뉴에서 확장 프로그램을 활성화하면 구글의 각종 서비스와 연계할 수 있습니다. 설정 화면에서 이것을 활성화하고 텍스트로 **@〈구글 서비스 이름〉**을 입력하면 해당 구글 서비스가 제공하는 정보를 바탕으로 답변을 받을 수 있습니다.

구글 워크스페이스(@Gmail, @Google Drive, @Google Docs)

내 콘텐츠에서 정보를 요약, 검색하여 빠른 답변을 얻을 수 있습니다.

구글 항공편 검색(@Google 항공편 검색)

여행을 계획할 때 유용한 실시간 항공편 정보를 얻을 수 있습니다.

구글 호텔(@Google 호텔)

나에게 중요한 점을 고려해서 대화하듯이 호텔을 검색할 수 있습니다.

구글 지도(@Google 지도)

위치 기반 정보를 이용하여 여행 계획을 세우는 데 유용합니다.

유튜브(@Youtube)

유튜브에서 동영상을 찾거나 동영상 관련 정보를 얻을 수 있습니다.

▼ 그림 2-6 확장 프로그램 설정 화면

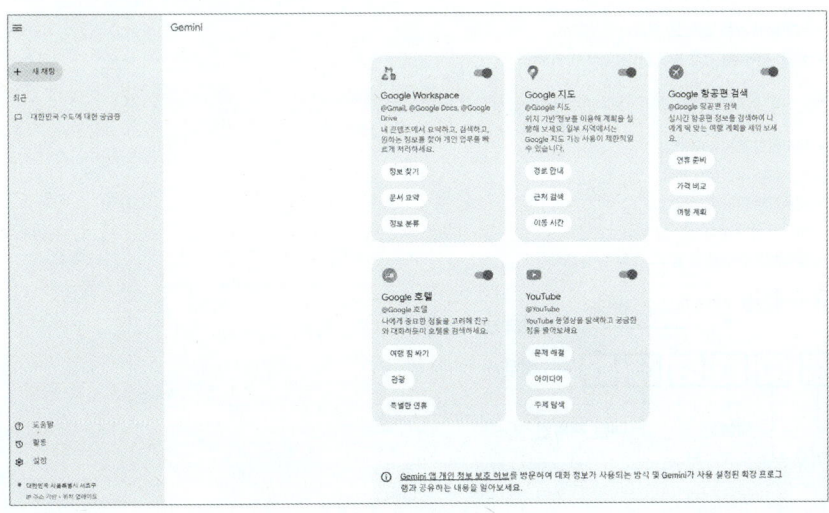

▼ 그림 2-7 확장 프로그램을 사용한 대화 입력

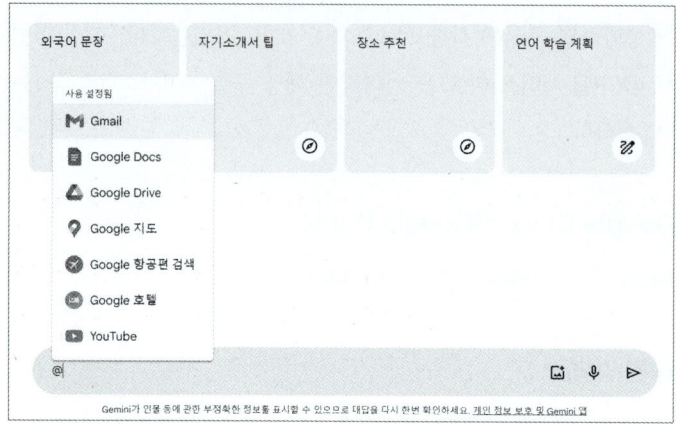

응답 메뉴와 버튼

제미나이가 응답하면 여러 조작이 가능한 메뉴와 버튼이 함께 나타납니다. 응답 화면의 오른쪽 위에 있는 답안 표시 기능은 다음 그림과 같습니다.

▼ 그림 2-8 응답 화면의 메뉴와 버튼

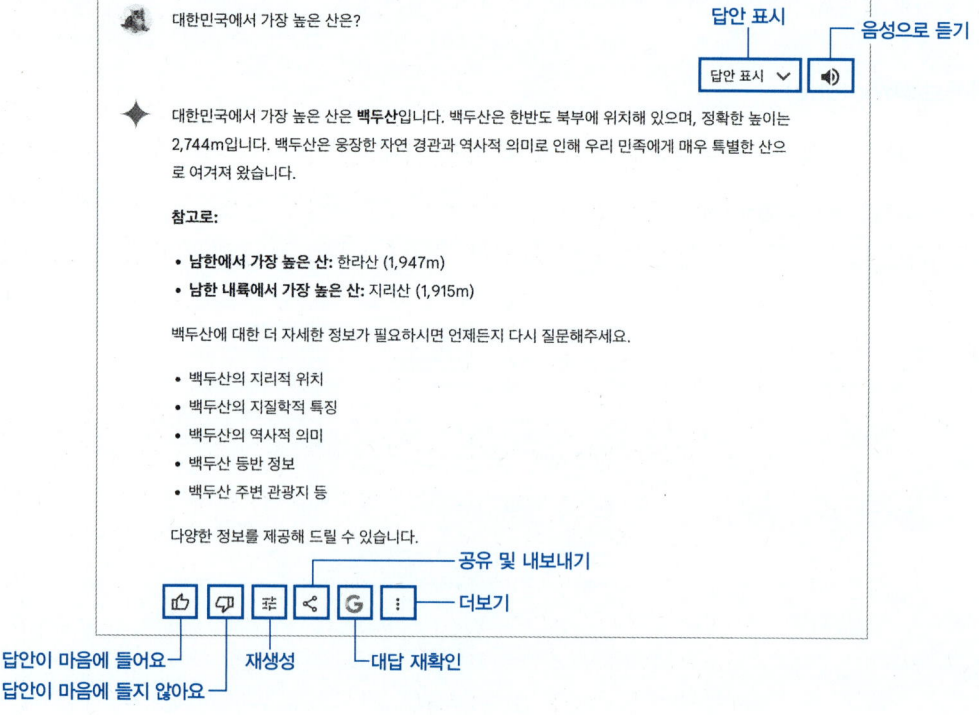

대답 재확인을 클릭하면 답안이 정확한지 한 번 더 확인한 뒤 색을 표시합니다. 구글에서 검색했을 때와 비슷한 결과가 표시된 부분에는 초록색 마커로, 비슷하지 않은 결과가 확인된 부분에는 오렌지색 마커로 강조 표시됩니다.

▼ 그림 2-9 답안 표시 화면

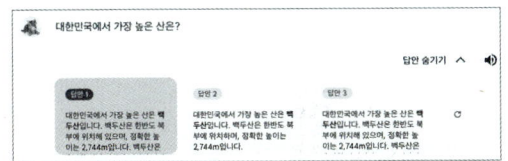

▼ 그림 2-10 대답 재확인 화면

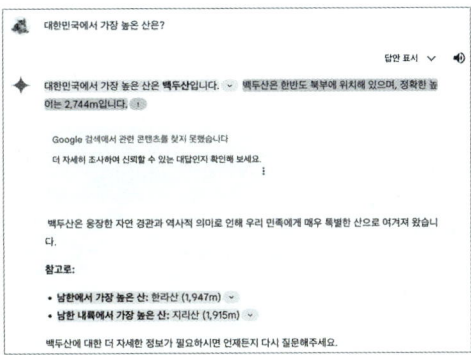

2.1.2 제미나이에서 실행할 수 있는 주요 작업

제미나이에서 실행할 수 있는 주요 작업은 다음과 같습니다. 실제로 프롬프트를 입력하면서 순서대로 설명하겠습니다.

- 텍스트
    - 텍스트 생성
    - 질의응답
    - 요약
    - 번역
    - 프로그램 생성
- 멀티모달
    - 이미지 생성
    - 이미지를 사용한 질의응답

텍스트 생성

텍스트 생성은 주어진 키워드나 조건을 토대로 문장을 자동으로 생성하는 작업입니다. 예를 들어 이야기, 노래 가사, 뉴스 기사, 리포트, 광고 문구 등을 생성할 수 있습니다.

텍스트를 생성할 때는 주제를 제시해야 한다는 점이 중요합니다. 대규모 언어 모델은 인터넷상의 문장을 대량으로 학습하므로 자연스러운 문장을 생성하는 데는 적합하지만, 주제를 명시하지 않으면 밋밋하고 재미없는 평범한 문장이 되기 쉽습니다.

> **입력**
> 사이버 펑크 버전의 빨간 모자 이야기를 써 주세요.
>
> **출력**
> 사이버 펑크 버전 빨간 모자 이야기: 네온 불빛 아래 펼쳐지는 어둠 속의 동화
>
> 장면 1: 메가시티의 황혼
>
> 메가시티의 스카이라인은 끊임없이 변화하는 네온사인으로 뒤덮여 있었다. 낡은 고층 건물 사이로 솟아오른 초고층 빌딩들은 밤하늘을 가르는 거대한 칼날 같았다. 이 거대한 도시의 어둠 속에서 한 소녀가 낡은 오토바이를...(생략)...

질의응답

질의응답은 질문이 주어지면 제미나이가 응답을 생성하는 작업입니다. 보통 널리 잘 알려진 사실은 제미나이가 답변을 잘합니다.

하지만 정확하지 않은 사실도 그럴듯하게 답변할 수 있으니 주의해야 합니다.

> **입력**
> 인공지능에 대해 알려 주세요.
>
> **출력**
> 인공지능, 당신의 궁금증을 풀어 드릴게요!
> 인공지능(AI)은 쉽게 말해, 컴퓨터가 마치 사람처럼 생각하고 학습하며 문제를 해결하는 기술입니다.
>
> 인공지능이 하는 일은?
> 학습: 방대한 데이터를 분석하여 패턴을 찾고, 스스로 학습합니다. 예를 들어 고양이 사진을 많이 보여 주면 고양이를 인식하게 됩니다.
> 추론: 학습한 내용을 바탕으로 새로운 정보를 처리하고 결론을 도출합니다.
> 문제 해결: 주어진 문제에 대한 최적의 해결책을 찾습니다. 예를 들어 최단 경로를 찾거나 질병을 진단하는 등 다양한 문제를 해결할 수 있습니다.

요약

요약은 주어진 문장을 짧고 간결하게 작성하는 작업입니다. 뉴스 기사, 논문, 리포트, 블로그 기사 등 내용을 요약할 수 있습니다.

> **입력**
> 아래 글을 한 문장으로 요약해 주세요.
>
> 구글 딥마인드(Google DeepMind)는 영국에 본사를 둔 인공지능 연구 회사입니다. 구글 딥마인드의 목표는 인공지능 연구 개발을 통해 세상을 더 나은 곳으로 만드는 것입니다. 구체적으로는 인간의 지능을 이해해서 재현하고, 인공지능을 사회에 공헌할 수 있는 형태로 활용해서 인공지능의 안전성을 확보하는 것을 목표로 하고 있습니다. 바둑이나 장기 같은 게임에서 세계 챔피언에게 승리하거나 구글 검색, 구글 어시스턴트로 대표되는 구글 제품에 인공지능 기술을 제공하는 등 성과를 올리고 있습니다.

> **출력**
> 영국에 위치한 구글 딥마인드는 인공지능을 통해 세상을 더 나은 곳으로 만들고자 하며, 인간의 지능을 이해하고 모방하여 바둑, 구글 검색 등 다양한 분야에서 혁신을 이끌고 있습니다.

번역

번역은 한 언어로 쓰인 텍스트를 다른 언어로 바꾸는 작업입니다. 구글 번역이 세계적으로 유명하지만, 제미나이에는 구글 번역에는 없는 우수한 점이 있습니다.

첫 번째는 비표준어나 속어를 더욱 잘 이해한다는 점입니다. 두 번째는 번역할 문체를 지정할 수 있다는 점입니다. 예를 들어 "영어에서 유래한 표현을 최대한 생략한 한국어로 번역해 주세요."처럼 작업을 요청할 수 있습니다. 세 번째는 번역 결과를 수정 요청할 수 있습니다. 잘못된 번역을 지적하면 즉시 수정해서 결과를 출력합니다.

> **입력**
> 아래 문장을 영어로 번역해 주세요.
>
> "나는 전설이다"

> **출력**
> "나는 전설이다"를 영어로 직역하면 "I am a legend"가 됩니다.
>
> 하지만 이 문장은 단순히 "나는 유명한 사람이다"라는 의미를 넘어,
>
> 영화 '나는 전설이다'의 제목으로 사용되어 세상에 혼자 남은 상황
> 온라인 게임에서 유저가 거의 없는 서버에서 혼자 플레이하는 상황
>
> 등을 암시하는 다양한 의미를 담고 있습니다.

프로그램 생성

프로그램 생성은 프로그래밍 언어의 코드를 생성하는 작업입니다. 제미나이는 프로그래밍 언어를 잘 이해하며, 자연어로 원하는 프로그래밍 언어 코드를 작성할 수 있습니다. 특히 인터넷에 정보가 많은 파이썬(Python)이나 자바스크립트(JavaScript) 코드를 잘 생성합니다.

파일 읽어 오기나 **문자열 분할**처럼 자주 사용하면서 간단한 코드는 제미나이를 활용하면 좋을 것입니다. 작성된 프로그램을 실행하여 오류가 발생했을 때는 오류 메시지가 있는 상태로 수정을 요청하면 코드를 다시 작성해 줍니다.

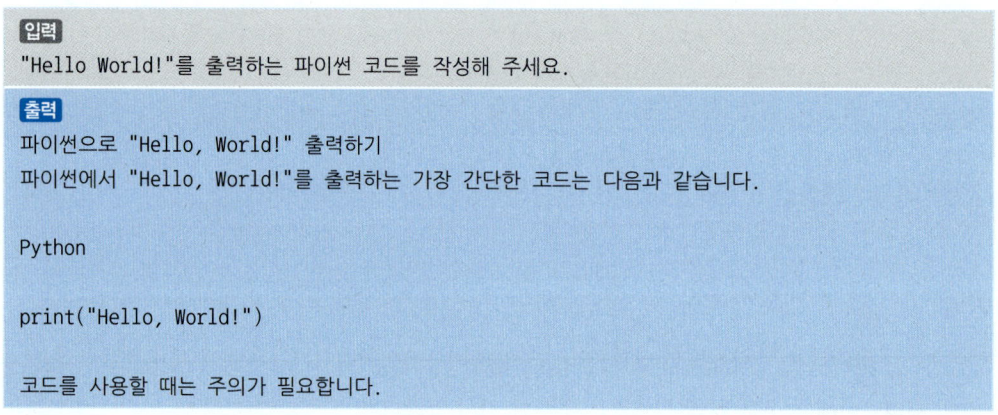

▼ 그림 2-11 프로그램 생성 출력 화면

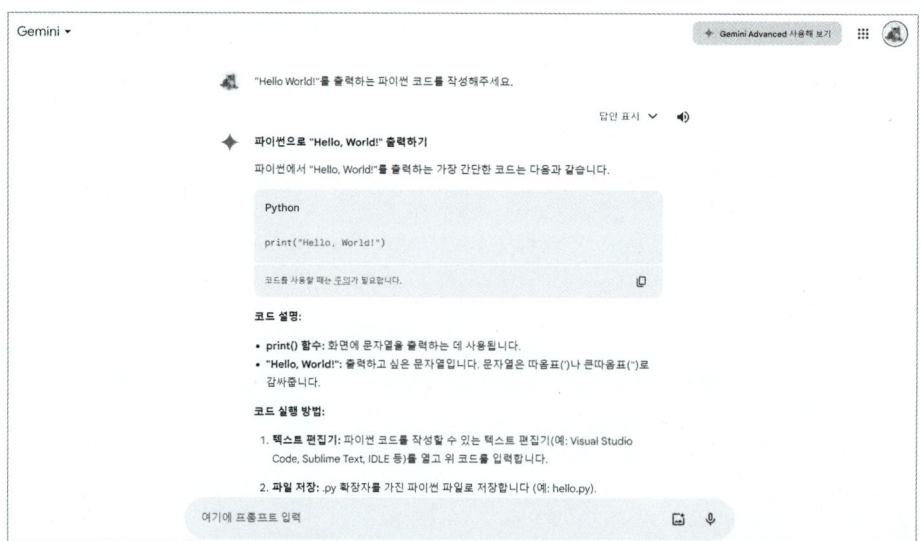

이미지 생성

이미지를 생성하려고 원하는 그림을 그리도록 제미나이에 요청합니다. 단 영어로 요청해야지만 이미지를 생성할 수 있습니다.

예를 들어 "빨간 리본을 단 검은 고양이가 교회 지붕 위에서 달을 올려다보는 그림을 그려 주세요."를 영어로 번역해서 입력해 보겠습니다.

입력
Please draw a picture of a black cat wearing a red ribbon looking up at the moon on the roof of a church.

출력
Sure, here is a picture of a black cat wearing a red ribbon looking up at the moon on the roof of a church:

▼ 그림 2-12 이미지 생성 출력 화면

이미지를 사용한 질의응답

이미지를 업로드하고, 해당 이미지를 토대로 질문할 수도 있습니다. 메시지 박스 오른쪽 끝에 보이는 이미지 아이콘을 클릭해서 이미지를 업로드합니다. 예를 들어 고양이 이미지를 업로드하고, 이 이미지에 관해 질문해 보겠습니다.

▼ 그림 2-13 이미지를 토대로 한 질의응답의 입출력 화면

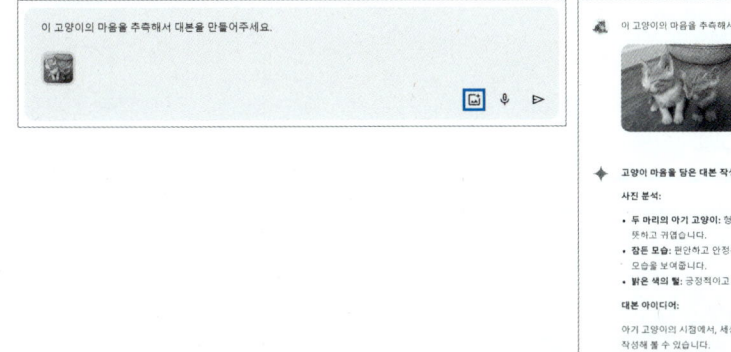
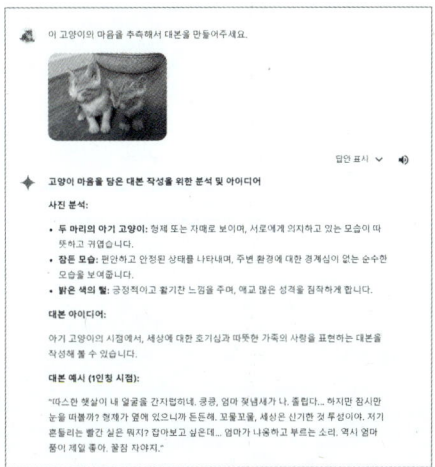

2.2 구글 AI 스튜디오 사용법

구글 AI 스튜디오는 구글 AI 제미나이 API로 무엇을 할 수 있는지 쉽게 체험할 수 있는 **웹 UI**입니다. 구글 AI 제미나이 API 웹 사이트 안에서 사용할 수 있으며, 2024년 6월 기준 무료로 사용할 수 있습니다.

2.2.1 구글 AI 스튜디오 시작하기

구글 AI 스튜디오의 사용 순서는 다음과 같습니다.

1. 웹 브라우저에서 구글 AI 스튜디오에 접속합니다.

    URL 구글 AI 스튜디오
    https://aistudio.google.com/

2. 텍스트 박스 안에 질문을 입력한 뒤 Run을 클릭합니다(Cmd (윈도우는 Ctrl) + Enter).

▼ 그림 2-14 채팅을 이용한 질의응답

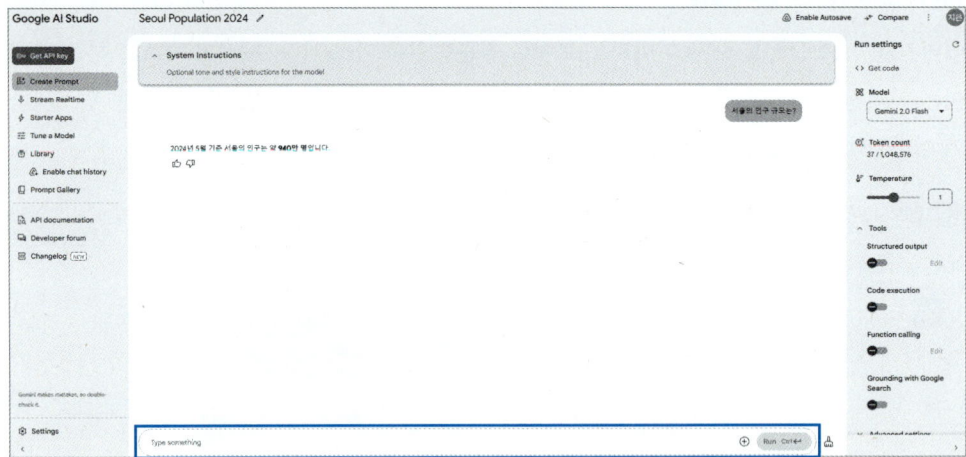

2.2.2 구글 AI 스튜디오의 화면 구성

구글 AI 스튜디오의 화면 구성은 다음 그림과 같습니다.

▼ 그림 2-15 구글 AI 스튜디오의 화면 구성

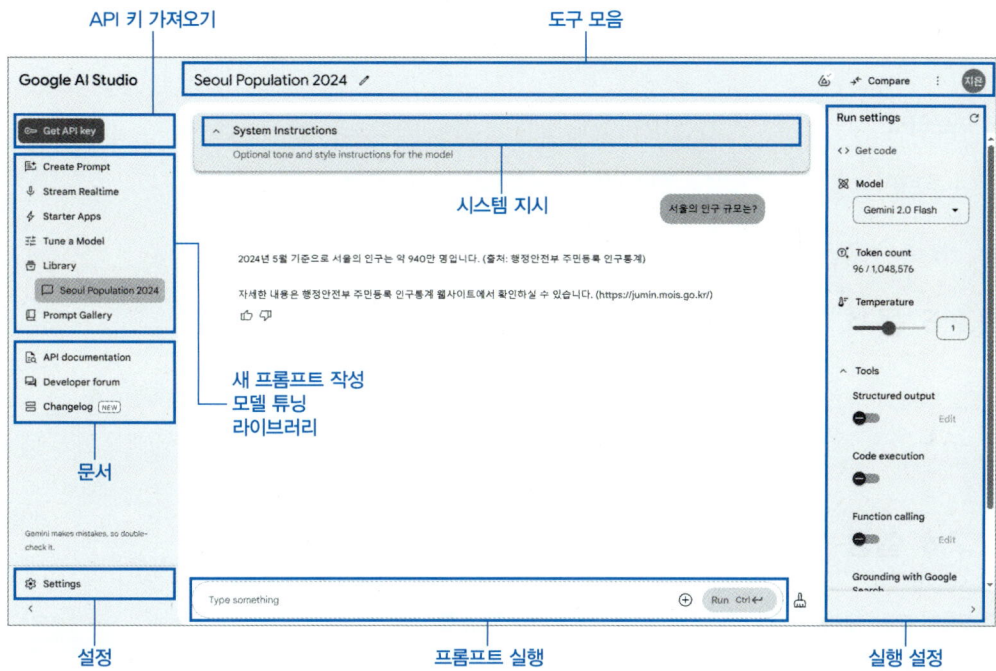

2.2.3 API 키 가져오기

제미나이 API를 사용할 수 있는 API 키를 가져옵니다. 더욱 자세한 내용은 4장에서 설명하겠습니다.

2.2.4 새 프롬프트 작성과 모델 튜닝, 라이브러리

새 프롬프트 작성하기

새 프롬프트를 작성합니다. 구글 AI 스튜디오는 다음 두 종류의 UI를 제공합니다.

- Chat prompt: 멀티턴(multi-turn)[1] 대화 이력을 기반으로 텍스트를 생성하는 채팅 형식의 UI
- Structured prompt: 요청과 응답 샘플 세트를 제공하여 모델의 출력을 가이드할 수 있는 UI

모델 튜닝하기

모델을 파인 튜닝합니다.

라이브러리

구글 드라이브에 저장된 프롬프트나 파인 튜닝한 모델을 선택합니다.

2.2.5 문서

각종 문서와 디스코스(Discourse) 포럼으로 이어지는 링크입니다.

2.2.6 설정

화면 디자인 테마와 요금제 정보에 관한 설정을 제공합니다.

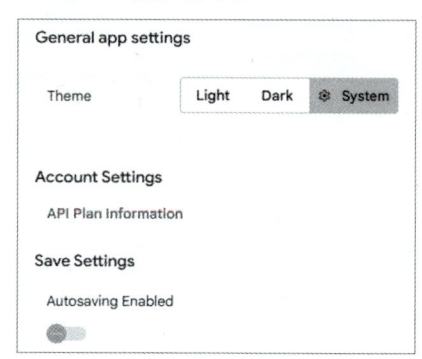

▼ 그림 2-16 설정 화면 상세

2.2.7 도구 모음

제목

프롬프트의 제목을 표시하고 직접 편집할 수 있습니다.

Save(저장)[2]

프롬프트를 구글 드라이브에 저장합니다.

---

1 역주 사용자와 AI 모델이 여러 번에 걸쳐 상호 작용(대화)하는 것을 의미합니다. 예를 들어 사용자 질문에 챗봇이 응답하면 그 응답을 토대로 추가적인 대화를 주고받는 것입니다. 반대로 AI 모델이 한 차례만 완전한 응답을 제공하고 상호 작용을 끝내는 일회성 상호 작용을 싱글턴(single-turn)이라고 합니다.

2 역주 설정 화면에서 **자동 저장 활성화**(Autosaving Enabled)를 한 상태라면 **저장**(Save)이 보이지 않습니다. 따라서 그림 2-17은 **자동 저장 활성화**가 되지 않은 상태라 저장을 눌러 직접 프롬프트를 저장해야 합니다.

Get code(코드 가져오기)

프롬프트를 호출할 수 있도록 코드를 보여 줍니다.

기타 메뉴(⋮)

기타 메뉴로는 다음 항목들이 있습니다.

- Share(공유하기): 프롬프트를 다른 계정과 공유합니다.
- Send feedback(피드백 보내기): 피드백을 보냅니다.
- Get Billing support(청구 지원): 결제와 관련된 지원을 제공합니다.
- Terms of service(서비스 약관): 제미나이 API 사용 약관을 설명합니다.
- Privacy policy(개인 정보 처리 방침): 구글의 개인 정보 처리 방침을 설명합니다.

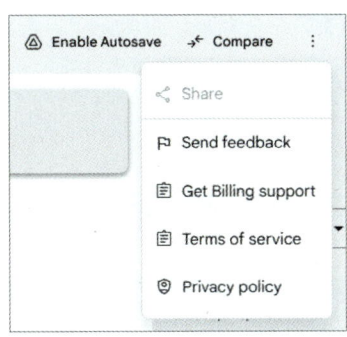

▼ 그림 2-17 도구 모음 항목

2.2.8 시스템 지시

모델에 추가적인 지시를 제공함으로써 사용자가 원하는 응답을 받을 수 있습니다.

2.2.9 프롬프트 실행하기

프롬프트에 추가하기(+)

프롬프트에 이미지, 동영상, 음성을 추가합니다.

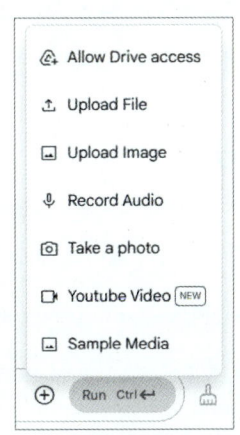

▼ 그림 2-18 프롬프트에 추가 가능한 항목

- Upload File(파일 업로드): 내 드라이브에서 파일을 업로드합니다.
- Upload Image(이미지 업로드): 내 드라이브에서 이미지를 업로드합니다.
- Record Audio(음성 녹음): 연결된 장치로 음성을 녹음합니다.

- Take a photo(사진 촬영): 사용 중인 화면을 촬영합니다.
- Sample Media(샘플 미디어): 이미지나 영상 예시를 제공합니다.

프롬프트

프롬프트를 입력합니다.

실행

입력한 프롬프트를 보냅니다.

2.2.10 실행 설정하기

프롬프트를 보낼 때 실행 파라미터를 설정합니다.

Model(모델)

모델의 종류(제미나이 1.5 플래시, 제미나이 1.5 프로, 제미나이 1.0 프로)를 지정합니다.

Token Count(토큰 수)

토큰 수를 표시합니다.

Temperature(온도)

토큰 선택의 무작위성을 설정합니다. 온도가 낮을수록 자유도가 낮은 응답에 적합합니다. 반대로 온도가 높을수록 다양하고 창의적인 응답에 적합합니다. 특히 이 매개변수가 0이면 가장 높은 확률의 응답을 항상 선택합니다.

Tools(도구)

- JSON mode: 모델의 출력을 JSON 형식으로 내보냅니다. 이 옵션을 사용하면 Edit schema가 활성화되어 데이터 구조를 조정하거나 규칙을 정의할 수 있습니다.
- 코드 실행(code execution): 생성된 코드를 인터넷과 격리된 안전한 환경에서 실행합니다.
- 함수 호출(function calling): 커스텀 함수를 정의해서 제미나이 모델과 연동합니다.

고급 설정(Advanced settings)

추가 상세 설정입니다. 모델이나 UI에 따라 설정할 수 있는 항목이 다릅니다.

- **Safety settings(안전 설정)**

    안전에 관한 설정입니다. 괴롭힘(Harassment), 혐오 발언(Hate), 성적 노골성(Sexually Explicit), 위험한 콘텐츠(Dangerous Content), 시민적 성실성(Civic Integrity)[3] 등 다섯 가지 항목을 '조금만 차단(Block few)', '일부 차단(Block some)', '대부분 차단(Block most)'으로 노출 빈도를 선택할 수 있습니다.

    ▼ 그림 2-19 안전 설정 상세 화면

    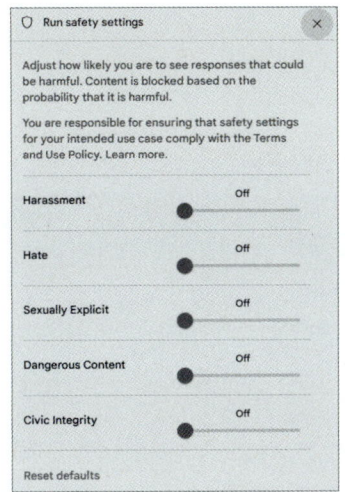

- **Add stop sequence(중지 시퀀스 추가)**

    특정 단어 또는 구문을 중지 시퀀스로 지정하고, 이 시퀀스가 생성될 때 모델이 생성하는 토큰을 중단시킵니다. API는 중지 시퀀스가 처음 나타나는 시점에서 생성을 멈추며, 중지 시퀀스를 응답 일부로 포함하지 않습니다.

- **Top-P**

    모델이 출력할 토큰을 선택하는 방법을 변경합니다. 토큰은 확률이 높은 순서대로 선택되며, 확률의 합이 Top-P와 같을 때까지 선택합니다. 예를 들어 토큰 A·B·C의 확률이 각각 0.3, 0.2, 0.1이고 Top-P가 0.5일 때는 temperature 파라미터를 사용하여 토큰 A 또는 토큰 B 중에서 하나를 선택합니다.

---

3 역주 정치적 또는 사회적 주제와 관련된 콘텐츠의 정확성과 신뢰성을 유지하는 필터링 기능입니다.

2.3 버텍스 AI 스튜디오 사용법

버텍스 AI 스튜디오(Vertex AI Studio)는 버텍스 AI 제미나이 API(Vertex AI Gemini API)로 어떤 작업을 할 수 있는지 간편하게 확인할 수 있는 웹 UI입니다. 버텍스 AI 제미나이 API 페이지에서 사용할 수 있습니다. 단 버텍스 AI 제미나이 API의 이용 요금이 부과되므로 주의해야 합니다(일정 기간은 무료로 사용할 수 있습니다).

2.3.1 버텍스 AI 스튜디오 시작하기

버텍스 AI 스튜디오를 시작하는 순서는 다음과 같습니다.

1. 웹 브라우저에서 버텍스 AI 스튜디오에 접속합니다.

   구글 클라우드 계정으로 로그인합니다. 구글 클라우드 플랫폼(Google Cloud Platform, GCP)을 처음 사용한다면 프로젝트 생성이나 과금 설정 등이 필요합니다.

   URL 버텍스 AI 스튜디오
   https://console.cloud.google.com/vertex-ai/generative

2. 자유 형식 열기를 클릭합니다.

   ▼ 그림 2-20 버텍스 AI 스튜디오의 자유 형식 열기

   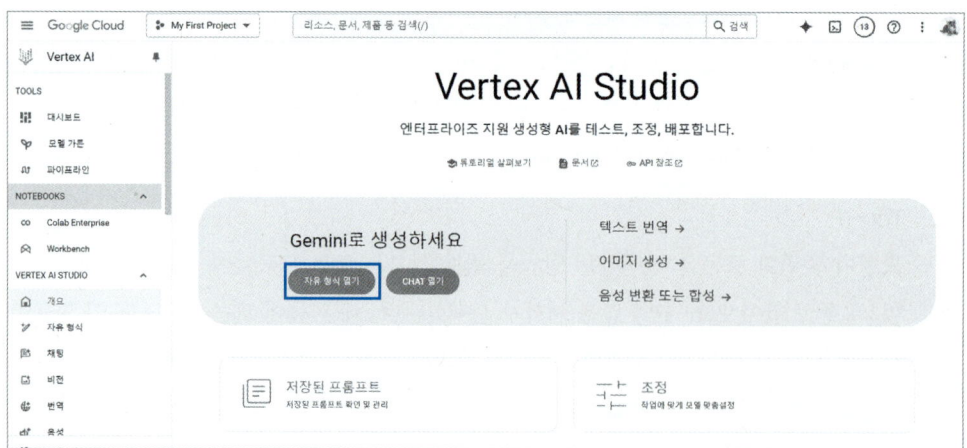

3. 오른쪽 설정 화면에서 모델과 리전을 선택합니다.

   모델에는 버전에 따른 번호가 부여되어 있고 수시로 바뀌기 때문에 최신 모델을 선택하길 권장합니다. 다음은 본문 예시에서 사용한 모델 이름과 리전입니다.

   - 모델: gemini-1.5-flash-001
   - 리전: asia-northeast3 (서울)

4. 텍스트 박스 안에 질문을 입력한 뒤 **화살표 모양의 제출**을 클릭합니다(또는 Cmd (윈도우는 Shift)) + Enter).

▼ 그림 2-21 버텍스 AI 스튜디오의 질의응답

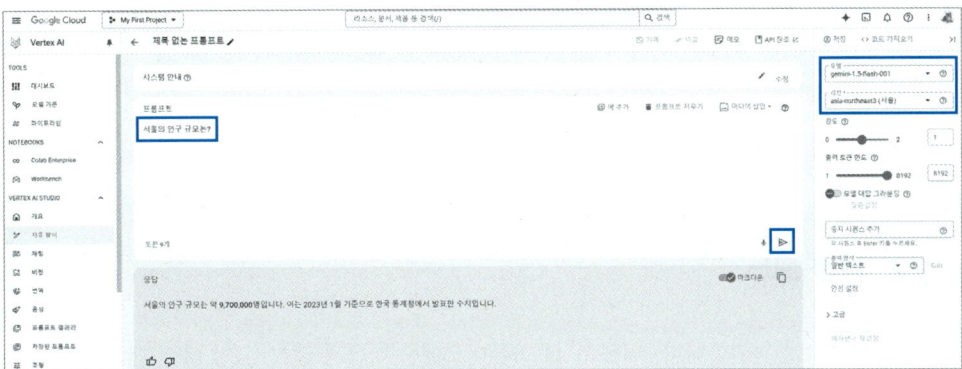

2.3.2 버텍스 AI 제미나이 API 사용 요금

최초로 구글 클라우드 계정을 생성하면 300달러 크레딧이 제공되며, 이를 사용하여 제미나이 API와 다른 서비스를 체험할 수 있습니다.

버텍스 AI 제미나이 API의 자세한 사용 요금 내용은 4.6절에서 설명하겠습니다.

2.3.3 버텍스 AI 스튜디오의 화면 구성

버텍스 AI 스튜디오의 화면 구성은 그림 2-22와 같습니다.

▼ 그림 2-22 버텍스 AI 스튜디오의 화면 구성

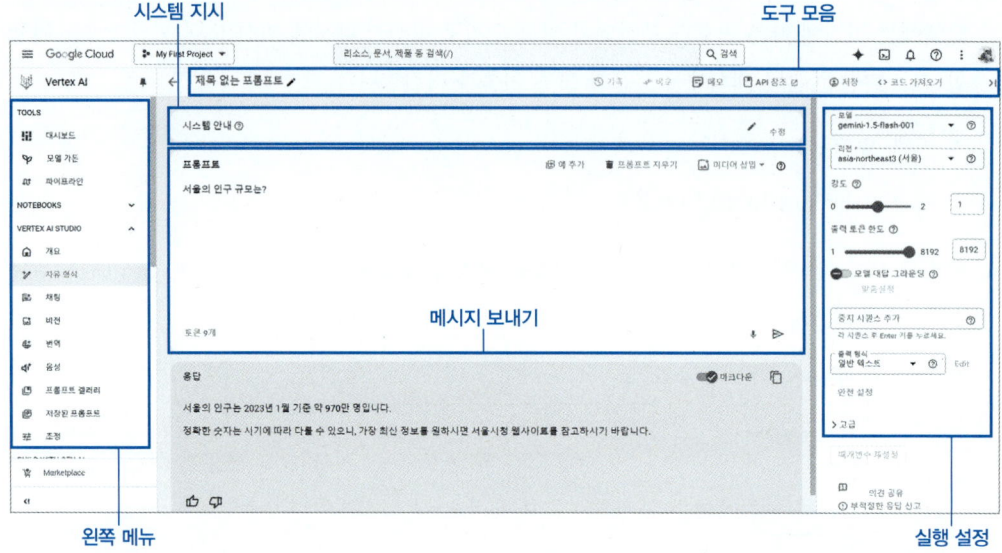

2.3.4 왼쪽 메뉴

버텍스 AI의 UI를 전환합니다. 버텍스 AI 스튜디오에는 다음과 같이 UI가 다섯 개 있습니다.

자유 형식

텍스트, 이미지, 동영상을 입력할 수 있는 채팅형 UI입니다. **제미나이**를 사용합니다.

채팅

자유 형식과 달리 미디어 삽입을 지원하지 않는 채팅형 UI입니다. **제미나이** 또는 **팜 2**를 사용합니다.

비전

텍스트에서 이미지 생성, 이미지 편집, 캡션 생성, 이미지에 관련된 질의응답용 UI입니다. **이마젠**을 사용합니다.

번역

입력 언어와 출력 언어를 지정해서 번역을 수행하는 UI입니다. 모델에 따라 컨텍스트 윈도우를 200만 개 지원하며, 예시 문장을 업로드해서 정확도를 높일 수 있습니다. **제미나이**를 사용합니다.

음성

입력한 텍스트를 음성으로 변환하거나 음성을 텍스트로 변환하는 UI입니다. 범용 음성 모델 (Universal Speech Model, USM)을 사용합니다.

2.3.5 도구 모음

제목

프롬프트의 제목을 표시하고 직접 편집할 수 있습니다.

기록

저장된 프롬프트 정보를 보여 줍니다.

메모

프롬프트에 메모를 추가합니다.

API 참조

API 참조 문서를 보여 줍니다.

저장

프롬프트와 프롬프트의 세부 정보를 구글 클라우드에 저장합니다.

코드 가져오기

코드를 보여 줍니다.

2.3.6 시스템 지시

모델에 추가적인 지시를 제공함으로써 사용자가 원하는 응답을 받을 수 있습니다.

2.3.7 프롬프트 실행하기

프롬프트 지우기

작성한 프롬프트를 지웁니다.

미디어 삽입

프롬프트에 이미지, 동영상, 음성을 추가할 수 있습니다. 미디어는 로컬 컴퓨터, 클라우드 스토리지, 구글 드라이브나 유튜브 URL에서 추가할 수 있습니다.

프롬프트

프롬프트를 입력합니다.

텍스트를 추가하여 프롬프트 완료

입력한 텍스트를 프롬프트로 실행합니다.

2.3.8 실행 설정하기

프롬프트를 보낼 때 실행 파라미터를 설정합니다.

모델

모델의 종류(gemini-1.5-flash-001, gemini-1.5-pro-001, gemini-1.0-flash-001)를 정합니다.

리전

리전을 설정합니다. 서울 지역을 지정하려면 asia-northeast3 (서울)을 선택합니다.

온도

토큰 선택의 무작위성을 설정합니다. 온도가 낮을수록 자유도가 낮은 응답에 적합합니다. 반대로 온도가 높을수록 다양하고 창의적인 응답에 적합합니다. 특히 이 매개변수가 0이면 가장 높은 확률의 응답을 항상 선택합니다.

출력 토큰 한도

생성할 텍스트의 최대 길이를 지정합니다.

안전 설정

안전에 관한 설정입니다. 증오심 표현, 위험한 콘텐츠, 음란물, 위험한 콘텐츠 네 가지 항목을 조금만 차단, 일부 차단, 대부분 차단으로 노출 빈도를 선택할 수 있습니다.

고급 설정

추가 상세 설정입니다. 모델이나 UI에 따라 설정할 수 있는 항목이 다릅니다.

- **최대 응답 수**

  프롬프트마다 최대 응답 수를 지정합니다.

- **최상위 K(Top-K)**

  모델이 출력용 토큰을 선택하는 방식을 변경합니다. 최상위 K가 1이면 선택된 토큰이 모델 어휘에 포함된 모든 토큰 중에서 가장 확률이 높다는 의미입니다. 3이라면 온도를 사용해서 가장 확률이 높은 세 토큰 중에서 다음 토큰을 선택합니다. 토큰은 최상위 P에 따라 추가로 필터링되고, 온도를 사용해서 최종 토큰을 선택합니다.

- **최상위 P(Top-P)**

  모델이 출력용 토큰을 선택하는 방법을 변경합니다. 토큰은 확률의 합이 최상위 P 값과 같을 때까지 확률이 높은 순서대로 선택합니다. 예를 들어 토큰 A · B · C의 확률이 0.3, 0.2, 0.1이고 최상위 P 값이 0.5일 때는 온도를 사용해서 토큰 A 또는 토큰 B를 선택하고 토큰 C는 제외합니다.

- **중지 시퀀스 추가**

  특정 단어 또는 구문을 중지 시퀀스로 지정하고, 이 시퀀스가 생성될 때 모델이 생성하는 토큰을 중단시킵니다. API는 중지 시퀀스가 처음 나타나는 시점에서 생성을 멈추며, 중지 시퀀스를 응답 일부로 포함하지 않습니다.

Column ≡ 퍼플렉시티 AI

퍼플렉시티 AI(Perplexity AI)는 자연어 처리와 인공지능 기술을 활용한 새로운 유형의 검색 엔진이자 챗봇입니다. 사용자의 질의응답에 자연어로 답변을 생성하고 인터넷 정보를 인용함으로써 신뢰성을 확보합니다. 2024년 6월 기준으로 가장 인기 있는 대규모 언어 모델을 활용한 애플리케이션 중 하나입니다.

▼ 그림 2-23 퍼플렉시티 AI 채팅 화면

3장

파이썬 개발 환경 준비

3.1 파이썬 개요
3.2 구글 코랩 알아보기
3.3 파이썬 기초 문법

지금까지 소개한 제미나이(제미나이 API)를 사용하여 애플리케이션이나 서비스에 통합하는 방법을 설명할 예정입니다. 이 장에서는 사전 준비로 파이썬 개발 환경을 구축하는 방법을 알아보겠습니다.

이 책에서는 쉽고 원활하게 실습하고자 파이썬 개발 환경으로 구글 클라우드 서비스로 제공하는 구글 코랩을 사용하는데, 이 장에서 구글 코랩을 직접 설정하고 실행하면서 구체적으로 사용 방법을 확인할 것입니다. 특히 구글 코랩을 무료로 사용할 때는 몇 가지 제한 사항이 있기에 그 내용도 함께 확인할 필요가 있습니다. 유료 버전인 Colab Pro, Colab Pro+, Pay As You Go 요금제도 간단히 알아보겠습니다.

이 장 마지막 절에서는 파이썬의 기본 문법을 간략하게 정리할 예정입니다. 이미 파이썬에 익숙하다면 건너뛰어도 무방하며, 다른 프로그래밍 언어는 알고 있지만 파이썬에 익숙하지 않다면 간단하게 읽고 다음 장으로 넘어가도 괜찮을 것입니다. 파이썬 초보자라면 필요에 따라 다른 파이썬 입문서나 웹 사이트를 함께 참고하길 권장합니다.

> **이 장에서 다룰 핵심 내용**
> - 파이썬의 개발 환경과 구축 방법을 이해합니다.
> - 구글 코랩 클라우드 서비스를 설정하고 조작하는 방법과 제한 사항을 알아봅니다.
> - 이 책에서 사용할 파이썬의 기본 문법을 파악합니다.

3.1 파이썬 개요

먼저 파이썬을 간단히 알아보겠습니다.

3.1.1 파이썬이란

이 책에서는 프로그래밍 언어로 파이썬을 사용합니다. 파이썬은 간단하면서도 범용성이 높아 많은 프로그래머에게 지지를 받는 프로그래밍 언어입니다. 또 머신러닝에 적합한 다양한 라이브러리를 제공하는데, 최근에는 인공지능(AI) 개발을 위한 표준 프로그래밍 언어가 되었습니다.

파이토치나 텐서플로 같은 딥러닝 프레임워크도 파이썬을 사용합니다.

파이토치

파이토치(PyTorch)는 메타(Meta)가 개발한 딥러닝 프레임워크로, 동적 계산 그래프나 파이썬 네이티브, CUDA 지원 등 편리한 기능을 갖추었습니다. 특히 머신러닝, 딥러닝 연구 분야에서 인기가 많습니다.

▼ 그림 3-1 파이토치 공식 사이트

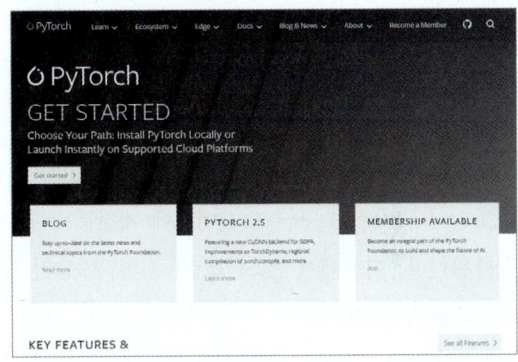

URL 파이토치
https://pytorch.org/

텐서플로

텐서플로(TensorFlow)는 구글이 개발한 딥러닝 프레임워크입니다. 텐서플로 2.0부터는 **케라스**(Keras)가 고수준 API로 통합되어 모델 생성이 매우 간단하며, 동적인 계산 그래프도 지원합니다. 그리고 에지 디바이스를 위한 지원도 충실한데, 특히 산업 분야에서 인기가 많습니다.

▼ 그림 3-2 텐서플로 공식 사이트

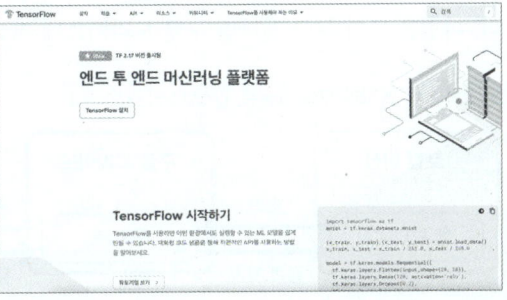

> **URL** 텐서플로
> https://www.tensorflow.org/

이 책에서는 딥러닝 라이브러리를 직접 사용하지는 않지만, 제미나이 API의 서비스나 인공지능 프레임워크 및 라이브러리에서는 내부적으로 파이토치나 텐서플로를 사용합니다.

3.2 구글 코랩 알아보기

이 절에서는 구글 코랩을 설정하고 그 사용 방법을 설명합니다. 무료로 사용하면 몇 가지 제한 사항이 있으므로 그것도 파악해 보겠습니다.

3.2.1 구글 코랩이란

구글 코랩(Google Colab)은 구글이 무료로 제공하는 파이썬 개발 환경입니다. 제한적이지만, 무료로 고성능 GPU를 사용해 볼 수 있으므로 딥러닝 모델을 테스트하기에 나쁘지 않습니다. 정식 명칭은 Google Colaboratory지만, 이 책에서는 약칭인 구글 코랩으로 통일하겠습니다.

구글 코랩에서는 프로그램을 **노트북**(*.ipynb)이라는 파일에 작성하고 관리합니다. 노트북은 구글 스토리지 서비스인 구글 드라이브에 저장됩니다. 작성한 노트북을 열면 구글 코랩의 인스턴스가 실행됩니다. 여기에서 **인스턴스**란 클라우드상의 가상 서버를 의미하며, 노트북을 사용할 때마다 실행되는 구조입니다.

노트북에서 파이썬 스크립트를 실행하면 인스턴스에서 실행되고, 그 결과가 노트북에 출력됩니다. 인스턴스는 일정 시간이 지나면 중지되므로 작업 중이던 인스턴스상의 파일도 함께 삭제됩니다. 파일을 남겨 두고 싶다면 구글 드라이브에 저장하는 것이 좋습니다.

▼ 그림 3-3 웹 브라우저와 노트북, 인스턴스의 관계

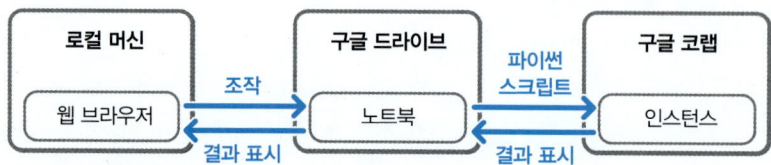

Column ≡ **구글 크롬**

이 책은 구글의 웹 브라우저인 구글 크롬(Google Chrome)을 사용해서 구글 코랩을 실행합니다.

▼ 그림 3-4 구글 크롬 브라우저

URL **구글 크롬**
https://www.google.co.kr/chrome/

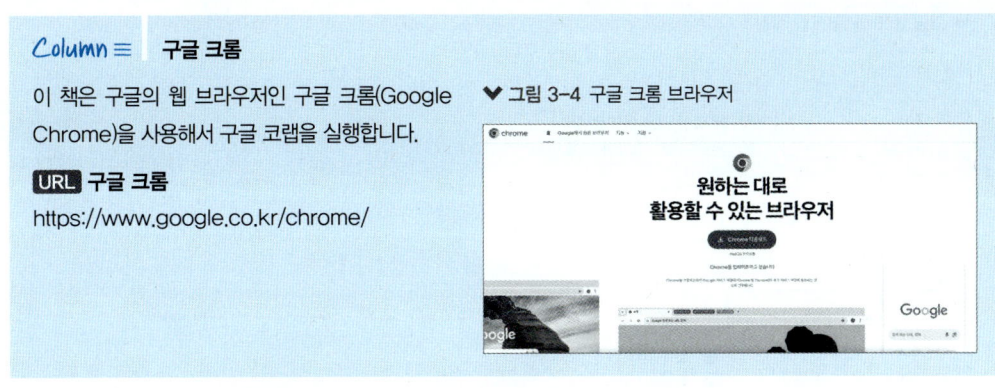

3.2.2 구글 코랩 시작하기

이제 다음 순서에 따라 구글 코랩을 사용해 보겠습니다.

1. 구글 드라이브에 접속한 뒤 구글 계정으로 로그인합니다.

   URL **구글 드라이브**
   https://workspace.google.com/products/drive/

   ▼ 그림 3-5 구글 드라이브에 접속

   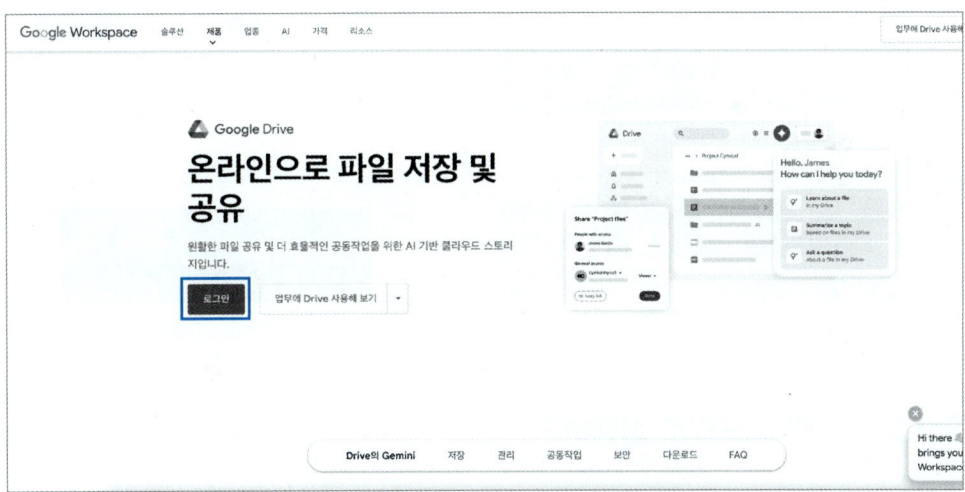

2. 왼쪽 메뉴에서 **+ 신규**를 클릭하고 **더보기** → **Google Colaboratory**를 선택하여 새 노트북을 실행합니다.

▼ 그림 3-6 구글 코랩 실행

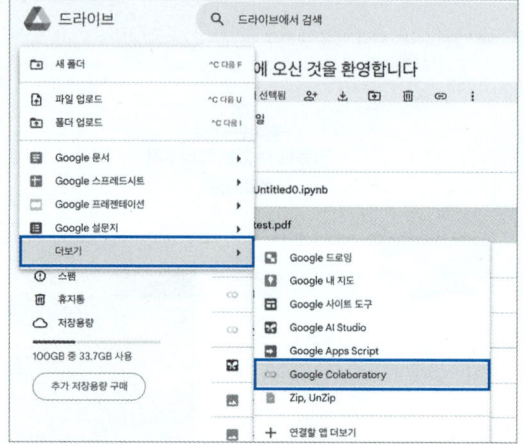

3. 구글 코랩이 추가되어 있지 않다면 **+ 연결할 앱 더보기**를 선택하여 구글 코랩을 설치합니다.

   검색 텍스트 박스에 'Google Colaboratory'를 입력해서 검색하고 **Google Colaboratory**를 선택한 뒤 **설치**를 누릅니다.

▼ 그림 3-7 구글 코랩 설치

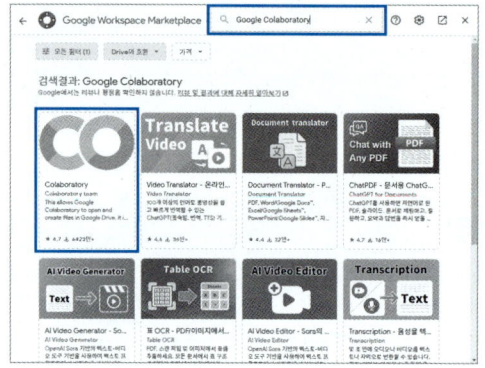

3.2.3 파이썬 스크립트 실행하기

첫 연습으로 Hello World!라는 문장을 보여 주는 파이썬 스크립트를 작성해 보겠습니다.

화면에서 알 수 있듯이, 구글 코랩의 노트북에서는 셀 단위로 프로그래밍을 진행합니다. 코드와 텍스트를 위한 셀을 추가할 수 있습니다. 노트북의 초기 상태에서는 코드를 작성할 수 있는 셀이 한 개 추가되어 있습니다.

▼ 그림 3-8 구글 코랩의 셀 선택 화면

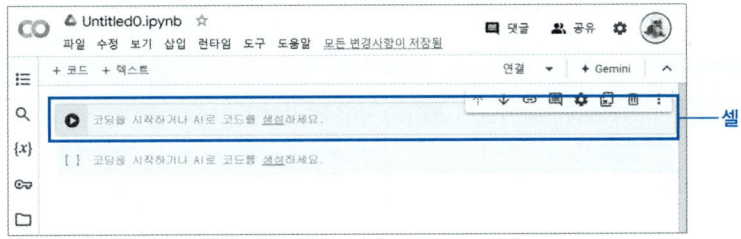

1. 빈 셀에 코드를 작성합니다.

   다음 코드처럼 간단한 출력문을 작성합니다. 셀이 없다면 왼쪽 윗부분에서 **+ 코드**를 클릭하여 셀을 추가해야 합니다.

   ```
   print("Hello World!")
   ```

2. 셀을 선택한 상태에서 Ctrl + Enter (또는 위쪽 메뉴의 **런타임 → 선택항목 실행**)로 코드를 실행합니다.

   셀이 실행되면 출력 결과가 함께 표시됩니다.

   ▼ 그림 3-9 셀 실행

   셀의 바로 왼쪽 아이콘으로 코드 실행 상태를 직접 확인할 수 있습니다.

   ▼ 표 3-1 셀의 왼쪽 아이콘과 실행 상태

셀의 왼쪽 아이콘	설명
▶	실행 전
◉	실행 대기
◍	실행 중

3. Ctrl + S 를 눌러(또는 **파일 → 저장** 메뉴를 선택하여) 노트북 내용을 저장합니다.

3.2.4 파이썬 패키지 설치하기

계속해서 google-generativeai라는 파이썬 패키지를 설치해 봅시다. google-generativeai는 4장 제미나이 API(파이썬 편)에서 사용하는 제미나이 API의 패키지입니다.

1. 파이썬 패키지를 모두 확인합니다.

설치된 파이썬 패키지 전체를 표시하기 위해 `pip list` 명령을 실행합니다. 구글 코랩에서는 행의 첫 번째 문자열에 느낌표(!)를 붙이면 리눅스 명령어를 실행할 수 있습니다. 단 cd 명령어를 노트북에서 실행할 때는 특별히 백분율 기호(%)를 붙여야 합니다.

```
!pip list

Package      Version
---------    ---------
absl-py      1.4.0
aeppl        0.0.33
aesara       2.7.9
...(생략)...
```

구글 코랩에서 파이썬 패키지를 출력하면 초기 상태임에도 많은 패키지가 설치된 것을 알 수 있습니다.

2. 파이썬 패키지를 설치합니다.

파이썬 패키지를 설치할 때는 `pip install <패키지 이름>`이라는 명령을 사용하며, 패키지 이름 뒤에 ==<버전>을 명시하지 않으면 기본적으로 최신 버전이 설치됩니다.

```
!pip install <패키지 이름>==<버전>
```

따라서 google-generativeai를 설치하는 명령은 다음 코드와 같습니다.

```
!pip install google-generativeai
```

3. 패키지가 설치되었는지 확인합니다.

이제 다시 `pip list`로 google-generativeai 패키지가 설치되어 있는지 확인합니다.

```
!pip list
Package           Version
---------         ---------
absl-py           1.4.0
aeppl             0.0.33
aesara            2.7.9
...(생략)...
google-generativeai    0.6.0
...(생략)...
```

Column ≡ 자주 사용하는 리눅스 명령어

다음 명령어는 자주 사용하므로 익혀 두길 바랍니다.

▼ 표 3-2 자주 사용하는 명령어

조작	명령어
현재 폴더에 있는 파일 확인	!ls
현재 폴더의 경로 확인	!pwd
현재 폴더에서 이동	%cd <이동할 경로>
한 단계 위 폴더로 이동	%cd ..

Column ≡ 자주 사용하는 pip 명령어

패키지를 설치할 때 자주 사용하는 pip 명령어는 다음 표와 같습니다.

▼ 표 3-3 자주 사용하는 pip 명령어

조작	명령어
파이썬 패키지 인스톨	!pip install <패키지 이름>==<버전>
설치된 파이썬 패키지의 목록 표시	!pip list
파이썬 패키지 삭제	!pip uninstall <패키지 이름>

3.2.5 텍스트 추가하기

+ 텍스트 셀을 사용하면 노트북에 설명을 추가할 수 있습니다. 텍스트 셀에는 설명을 작성하는 **마크다운**(Markdown) 표기법을 사용할 수 있습니다. 주요 마크다운 기법 서식은 다음에 나올 칼럼에 정리해 두었습니다.

1. **+ 텍스트**를 클릭해서 텍스트 셀을 추가합니다.

2. 추가된 셀에 마크다운 문법으로 문장을 적습니다.

   셀 왼쪽에 마크다운 문법을 사용한 문장을 입력하면 오른쪽에 미리보기가 표시됩니다.

   ```
   ## 제목
   샘플 설명문입니다.
   ```

   ▼ 그림 3-10 텍스트 입력 예시

   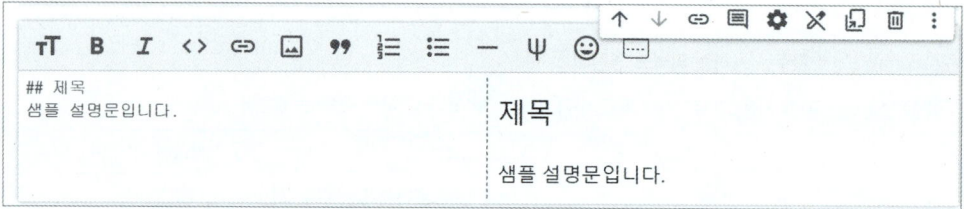

3. 다른 셀이나 여백을 눌러 텍스트 셀 선택을 해제합니다.

   선택을 해제하면 다음 그림과 같이 마크다운의 실행 결과만 셀에 표시됩니다.

   ▼ 그림 3-11 텍스트 셀 선택 해제

   제목

   샘플 설명문입니다.

Column ☰ 자주 사용하는 마크다운 서식

자주 사용하는 마크다운 서식은 다음 표와 같습니다.

▼ 표 3-4 자주 사용하는 마크다운 서식

마크다운 기법	마크다운 서식
헤드라인	#, ##, ###
기울어진 글꼴	*ABCDEFG*
강조	**ABCDEFG**
글머리 기호	*, +, -, 숫자
HTML 태그	직접 태그 입력

3.2.6 구글 코랩의 화면 구성하기

구글 코랩의 화면 구성은 다음 그림과 같습니다. 자주 사용하는 기능으로 노트 이름, 코드 셀 삽입, 텍스트 셀 추가, 셀 삭제, 파일 메뉴가 있습니다.

▼ 그림 3-12 구글 코랩 화면 구성

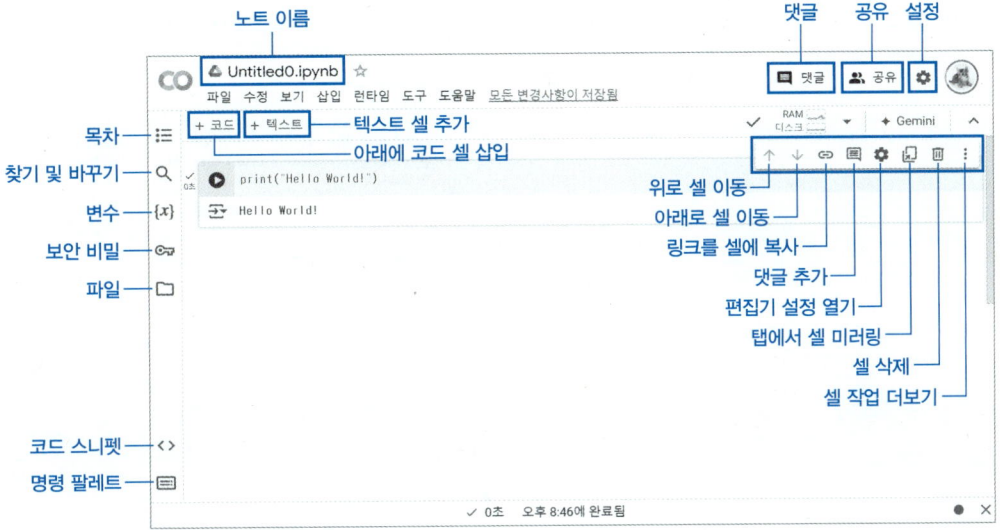

왼쪽 위에 있는 파일 메뉴에서는 구글 코랩 인스턴스의 파일을 확인할 수 있을 뿐만 아니라 업로드와 내려받기도 가능합니다.

▼ 그림 3-13 파일 메뉴의 기능

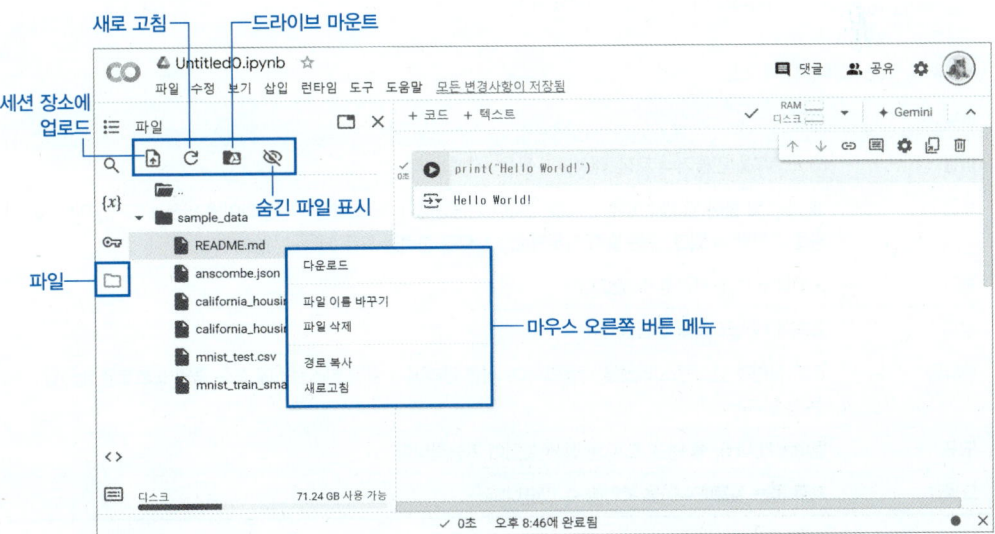

화면 오른쪽으로는 인스턴스와 연결 상태가 표시됩니다. 런타임 연결 뒤에는 **RAM/디스크** 사용에 관한 정보가 표시됩니다. **RAM/디스크**를 클릭하면 구체적인 값을 그래프로 확인할 수 있습니다.

- 인스턴스와 접속 상태: '초기화 중', '할당 중', '접속 중', '재기동 중', '실행 중' 등
- RAM/디스크: RAM과 디스크 사용 사이즈/최대 사이즈

▼ 그림 3-14 인스턴스 접속 상태 확인

▼ 그림 3-15 RAM/디스크 사용량 확인

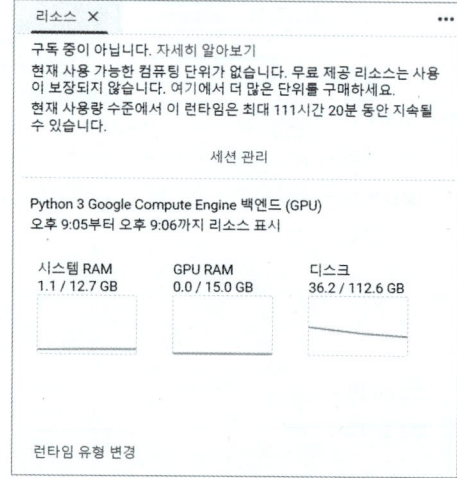

3.2.7 구글 코랩의 메뉴

구글 코랩의 메뉴와 기능은 다음 표와 같습니다.

▼ 표 3-5 구글 코랩의 메뉴와 기능

메뉴	설명
파일	새 노트북을 만들거나 저장, 내려받기 등을 수행합니다.
수정	셀 복사 및 붙여 넣기와 삭제, 문자열 검색이 가능합니다. **노트 설정**에서는 파이썬 버전과 GPU/TPU 사용을 설정할 수 있고, **모든 출력 지우기**로는 노트북 출력을 모두 지울 수 있습니다.
보기	노트북 정보를 확인할 수 있습니다.
삽입	코드나 텍스트 셀을 삽입합니다.
런타임	코드 실행과 인스턴스 리셋을 수행합니다. **세션 관리**에서 현재 인스턴스에 접속 중인 노트북을 확인할 수 있습니다.
도구	들여쓰기 너비, 행 번호 표시 등 상세 설정이 가능합니다.
도움말	**자주 묻는 질문**(FAQ)을 확인할 수 있습니다.

3.2.8 GPU 사용하기

구글 코랩에서 GPU를 사용하려면 위쪽 메뉴에서 **수정 → 노트 설정**을 선택하여 설정 화면을 열고, 하드웨어 가속기에서 활성화 중인 GPU 종류를 선택한 뒤 **저장**을 누릅니다. 구글 코랩을 무료로 사용 중이라면 오른쪽 그림과 같이 **T4 GPU**를 선택합니다. 이 설정을 변경하면 구글 코랩 인스턴스는 리셋됩니다.

▼ 그림 3-16 GPU 사용 설정

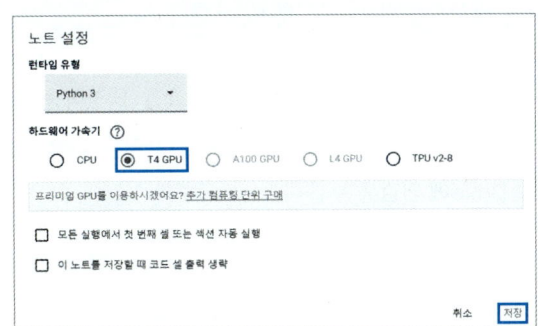

이 책에서 사용하는 제미나이 API는 구글 클라우드 서비스에서 딥러닝 모델을 실행하기 때문에 기본적으로 GPU를 활성화하지 않아도 작동합니다.

> *Column* **TPU란**
>
> TPU(Tensor Processing Unit)는 구글이 개발한 머신러닝 전용 하드웨어 가속기입니다. 머신러닝의 고속화를 목적으로 설계되었고, 그중에서도 텐서플로 프레임워크에 최적화되어 있습니다.
>
> TPU를 사용하는 코드를 실행하려면 **수정 → 노트 설정** 메뉴를 선택하여 설정 화면을 엽니다. 하드웨어 가속기에서 **TPU** 또는 **TPU v2**를 선택하고 **저장**을 눌러 인스턴스를 리셋한 뒤 사용할 수 있습니다.
>
> ▼ 그림 3-17 TPU 사용 설정
>
>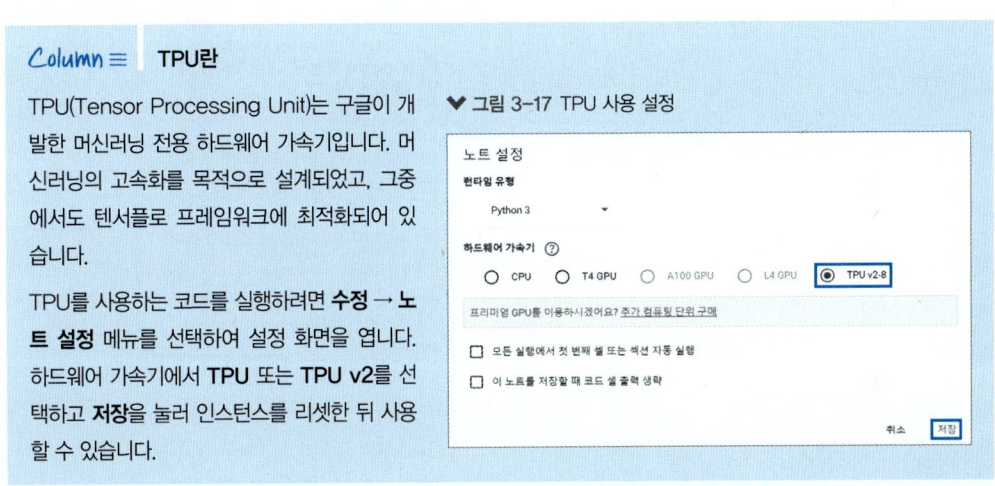

3.2.9 구글 드라이브 마운트

마운트란 디스크 드라이브를 인식하여 사용 가능한 상태로 연결하는 것입니다. 구글 드라이브를 마운트하면 구글 코랩 인스턴스에서 드라이브에 직접 접근할 수 있습니다.

다음 순서를 따라 자신의 구글 드라이브 루트 폴더 정보를 표시합니다.

1. 구글 드라이브를 마운트하는 코드를 노트북 셀에 작성합니다.

```
from google.colab import drive
drive.mount("/content/drive")
```

2. 셀을 실행하면 드라이브에 액세스를 요청하는 창이 열립니다. 이 창에서 오른쪽 아래의 **Google Drive에 연결**을 누릅니다.

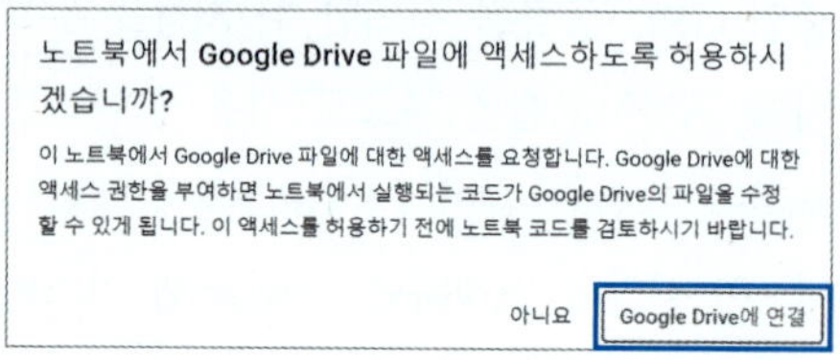

▼ 그림 3-18 구글 드라이브에 연결

3. 구글 드라이브에 로그인하고 구글 계정 요청에 대한 액세스 팝업창이 뜨면 **계속**을 눌러 진행합니다.

▼ 그림 3-19 드라이브에 접속 허용

4. 드라이브가 성공적으로 마운트되었는지 셀의 출력 결과를 확인합니다.

▼ 그림 3-20 셀의 출력 결과 확인

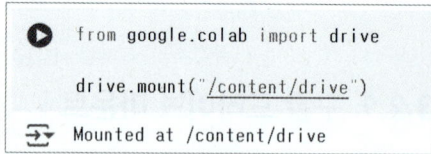

5. 다음 명령으로 구글 드라이브에 접근이 가능한지 확인할 수 있습니다. 경로는 /content/drive/MyDrive/입니다.

```
!ls "/content/drive/MyDrive/"
Untitled0.ipynb
```

3.2.10 구글 코랩의 사용 한도와 대책

이처럼 구글 코랩은 구글 계정만 있다면 무료로 사용할 수 있지만, 제한이 아예 없는 것은 아닙니다. 무료로 사용할 때 어떤 제한 사항이 있는지 알아보겠습니다.

- RAM: 12GB
- 디스크: CPU/TPU는 최대 107GB, GPU는 최대 68GB
- 90분 제한: 90분간 아무런 동작이 없으면 인스턴스 리셋
- 12시간 제한: 인스턴스가 실행되고 나서 12시간 경과하면 리셋
- GPU 사용 제한: GPU를 너무 많이 사용하면 리셋(상한선은 공개하지 않음)

무료로 구글 코랩을 사용할 때는 이 제한들에 관한 대책을 다음과 같이 알아 두면 편리합니다.

90분 제한에 관한 대책

다음 파이썬 스크립트를 구글 코랩이 아닌 로컬 환경[1]에서 실행하면 1시간마다 작업 중인 구글 코랩에 접근해서 90분 제한에 대한 리셋을 회피할 수 있습니다.

코드에서 <임의의 노트북 URL> 부분을 현재 실행 중인 노트북의 URL로 변경하여 실행하길 바랍니다. 코드를 실행하면 1시간마다 해당 URL의 노트북에 접근합니다.

```
open_browser.py
import time
import datetime
import webbrowser

# 1시간 단위로 노트북 열기
for i in range(12):
    browse = webbrowser.get("chrome")
    browse.open("<임의의 노트북 URL>")
    print(i, datetime.datetime.today())
    time.sleep(60*60)
```

---

[1] 역주 파이썬 실행 환경을 로컬에서 직접 구축하려면 공식 사이트(https://www.python.org/downloads/)를 참고해서 파이썬을 직접 설치하는 것이 가장 간단합니다. 파이썬을 최신 버전으로 설치한 뒤 가상 환경을 만들고 필요한 추가 패키지를 설치하는 것이 일반적인 방법입니다. 더욱 체계적인 패키지 관리와 데이터 사이언스 및 머신러닝 등 개발 환경까지 구축하고 싶다면 아나콘다(https://www.anaconda.com/)를 설치하는 것도 좋은 방법입니다.

12시간 제한에 관한 대책

12시간 규칙으로 리셋되기까지 시간은 다음 명령으로 확인할 수 있습니다. 리셋되기 전에 데이터를 미리 구글 드라이브로 옮겨 두는 등 대응 방식을 생각할 수 있습니다.

```
!cat /proc/uptime | awk '{printf("남은 시간 : %.2f", 12-$1/60/60)}'
```

GPU 사용 제한에 관한 대책

구글 코랩은 상황에 따라 동적으로 변하는 사용 제한을 두어 무료로 자원을 제공합니다. 이를 위해 전체 사용량의 상한선이나 인스턴스의 최대 존속 시간, 사용할 수 있는 GPU 유형 등이 자주 변경됩니다. 그러나 이에 관한 상한선은 공개하고 있지 않습니다.

그러므로 인스턴스가 언제 리셋될지는 알 수 없으므로 구글 드라이브 영속화로 정기적으로 진행 상황(체크포인트)을 저장하는 것이 좋습니다.

데이터 영속화

90분 제한, 12시간 제한, GPU 사용 제한으로 인스턴스가 리셋되면 그간 사용했던 데이터도 삭제됩니다.

구글 드라이브에 작업 중 활용할 폴더를 미리 만들어 두면 인스턴스가 리셋되어도 데이터가 삭제될까 봐 염려하지 않아도 됩니다. 예를 들어 앞서 마운트시킨 내 구글 드라이브에 work라는 작업용 폴더를 만들려면 다음과 같이 코드를 작성합니다.

```
# 구글 드라이브 마운트
from google.colab import drive
drive.mount("/content/drive")

# 작업용 폴더 작성과 이동
import os
os.makedirs("/content/drive/MyDrive/work", exist_ok=True)
%cd "/content/drive/MyDrive/work"
```

이렇게 만든 작업 폴더에서 파이썬 스크립트를 실행하면 결과물이 내 구글 드라이브에 직접 저장되어 인스턴스가 리셋되어도 안심할 수 있습니다.

할당된 GPU 자원 확인하기

내가 사용 중인 인스턴스에 할당된 GPU는 다음 명령으로 확인할 수 있습니다. 구글 코랩 무료 버전에서 사용할 수 있는 GPU는 T4 이외에는 없습니다.

```
!nvidia-smi
```

▼ 그림 3-21 GPU 자원 확인

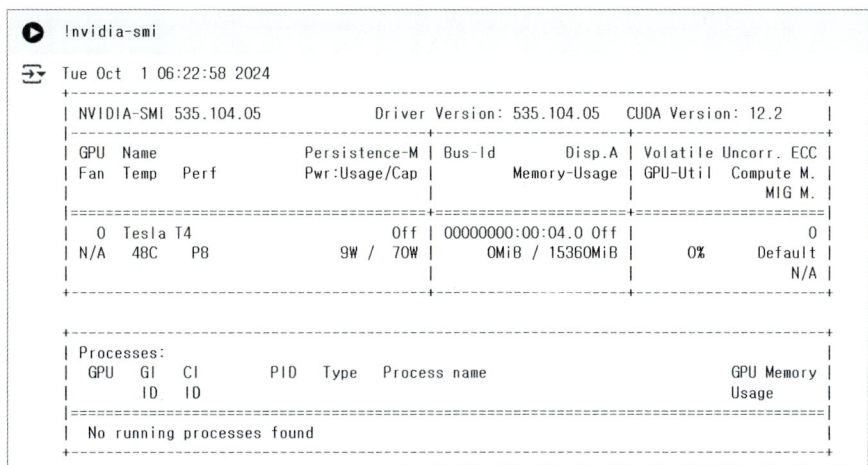

3.2.11 구글 코랩의 요금제

구글 코랩을 유료 요금제로 사용하면 각종 제한을 완화할 수 있습니다. 유료 요금제로는 Colab Pro, Colab Pro+, Pay As You Go가 있습니다.

URL 구글 코랩의 유료 요금제
https://colab.research.google.com/signup

▼ 그림 3-22 내게 맞는 구글 코랩 요금제 선택하기

Colab Pro, Colab Pro+, Pay As You Go 이용 요금

Colab Pro, Colab Pro+, Pay As You Go 요금제는 매월 일정 수량의 컴퓨팅 유닛이 부여되지만, 부여받은 자원을 모두 소모하면 추가로 구입해야 합니다.

- Colab Pro: $9.99/1개월(100 컴퓨팅 유닛)
- Colab Pro+: $49.99/1개월(500 컴퓨팅 유닛)
- Pay As You Go: 앞과 같은 요금으로 필요한 만큼 구입할 수 있습니다. 구독 시스템은 아닙니다.

이때 1시간당 소비하는 컴퓨팅 유닛은 다음과 같습니다.

- T4: 1시간당 1.76
- T4+높은 메모리: 1시간당 1.84
- L4: 1시간당 4.82
- A100: 1시간당 11.77

유료 컴퓨팅 유닛의 잔여량은 **RAM/디스크**에서 확인할 수 있습니다.

컴퓨팅 유닛을 절약하려면 구글 코랩에서 작업을 종료할 때 탭을 직접 닫거나 위쪽 메뉴에서 **런타임 → 런타임 연결 해제 및 삭제**를 선택하여 명시적으로 종료해야 합니다.

또는 다음 코드로 런타임을 해제할 수 있습니다.

```
# 런타임 연결 해제
from google.colab import runtime
runtime.unassign()
```

제한 정책 완화

구글 코랩 무료 버전의 제한은 다음과 같이 완화되었습니다.

- GPU: 고성능 GPU가 우선 할당됩니다.

  수정 → 노트 설정 메뉴에서 T4, L4, A100을 선택할 수 있습니다.

- RAM

  수정 → 노트 설정 메뉴에서 표준, 고용량 RAM을 선택할 수 있습니다.
  - 표준: 12GB
  - Pro의 고용량 RAM: CPU/GPU는 25GB, TPU는 35GB
  - Pro+의 고용량 RAM: CPU/GPU는 51GB, TPU는 35GB

- 디스크: CPU/TPU는 225GB, GPU는 166GB
- 90분 제한: 더 이상 제한되지 않습니다.
- 12시간 제한: 12시간에서 24시간으로 제한이 완화되었습니다.
- GPU 사용 제한: 무료보다 더욱 길게 사용할 수 있습니다.
- 백그라운드 실행: Pro+에서만 사용 가능합니다.

> **Column ≡ GPU RAM의 크기**
>
> GPU를 선택할 때 중요한 기준은 처리 속도와 GPU RAM의 크기입니다. 특히 대규모 언어 모델 같은 고성능 모델을 로컬에서 구동할 때는 GPU RAM의 크기가 커야 합니다.
>
> - A100: 40GB
> - L4: 22.5GB
> - T4: 15GB

3.3 파이썬 기초 문법

이 절에서는 파이썬의 기본 문법을 정리하겠습니다. 여기에서는 파이썬 3.10 버전을 사용합니다.

파이썬 프로그래밍에 능숙하다면 이 절은 건너뛰세요. 파이썬에 익숙하지 않다면 필요에 따라 다른 입문서나 웹 사이트 등을 참고하기 바랍니다.

이 절에 포함된 코드 예제는 파이썬 가상 환경이나 구글 코랩에서 직접 따라 할 수 있습니다.

3.3.1 문자열 출력하기

먼저 Hello World라는 문자열을 표시합니다. 문자열을 표시하려면 `print()`를 사용하고, 문자열은 싱글 쿼트(') 또는 더블 쿼트(")로 묶습니다. #은 해당 줄에서 #의 오른쪽을 주석으로 처리합니다.

1_print.py
```python
# 'Hello World' 출력
print('Hello World')
```
```
Hello World
```

3.3.2 변수와 연산자

변수

변수에는 임의의 값을 할당할 수 있습니다. 정수를 할당하여 덧셈하려면 다음 코드를 작성합니다. ,(콤마)로 구분하여 print 함수의 인수를 여러 개 지정하면 줄 바꿈 없이 연속으로 변수 값을 출력할 수 있습니다.

```
2_1_variable.py
a = 1
b = 2
c = a + b
print(a, b, c)

1, 2, 3
```

숫자형

파이썬의 숫자형에는 정수(int), 실수(float), 불(bool), 복소수(complex) 등 네 종류가 있습니다. 파이썬에서는 정수 값에 최대, 최소의 제한이 없고, 부동소수점 수는 배정밀도만 사용합니다. 논리 값은 True 또는 False 중 하나를 가지며, 복소수는 실수와 허수를 결합한 형태입니다.

▼ 표 3-6 파이썬의 수치형

수치형	설명	사용 예시
int	정수	num = 12 # 10진수 num = 0o14 # 8진수 num = 0xc # 16진수 num = 0b1100 # 2진수

float	부동소수점 수	num = 1.2
		num = 1.2e3 # 지수 표기(1.2×10^3)
		num = 1.2e-3 # 지수 표기(1.2×10^{-3})

bool	논리 값	flag = True flag = False

complex	복소수	num = 2 + 3j # 실수 + 허수j
		num = complex(2, 3) # complex(실수, 허수)

연산자

파이썬의 사칙 연산자, 대입 연산자, 비교 연산자, 논리 연산자는 다음 표와 같습니다. 파이썬의 나눗셈 연산자에는 /와 //가 있습니다. 3 / 2는 소수점 이하를 버리지 않아 1.5가 되고, 3 // 2는 소수점 이하를 버려 1이 됩니다.

▼ 표 3-7 파이썬의 사칙 연산자

사칙 연산자	설명
a + b	덧셈
a - b	뺄셈
a * b	곱셈
a / b	나눗셈(소수점까지 포함한 결과 반환)
a // b	나눗셈(소수점을 제거하고 정수 몫을 반환)
a % b	나눗셈(나머지 반환)
a ** b	제곱

▼ 표 3-8 파이썬의 대입 연산자

대입 연산자	설명
a = b	a에 b를 대입
a += b	a = a + b와 같음
a -= b	a = a - b와 같음
a *= b	a = a * b와 같음
a /= b	a = a / b와 같음
a //= b	a = a // b와 같음
a %= b	a = a % b와 같음
a **= b	a = a ** b와 같음

▼ 표 3-9 파이썬의 비교 연산자

비교 연산자	설명
a == b	a와 b는 같음
a != b	a와 b는 다름
a < b	a는 b보다 작음
a > b	a는 b보다 큼
a <= b	a는 b 이하
a >= b	a는 b 이상
a is b	a와 b는 같음
a is not b	a와 b는 다름
a in b	a가 b에 포함
a not in b	a는 b에 포함되지 않음

▼ 표 3-10 파이썬의 논리 연산자

논리 연산자	설명
a and b	a와 b 모두 True라면 True
a or b	a 또는 b가 True라면 True
not a	a가 False라면 True, a가 True라면 False

파이썬에서 삼항 연산자는 다음 형식으로 작성합니다.

```
값 = <조건이 True일 때 값> if <조건> else <조건이 False일 때 값>
```

```
2_2_variable.py
a = 11
s = 'a는 10 이상' if a > 10 else 'a는 10 미만'
print(s)
```
```
a는 10 이상
```

3.3.3 문자열

문자열 여러 줄 입력하기

문자열 여러 줄을 입력하려면 ' 또는 "를 세 개 연속으로 나열한 삼중 인용 부호를 사용합니다.

```
3_1_string.py
text = '''첫 번째 줄의 텍스트.
두 번째 줄의 텍스트.'''
print(text)
```
```
첫 번째 줄의 텍스트.
두 번째 줄의 텍스트.
```

문자열 연결하기

문자열과 문자열은 + 연산자를 사용해서 연결합니다.

```
3_2_string.py
print('문자열' + '연결하기')
```
```
'문자열연결하기'
```

문자열과 숫자 연결하기

문자열에 숫자를 연결하려면 str() 함수를 사용해서 숫자를 문자열로 캐스트[2]해야 합니다.

```
3_3_string.py
print('정답 = ' + str(100))
```
```
정답 = 100
```

---

2 역주 캐스트(cast)는 하나의 데이터 형식을 다른 형식으로 강제 변환하여 하나의 표현식 안에서 호환성을 보장하는 것이 목적입니다. 이 경우에는 프로그래밍하는 개발자가 데이터 형식을 지정한 명시적 변환의 예입니다. 이때 사용된 str() 같은 함수를 캐스팅 함수라고 합니다.

문자열 일부 추출하기

문자열을 일부만 추출하려면 **인덱스**를 사용해야 합니다. 인덱스는 [a:b]의 형태로 작성하는데, 문자열의 첫 번째 인덱스는 **0**이며, **a**부터 **b-1**까지 문자열을 추출한다는 의미입니다. 따라서 **a**를 생략하면 문자열의 처음부터 추출하고, **b**를 생략하면 문자열의 끝까지 추출합니다.

3_4_string.py
```
text = 'Hello World'
print(text[1:3])
print(text[:5])
print(text[6:])
```

```
el
Hello
World
```

문자열에 변수 집어넣기

문자열에 변수를 삽입하려면 삽입할 위치에 {}를 작성하고, format() 함수에 삽입할 변수를 지정합니다.

부동소수점의 자릿수를 지정하고 싶을 때는 삽입할 위치에 {:.<자릿수>f}를 지정합니다. 부동소수점 아래 두 자리로 표시하려면 {:.2f}를 사용합니다.

3_5_string.py
```
a = 'Test'
b = 100
c = 3.14159
print('문자열 = {}'.format(a))
print('정수 = {}'.format(b))
print('부동소수점 = {}'.format(c))
print('부동소수점 이하 2자리 = {:.2f}'.format(c))
print('여러 개의 변수 = {}, {}, {:.2f}'.format(a, b, c))
```

```
문자열 = Test
정수 = 100
부동소수점 = 3.14159
부동소수점 이하 2자리 = 3.14
여러 개의 변수 = Test, 100, 3.14
```

3.3.4 리스트

리스트의 작성과 원소 추출하기

리스트는 여러 원소를 순서대로 저장하는 데이터 구조입니다. 대괄호([ ]) 안에 여러 값을 콤마(,)로 구분하여 작성합니다. 문자열과 마찬가지로 인덱스를 사용해서 리스트 원소를 부분적으로 추출할 수 있습니다.

4_1_list.py
```python
my_list = [1, 2, 3, 4]
print(my_list)
print(my_list[0])
print(my_list[1:3])
```
```
[1, 2, 3, 4]
1
[2, 3]
```

리스트의 원소 바꾸기

인덱스를 사용하면 지정한 리스트의 원소를 변경할 수도 있습니다. 예를 들어 my_list[1:4]는 인덱스 1부터 3(4의 바로 전 인덱스)까지 나타냅니다.

4_2_list.py
```python
my_list = [1, 2, 3, 4]
my_list[0] = 10
print(my_list)
my_list[1:4] = [20, 30]
print(my_list)
```
```
[10, 2, 3, 4]
[10, 20, 30]
```

리스트에 원소를 추가, 삽입, 삭제하기

리스트에 원소를 추가하려면 append()를, 특정 위치에 원소를 삽입하려면 insert()를, 인덱스로 원소를 삭제하려면 del을, 값을 기준으로 원소를 삭제하려면 remove()를 사용합니다.

4_3_list.py
```python
my_list = ['Apple', 'Cherry']
print(my_list)
my_list.append('Strawberry')
```

```
print(my_list)
my_list.insert(0, 'Banana')
print(my_list)
del my_list[0]
print(my_list)
my_list.remove('Apple')
print(my_list)
```

```
['Apple', 'Cherry']
['Apple', 'Cherry', 'Strawberry']
['Banana', 'Apple', 'Cherry', 'Strawberry']
['Apple', 'Cherry', 'Strawberry']
['Cherry', 'Strawberry']
```

range 함수로 리스트 작성하기

range()를 사용하면 연속된 숫자를 생성할 수 있습니다. range(a, b, c)는 a 이상 b 미만의 숫자를 c 간격으로 생성합니다. a를 생략하면 0부터 시작하고, c를 생략하면 간격은 1이 됩니다. 그리고 range()를 list()로 감싸면 이를 리스트로 변환할 수 있습니다.

4_4_list.py
```
print(list(range(10)))
print(list(range(1, 7)))
print(list(range(1, 10, 2)))
```

```
[0, 1, 2, 3, 4, 5, 6, 7, 8, 9]
[1, 2, 3, 4, 5, 6]
[1, 3, 5, 7, 9]
```

3.3.5 딕셔너리

딕셔너리의 작성과 원소 추출하기

딕셔너리(또는 사전)는 **키**와 **값**을 쌍으로 저장하는 자료 구조입니다. 딕셔너리에서 요소를 추출하려면 키를 지정한 뒤 해당 키에 연결된 값을 가져옵니다.

5_1_dic.py
```
my_dic = {'Apple': 300, 'Cherry': 200, 'Strawberry': 3000}
print(my_dic['Apple'])
```

```
300
```

딕셔너리의 원소 바꾸기

키를 사용하면 딕셔너리에서 지정한 원소 값을 변경할 수 있습니다. 키를 사용하여 접근한 뒤 새로운 값을 할당하면 해당 키 값이 업데이트됩니다.

5_2_dic.py
```python
my_dic = {'Apple': 300, 'Cherry': 200, 'Strawberry': 3000}
my_dic['Apple'] = 400
print(my_dic)
```
```
{'Apple': 400, 'Cherry': 200, 'Strawberry': 3000}
```

딕셔너리에 원소를 추가, 삭제하기

딕셔너리에 원소를 추가하려면 대입 연산자를 사용하고, 요소를 삭제하려면 del을 사용합니다.

5_3_dic.py
```python
my_dic = {'Apple': 300}
print(my_dic)
my_dic['Cherry'] = 200
print(my_dic)
del my_dic['Apple']
print(my_dic)
```
```
{'Apple': 300}
{'Apple': 300, 'Cherry: 200'}
{'Cherry': 200}
```

3.3.6 튜플

튜플은 리스트와 마찬가지로 여러 원소를 저장하며, 원소가 순서대로 배열된 구조입니다. ()(소괄호) 안에 여러 값을 ,(콤마)로 구분해서 나열합니다. 튜플도 인덱스를 사용하면 원소를 부분적으로 추출할 수 있습니다.

리스트와 튜플의 차이점은 원소의 변경 여부입니다. 튜플은 원소의 추가, 삽입, 삭제가 불가능합니다.

6_tuple.py
```python
my_tuple = (1, 2, 3, 4)
print(my_tuple)
print(my_tuple[0])
print(my_tuple[1:3])
```

```
[1, 2, 3, 4]
1
[2, 3]
```

3.3.7 제어문

if(조건 분기)

조건 분기를 하려면 if <조건>:을 사용합니다. 이후 조건이 True일 때 실행할 블록은 들여쓰기로 나타냅니다.

7_1_control.py
```
num = 5
if num >= 10:
    print('num이 10 이상') # 조건을 만족하는 경우
else:
    print('num이 10 미만') # 조건을 만족하지 않는 경우
```
num이 10 미만

조건을 여러 개 추가하려면 다음과 같이 elif <조건>:을 추가하여 코드를 작성합니다.

7_2_control.py
```
num = 10
if num >= 5:
    print('num이 5 이상') # 첫 번째 조건을 만족하는 경우
elif num >= 3:
    print('num이 3 이상') # 두 번째 조건을 만족하는 경우
else:
    print('num이 3 미만') # 조건을 모두 만족하지 않는 경우
```
num이 5 이상

for(반복)

리스트의 원소를 순서대로 변수에 할당하면서 반복 처리를 하려면 for <변수> in <리스트>:을 사용해야 합니다. 단순히 임의의 횟수만큼 반복하고 싶다면 <리스트>에 range()를 사용합니다. 반복 처리할 블록은 들여쓰기로 구분합니다.

```
7_3_control.py
```
```
for n in [1, 2, 3]:
    print(n) # 반복 대상
    print(n * 10) # 반복 대상
```
```
1
10
2
20
3
30
```

```
7_4_control.py
```
```
for n in range(5):
    print(n) # 반복 대상
```
```
0
1
2
3
4
```

while(반복)

조건이 성립하는 동안 블록 내 처리를 반복하려면 while <조건>:을 사용해야 합니다. 이때도 반복할 블록은 들여쓰기로 구분합니다. 블록 내에서는 반복문의 처음으로 돌아가는 continue와 반복문을 빠져나가는 break 명령어를 사용할 수 있습니다.

예를 들어 1에서 20 미만 자연수 중에서 2의 배수를 제외하고 3의 배수만 출력하려면 다음과 같이 코드를 작성할 수 있습니다.

```
7_5_control.py
```
```
i = 0
while i < 20:
    i += 1
    if i % 2 == 0:
        continue
    if i % 3 == 0:
        print(i)
```
```
3
9
15
```

enumerate(열거)

enumerate()에 리스트를 전달하면 각 원소에 0부터 시작하는 **인덱스 번호**를 붙일 수 있습니다.

```
# 7_6_control.py
for num, fruit in enumerate(['Apple', 'Cherry', 'Strawberry']):
    print('{}: {}'.format(num, fruit))
```
```
0: Apple
1: Cherry
2: Strawberry
```

리스트 컴프리헨션

파이썬에는 **컴프리헨션**(Comprehension)이라는 반복 처리를 간결하게 작성하는 표현법이 있습니다. 예를 들어 다음과 같은 반복 처리가 있다고 가정해 보겠습니다.

```
# 7_7_control.py
my_list1 = []
for x in range(10):
    my_list1.append(x * 2)
print(my_list1)
```
```
[0, 2, 4, 6, 8, 10, 12, 14, 16, 18]
```

이 예시에 컴프리헨션을 적용하면 다음과 같이 한 줄로 코드를 작성할 수 있습니다.

```
# 7_8_control.py
my_list2 = [x * 2 for x in range(10)]
print(my_list2)
```
```
[0, 2, 4, 6, 8, 10, 12, 14, 16, 18]
```

3.3.8 함수와 람다식

함수

함수는 일련의 프로그램 명령을 묶어 외부에서 호출할 수 있도록 만든 것입니다. 함수를 정의하는 구문은 다음과 같습니다.

```
def 함수 이름(<인수 1>, <인수 2>, ...):
    <프로그램>
    return <출력 값>
```

예를 들어 각도(degree)를 라디안(radian)으로 변환하는 함수를 작성하면 다음과 같습니다.

8_1_function.py
```python
def radian(x):
    return x / 180 * 3.1415

for x in range(0, 360, 90):
    print('각도: {}, 라디안: {:.2f}'.format(x, radian(x)))
```
```
각도: 0, 라디안: 0.00
각도: 90, 라디안: 1.57
각도: 180, 라디안: 3.14
각도: 270, 라디안: 4.71
```

람다식

람다(lambda)식은 함수를 식으로 취급하여 변수에 할당하게 하는 방법입니다. 람다식을 사용하면 프로그램을 간결하게 작성할 수 있습니다. 람다식 구문은 다음과 같습니다.

```
lambda 인수: 반환 값이 있는 함수
```

앞서 설명한 각도를 라디안으로 변환하는 함수를 람다식을 사용한 코드로 바꾸면 다음과 같이 한 줄로 작성할 수 있습니다.

8_2_function.py
```python
lambda_radian = (lambda x:x / 180 * 3.1415)

for x in range(0, 360, 90):
    print('각도: {}, 라디안: {:.2f}'.format(x, lambda_radian(x)))
```
```
각도: 0, 라디안: 0.00
각도: 90, 라디안: 1.57
각도: 180, 라디안: 3.14
각도: 270, 라디안: 4.71
```

3.3.9 클래스

클래스란 데이터와 그 데이터를 처리하는 동작을 하나로 묶어 정의한 것입니다. 클래스가 가지는 데이터를 **멤버 변수**, 그 데이터를 다루는 동작(함수)을 **메서드**라고 합니다. 클래스를 정의하는 구문은 다음과 같습니다.

```
class 클래스 이름:
    def __init__(self, <인수 1>, <인수 2>, ...):
        <컨스트럭터로 실행하는 처리>
    def 메서드 이름(self, <인수 1>, <인수 2>, ...):
        <메서드로 실행하려는 처리>
```

메서드의 첫 번째 인수는 클래스 자신을 나타내는 self입니다. self.멤버 변수 이름, self.메서드 이름()처럼 클래스 자신의 멤버 변수나 메서드에 접근합니다.

__init__()는 클래스가 생성될 때 호출되는 메서드로 **생성자**(constructor)라고도 합니다. 생성자가 필요하지 않다면 이를 생략해도 문제없습니다.

예를 들어 멤버 변수 msg와 msg를 출력하는 output() 메서드를 가진 HelloClass 클래스를 정의하고, 이렇게 정의한 HelloClass를 초기화하여 output()을 호출해서 msg를 출력해 보겠습니다.

9_class.py
```
class HelloClass:
    def __init__(self, msg):
        self.msg = msg
    def output(self):
        print(self.msg)

hello = HelloClass('Hello World')
hello.output()
```
```
Hello World
```

3.3.10 패키지 임포트와 컴포넌트 직접 호출

패키지 임포트하기

클래스, 함수, 상수 등 구성 요소가 정의된 파이썬 프로그램을 일반적으로 **모듈**이라고 합니다. 그리고 모듈 여러 개로 구성된 프로그램을 **패키지**라고 합니다.

import <패키지 이름> as <별명> 구문을 사용하면 패키지가 임포트되어 그 안에 포함된 구성 요소를 사용할 수 있습니다.

예를 들어 배열을 빠르게 연산하려고 개발된 패키지인 numpy를 임포트하고 그 안에 포함된 array() 함수를 호출하려면 다음과 같이 코드를 작성합니다. 다음 코드의 np.array()처럼 패키지의 별칭.함수 이름()으로 호출합니다.

```
10_1_import.py
```
```python
import numpy as np

a = np.array([[1, 2, 3], [4, 5, 6], [7, 8, 9]])
print(a)
```
```
[[1 2 3]
 [4 5 6]
 [7 8 9]]
```

컴포넌트 직접 호출하기

from <패키지 이름> import <구성 요소 이름>을 사용하면 해당 구성 요소를 직접 사용할 수 있습니다. 이렇게 하면 함수 이름()처럼 구성 요소 이름만으로 호출할 수 있습니다. 예를 들어 numpy 패키지에서 array() 함수를 직접 임포트해서 사용하는 방법은 다음과 같습니다.

```
10_2_import.py
```
```python
from numpy import array

a = array([[1, 2, 3], [4, 5, 6], [7, 8, 9]])
print(a)
```
```
[[1 2 3]
 [4 5 6]
 [7 8 9]]
```

Column ≡ **파이썬 API 레퍼런스**

파이썬에 관한 API 레퍼런스는 다음 웹 페이지에서 확인할 수 있습니다.

▼ 그림 3-23 파이썬 공식 문서

URL 파이썬 3.10 API 레퍼런스
https://docs.python.org/3.10/

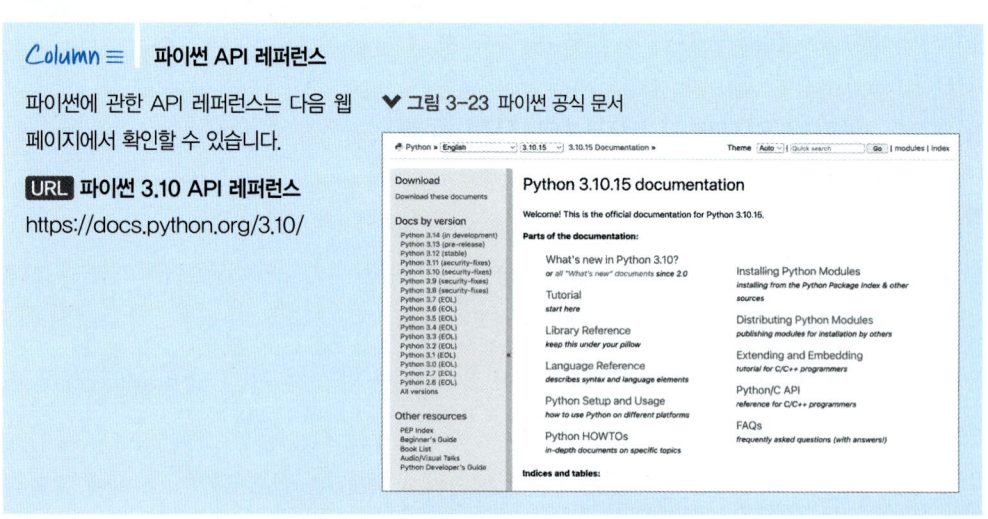

4장

제미나이 API
(파이썬 편)

4.1 텍스트 생성

4.2 멀티모달

4.3 임베딩

4.4 함수 호출

4.5 파인 튜닝

4.6 버텍스 AI 제미나이 API

지금까지 제미나이의 개요와 사용 방법을 알아보았으며, 파이썬 개발 환경도 준비했습니다. 이제는 본격적으로 이 책 주제인 제미나이 API를 사용하는 방법을 알아볼 차례입니다. 제미나이 API는 안드로이드나 iOS 개발 환경에서도 사용할 수 있지만, 이 장에서는 **구글 코랩**을 활용한 파이썬 프로그래밍을 설명합니다.

여기에서 소개하는 예시들은 제미나이 API 기능을 이해하는 데 중점을 두고 있으며, 매우 간단하면서도 자사 서비스나 애플리케이션에 제미나이 기능을 통합하고 싶을 때 참고할 만한 유용한 내용들을 담고 있습니다.

제미나이의 주요 특징은 텍스트 생성뿐만 아니라 이미지, 동영상, 음성 등 다양한 미디어를 함께 처리할 수 있는 **멀티모달** 기능을 지원한다는 점입니다. 외부 기능을 호출해서 활용할 수 있는 **함수 호출** 기능과 특정 요구 사항에 맞게 모델을 추가로 학습할 수 있는 **파인 튜닝** 기능도 제공합니다.

마지막으로 **구글 클라우드 플랫폼**의 버텍스 AI 서비스에서 사용할 수 있는 **버텍스 AI 제미나이 API**도 함께 소개합니다.

> **이 장에서 다룰 핵심 내용**
> - 텍스트뿐만 아니라 이미지, 동영상, 음성까지 다룰 수 있는 제미나이의 멀티모달 기능을 활용한 프로그래밍을 만듭니다.
> - 함수 호출 및 파인 튜닝 등 고급 기능을 이해하고 활용합니다.
> - 구글 클라우드 서비스에서 제공하는 버텍스 AI 제미나이 API의 사용 방법을 이해합니다.

4.1 텍스트 생성

이 절에서는 텍스트 생성 모델과 제미나이 API의 개요 및 사용 방법을 설명합니다.

4.1.1 텍스트 생성의 개요

텍스트 생성은 임의의 텍스트에 이어질 자연스러운 텍스트를 생성하는 기능입니다. 문장 생성, 질의응답, 요약, 번역, 프로그램 생성, 대화 등 용도로 사용할 수 있습니다.

텍스트 생성 모델은 메시지 목록을 입력하면 메시지를 출력합니다.

▼ 그림 4-1 텍스트 생성 모델의 입출력

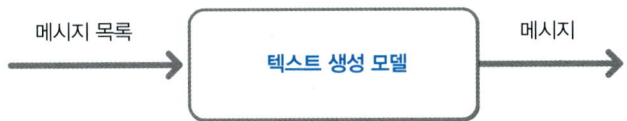

메시지는 **역할**(role)과 **콘텐츠**(contents)로 구성되어 있습니다. 메시지는 크게 다음 두 역할을 하며, 역할과 콘텐츠 쌍의 정보를 바탕으로 대화를 표현합니다.

- user: 사용자가 입력한 텍스트
- assistant: AI 어시스턴스가 생성한 텍스트

입출력 예시

구체적인 입출력 예시는 다음과 같습니다. 대화 기록을 포함하면 답변의 정확도를 높일 수 있습니다.

> **입력: 메시지 리스트**
> user: 안녕하세요.
> assistant: 안녕하세요! 무엇을 도와드릴까요?
> user: 남산타워의 높이는?
>
> **출력: 메시지**
> assistant: 남산타워 자체의 높이는 약 236.7m입니다.

텍스트 생성 모델의 종류

2024년 10월 기준으로 제미나이 API가 제공하는 텍스트 생성 모델은 다음 세 가지입니다. 기본적으로 빠르고 저렴한 gemini-1.5-flash를 사용하고, 더 높은 정확도가 필요하다면 gemini-1.5-pro를 사용합니다.

- models/gemini-1.5-pro
- models/gemini-1.5-flash
- models/gemini-1.0-pro

더 자세한 텍스트 생성 정보는 다음 공식 문서를 참고합니다.

URL 튜토리얼 - 제미나이 API 시작하기
https://ai.google.dev/gemini-api/docs/get-started/tutorial?lang=python

4.1.2 제미나이 API의 개요

제미나이 API는 제미나이의 텍스트 생성과 멀티모달 기능을 활용하는 API로, 개발자가 자신의 애플리케이션에 제미나이 기능을 통합해서 사용할 수 있습니다.

URL 제미나이 API 웹 페이지
https://ai.google.dev/

제미나이 API는 크게 두 종류로 제공합니다.

- 구글 AI 제미나이 API: API 키만으로 간편하게 사용할 수 있는 API
- 버텍스 AI 제미나이 API: 구글의 클라우드 서비스가 제공하는 API

이 절에서는 가장 사용하기 쉬운 **구글 AI 제미나이 API**를 중심으로 API 기능을 설명하고, **버텍스 AI 제미나이 API**는 4.6절에서 설명하겠습니다.

▼ 그림 4-2 제미나이 API 웹 페이지

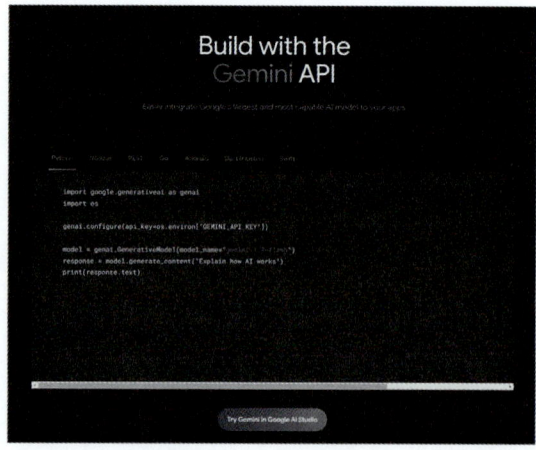

4.1.3 구글 AI 제미나이 API의 개요

구글 AI 제미나이 API(Google AI Gemini API)는 제미나이 API 기능만 사용하고 싶은 사람을 대상으로 하는 서비스입니다. 제미나이 API를 처음으로 접하거나 스마트폰에 기능을 탑재하고 싶은 사용자에게 권장합니다.

구글 AI 제미나이 API가 공식적으로 지원하는 프로그래밍 언어는 다음과 같습니다. 특히 이 책에서는 **파이썬, 안드로이드(코틀린), iOS (스위프트)**에서 사용하는 방법을 설명합니다.

▼ 그림 4-3 구글 AI 제미나이 API에서 지원하는 프로그래밍 언어

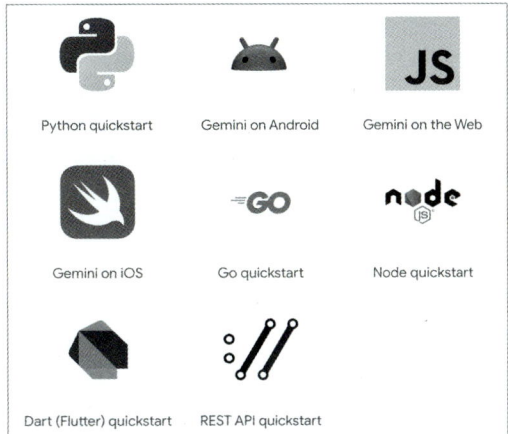

- 파이썬
- Node.js(자바스크립트)
- 안드로이드(코틀린/자바)
- iOS(스위프트)
- Go
- Dart
- REST API

더욱 자세한 구글 AI 제미나이 API에 관한 정보는 공식 문서를 참고합니다.

URL 제미나이 API 공식 문서와 API 레퍼런스
https://ai.google.dev/gemini-api/docs

▼ 그림 4-4 구글 AI 제미나이 API 공식 문서

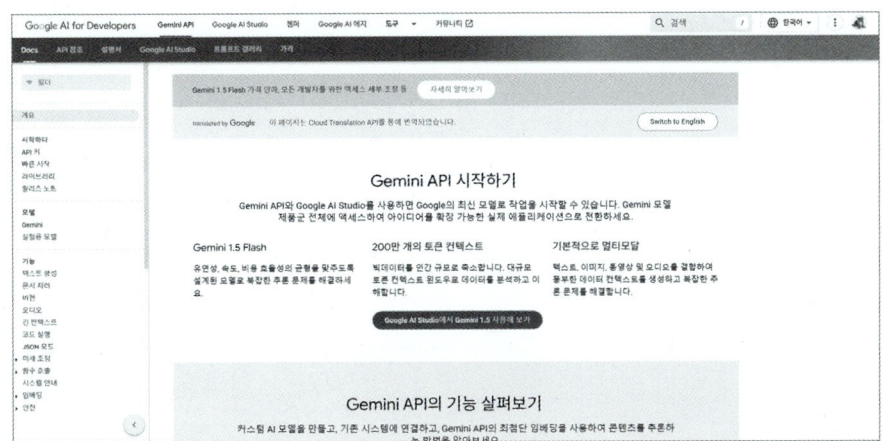

4.1.4 구글 AI 제미나이 API의 요금

구글 AI 제미나이 API의 요금은 다음 웹 페이지에서 확인할 수 있습니다. 무료 버전은 1분당, 1일 요청 횟수에 제한이 있습니다. 반면에 유료 버전은 **모델 종류**와 **토큰 수**에 따라 종량제로 과금하는 형식입니다. 입력과 출력에 따라 요금이 달라지므로 유의하기 바랍니다.

URL 제미나이 API의 요금
https://ai.google.dev/pricing?hl=ko#1_5flash

▼ 그림 4-5 제미나이 1.5 플래시 요금   ▼ 그림 4-6 제미나이 1.5 프로 요금

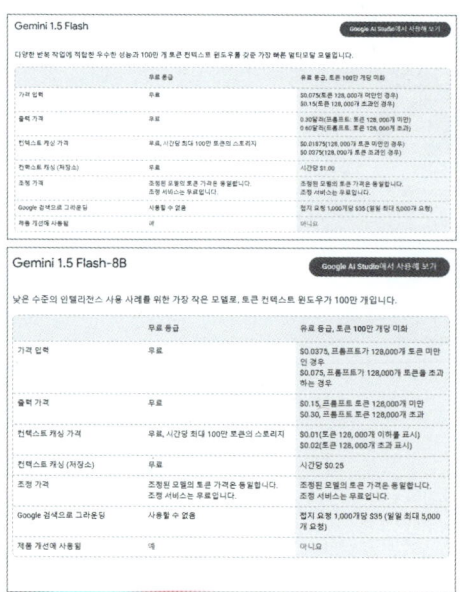

4.1.5 API 키 가져오기

구글 AI 제미나이 API를 프로그래밍에 사용하려면 API 키가 필요합니다. API 키란 구글 AI 제미나이 API를 사용할 때 인증 정보에 해당하는 문자열입니다.

API 키를 가져오는 방법은 다음과 같습니다.

1. 웹 브라우저에서 구글 AI 스튜디오에 로그인합니다.

   처음 로그인할 때는 법적 고지가 표시됩니다. 모두 확인한 뒤 체크 박스에 체크하고 **동의**를 눌러 진행합니다.

   URL **API 키 – 구글 AI 스튜디오**
   https://makersuite.google.com/app/apikey

▼ 그림 4-7 구글 AI 스튜디오 서비스 이용 약관

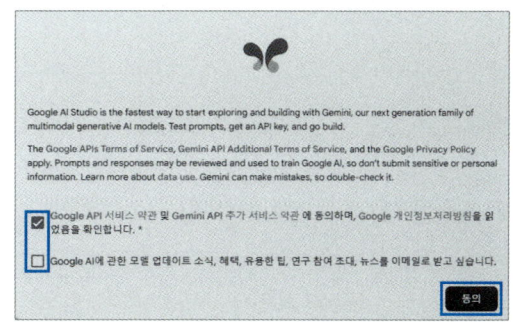

2. API 키 만들기로 API 키를 만듭니다.

   새 프로젝트에서 API 키 만들기를 클릭하거나 Google Cloud 프로젝트 검색에서 기존 프로젝트를 선택한 뒤 **기존 프로젝트에서 API 키 만들기**를 눌러 API 키를 생성합니다.

▼ 그림 4-8 API 키 만들기

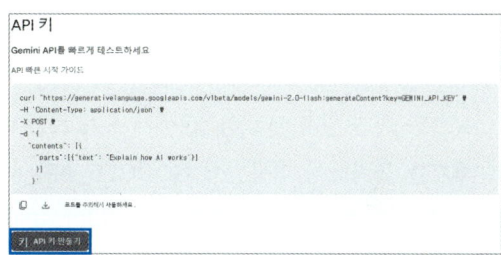

3. **복사**를 눌러 API 키를 가져옵니다.

   이 키는 4.1.6절의 구글 코랩에서 사용합니다.

▼ 그림 4-9 API 키 복사

Column ≣ 구글 AI 제미나이 API 유료 버전으로 전환하기

API Plan Billing Information 화면에서 구글 AI 제미나이 API를 유료 버전으로 전환할 수 있습니다.

구글 AI 스튜디오의 Settings → Account Settings → API Plan Information에서 API Plan Billing Information 화면을 열고, 결제 설정에서 구글 클라우드 플랫폼의 프로젝트 청구 계정을 설정합니다.

URL **API Plan Billing Information**
https://aistudio.google.com/plan_information

▼ 그림 4-10 구글 AI 스튜디오의 Plan Information

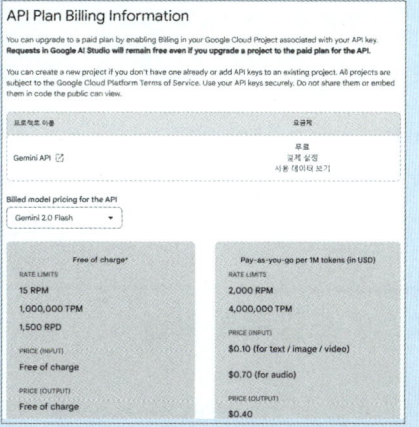

4.1.6 제미나이 API 준비

제미나이 API를 구글 코랩에서 사용하는 준비 순서는 다음과 같습니다.

1. 구글 코랩에서 새 노트북을 실행합니다.

2. 필요한 패키지를 설치합니다.

파이썬에서 제미나이 API를 사용하려면 `google-generativeai` 패키지를 설치해야 합니다.

```
# 패키지 설치
!pip install -q -U google-generativeai
```

3. 환경 변수를 준비합니다.

노트북 화면 왼쪽 **열쇠 아이콘**에서 **+ 새 보안 비밀 추가**를 클릭하여 이름란에 GOOGLE_API_KEY 를 등록합니다. **값**에는 **구글 AI 제미나이 API에서 복사한 API 키**를 붙여 넣은 뒤 다음 코드를 실행합니다.

▼ 그림 4-11 GOOGLE_API_KEY 설정

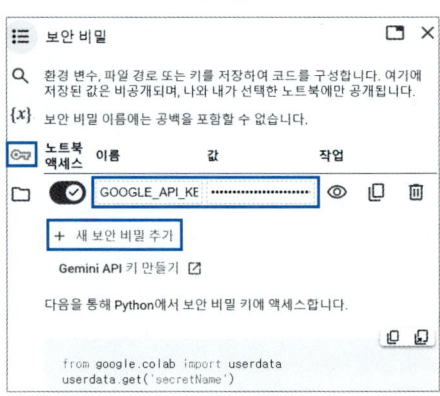

```
from google.colab import userdata
import google.generativeai as genai

# 환경 변수 준비(왼쪽 열쇠 아이콘으로 GOOGLE_API_KEY 설정)
genai.configure(api_key=GOOGLE_API_KEY)
```

이처럼 API 키(보안 비밀)를 추가하는 과정은 앞으로 접할 예시 코드를 구글 코랩에서 사용하는 데 반복적으로 필요하므로 숙지해 두기 바랍니다.

4.1.7 모델 목록 확인

생성 모델 목록은 `genai.list_models()`로 불러옵니다. `supported_generation_methods` 속성에 `generateContent`가 포함된 모델을 찾아 해당 모델 이름을 출력합니다.

```python
# 모델 목록 표시
for m in genai.list_models():
    if "generateContent" in m.supported_generation_methods:
        print(m.name)
```

```
models/gemini-1.0-pro-latest
models/gemini-1.0-pro
models/gemini-pro
models/gemini-1.0-pro-001
models/gemini-1.0-pro-vision-latest
models/gemini-pro-vision
models/gemini-1.5-pro-latest
models/gemini-1.5-pro-001
models/gemini-1.5-pro-002
models/gemini-1.5-pro
...(생략)...
```

4.1.8 텍스트 생성

모델에서 텍스트를 생성하는 절차는 다음과 같습니다.

1. 모델을 준비합니다.

앞서 확인된 모델 목록 중에서 **models/gemini-1.5-flash**를 사용해 보겠습니다. 모델을 준비하는 genai.GenerativeModel() 함수의 주요 파라미터는 표 4-1에서 확인할 수 있습니다.

생성 파라미터(generation_config), **안전 설정**(safety_settings), **시스템 지시**(system_instruction)는 4장 뒷부분에서 설명합니다.

```python
# 모델 준비
model = genai.GenerativeModel(
    "models/gemini-1.5-pro"
)
```

▼ 표 4-1 genai.GenerativeModel()의 주요 파라미터

파라미터	설명
model_name	모델 이름
generation_config	생성 파라미터
safety_settings	안전 설정
system_instruction	시스템 지시

2. 추론을 실행합니다.

추론은 generate_content() 메서드로 실행합니다. model.generate_content()의 주요 파라미터는 표 4-2에 정리되어 있습니다.

```
# 추론 실행
response = model.generate_content(
    "Google DeepMind에 관해 알려 주세요."
)
print(response.text)
```

Google DeepMind: 인공지능의 선두 주자

Google DeepMind는 인공지능(AI) 분야의 선두 주자로, 2010년에 설립된 영국의 인공지능 연구 회사입니다. 2014년 구글이 인수했으며, 현재는 구글의 모회사인 Alphabet 자회사로 운영하고 있습니다.
...(생략)...

▼ 표 4-2 generate_content()의 주요 파라미터

파라미터	설명
contents	콘텐츠
safety_settings	안전 설정
generation_config	생성 파라미터
stream	스트리밍 유효화

4.1.9 스트리밍

스트리밍이란 텍스트를 생성할 때 일정한 글자 수 단위로 출력을 반환하는 기능을 의미합니다. 기본적으로 제미나이 API는 모든 응답이 생성된 뒤 출력을 반환합니다. 따라서 긴 문장을 생성한다면 출력이 완료되기까지 시간이 소요될 수 있습니다. 스트리밍을 사용하면 더욱 빠르게 응답을 받아 사용자에게 표시할 수 있습니다.

스트리밍을 사용하려면 generate_content() 함수에 stream=True를 설정합니다. 다음 코드를 실행하면 --마다 글자 수를 일정하게 출력할 수 있습니다.

```python
# 추론 실행
response = model.generate_content(
    "Google DeepMind에 관해 알려 주세요.",
    stream=True # 스트리밍 유효화
)

# 스트리밍 출력
for chunk in response:
    print(chunk.text)
    print("--")
```

```
## Google DeepMind
--
: 인공지능 선두 주자

Google DeepMind는 **인공지능
--
 연구 및 개발에 전념하는 영국의 회사**로, 2
--
014년 구글에 인수되었습니다. 뛰어난 인공지능 기술과 혁신적인 연구를 통해 **세계적으로
--
 인정받는 인공지능 분야의 선두 주자**로 자리매김했습니다.

**핵심 특징:**

* **인공
--
...(생략)...
```

4.1.10 챗

챗 기능을 사용하면 멀티턴 대화가 가능합니다. chat.send_message()의 주요 파라미터는 텍스트 생성의 model.generate_content()와 같습니다.

1. start_chat() 함수를 사용하여 챗 기능을 준비합니다.

```python
# 채팅 준비
chat = model.start_chat()
```

2. 첫 번째 질문을 시작합니다.

```
# 첫 번째 질문
response = chat.send_message("내가 키우는 고양이의 이름은 레오입니다.")
print(response.text)
```

고양이 이름이 레오라니 정말 멋지네요! 레오는 어떤 성격인가요? 😊 혹시 레오 사진이 있으면 보여 주세요! 레오에 대해 더 알려 주시면 좋아요! 😄

3. 이어서 두 번째 질문을 합니다.

```
# 두 번째 질문
response = chat.send_message("내가 키우는 고양이를 불러 보세요.")
print(response.text)
```

레오야! 레오야! 밥 먹을 시간이야!
레오가 왔으면 좋겠네요!

4. 대화 이력을 확인합니다.

chat.history를 사용하면 현재까지 모델과 대화했던 내용을 가져올 수 있습니다.

```
# 대화 이력 확인
for message in chat.history:
    print(message.role, ":", message.parts[0].text)
```

user : 내가 키우는 고양이의 이름은 레오입니다.
model : 고양이 이름이 레오라니 정말 멋지네요! 레오는 어떤 성격인가요? 😊 혹시 레오 사진이 있으면 보여 주세요! 레오에 대해 더 알려 주시면 좋아요! 😄

user : 내가 키우는 고양이를 불러 보세요.
model : 레오야! 레오야! 밥 먹을 시간이야! 레오가 왔으면 좋겠네요!

4.1.11 생성 파라미터

생성 파라미터는 텍스트를 생성할 때 필요한 무작위성 등을 조정합니다. GenerativeModel()과 model.generate_content()로 생성 파라미터를 설정할 수 있습니다.

1. 생성 파라미터를 사용해서 추론을 실행합니다.

```
# 추론 실행
response = model.generate_content(
    "사이버 펑크 스타일의 빨간 모자 이야기를 써 주세요.",
    generation_config = genai.types.GenerationConfig(
        candidate_count=1,    # 응답 수
        temperature=1.0,    # 온도(무작위성)
        max_output_tokens=500,    # 최대 토큰 출력 수
        stop_sequences=["\n\n"],    # 정지 시퀀스
    )
)
print(response.text)
```

> 네온 불빛이 빗발치고, 흐릿한 비가 끊임없이 내리는 도시의 젖은 콘크리트 거리에서, 빨간 모자는 혼돈의 바다를 항해했습니다. 그녀의 본명 알렉산드라는 잊혀졌고, 그녀의 몸은 닳고 찢어진 검은색 가죽 재킷으로 덮여 있었고,
> ...(생략)...

주요 생성 파라미터는 다음 표와 같습니다.

▼ 표 4-3 주요 생성 파라미터

파라미터	설명
candidate_count	생성 응답 수
stop_sequences	텍스트 생성을 중지하는 시퀀스(문자열 최대 다섯 개)
max_output_tokens	최대 토큰 출력 수
temperature	토큰 선택의 무작위성(0.0~1.0, 디폴트: 0.9)
top_k	출력 토큰을 선택하는 방법 변경(1~40, 디폴트: 32)
top_p	출력 토큰을 선택하는 방법 변경(0.0~1.0, 디폴트: 1.0)

대규모 언어 모델에서 temperature(온도), top_k(최상위 k), top_p(최상위 p)는 모두 생성되는 텍스트의 무작위성을 조정하는 파라미터지만, 그 방식에는 차이가 있습니다.

temperature 파라미터는 값이 높을수록 생성되는 텍스트의 무작위성이 증가합니다. 0에 가까울수록 가장 확률이 높은 단어가 선택되는 경향이 있으며, 1에 가까울수록 확률 분포에 따라 더욱 무작위적으로 단어가 선택됩니다.[1]

---

[1] 역주 무작위성을 조절하는 파라미터가 temperature인 이유는 물리학에서 볼츠만 분포가 온도에 따라 입자가 다양한 에너지 상태에 배분되는 확률을 설명하는 것에 기인하기 때문입니다. 온도가 높을수록 입자가 더욱 활발히 움직이는 높은 에너지 상태로 이동할 확률이 높아지듯이, 언어 모델도 확률이 낮은 단어를 선택할 가능성이 커져 무작위성이 증가합니다.

top_k는 각 단계에서 확률이 높은 상위 k개의 단어만 고려해서 다음 단어를 선택하는 방식입니다. 다시 말해 top_k가 1인 경우 가장 확률이 높은 한 단어가 선택된다는 의미입니다. top_k가 3이라면 temperature 파라미터가 작용하여 상위 세 개의 단어 중 하나를 선택합니다. 이것으로 낮은 확률의 단어가 선택되는 것을 방지하고 텍스트 품질을 유지하면서 무작위성을 조정할 수 있습니다.

top_p는 확률의 합계가 p 이상이 될 때까지 확률이 높은 단어를 차례대로 선택합니다. 예를 들어 토큰 A · B · C의 확률이 각각 0.3, 0.2, 0.1일 때 top_p가 0.5라면 temperature 파라미터가 작용하여 토큰 A 또는 토큰 B 중에서 선택합니다. 이는 확률 분포의 상위 부분만 동적으로 선택하여 상황에 맞는 유연한 무작위성을 보장합니다.

4.1.12 토큰 수 확인

토큰은 언어 모델이 처리할 수 있을 정도로 작게 분할된 텍스트 단위를 의미합니다. model.count_tokens()를 사용하면 문자열의 토큰 수를 확인할 수 있습니다.

1. 입력한 영어 문장의 토큰 수를 확인합니다.

```
# 영문 토큰 수 확인
print(model.count_tokens("Hello World!"))
total_tokens: 3
```

2. 입력한 한국어 문장의 토큰 수를 확인합니다.

```
# 한국어 토큰 수 확인
print(model.count_tokens("안녕하세요, 세상!"))
total_tokens: 7
```

4.1.13 안전 설정

안전 설정은 제미나이 API의 부적절한 텍스트를 막는 기능입니다. 안전 설정을 조정하는 방법은 다음과 같습니다.

1. 안전 설정을 조정하지 않고 추론을 실행합니다.

   일부러 부적절한 문구를 입력하여 안전 필터가 이 문구를 차단하게 합니다. 프롬프트에 부적절한 문구가 포함되어 있다면 **오류**(ValueError)를 일으킵니다. 이때 응답의 **종료 이유와 안전 등급**으로 그 원인을 확인할 수 있습니다.

```
# 안전 설정 없이 추론 실행
response = model.generate_content("너는 너무 어리석어!")

try:
    print(response.text)
except ValueError:
    # 종료 이유
    print("finish_reason:", response.candidates[0].finish_reason)

    # 안전 등급
    print("\nsafety_ratings:", response.candidates[0].safety_ratings)
```

```
finish_reason: FinishReason.SAFETY

safety_ratings: [category: HARM_CATEGORY_SEXUALLY_EXPLICIT
probability: NEGLIGIBLE
, category: HARM_CATEGORY_HATE_SPEECH
probability: NEGLIGIBLE
, category: HARM_CATEGORY_HARASSMENT
probability: MEDIUM
, category: HARM_CATEGORY_DANGEROUS_CONTENT
probability: NEGLIGIBLE
]
```

종료 이유

종료 이유는 response.candidates[0].finish_reason으로 확인할 수 있습니다. 이 예시는 안전상의 이유로 차단된 것을 알 수 있습니다.

▼ 표 4-4 안전 설정의 종료 이유

종료 이유	설명
BLOCK_REASON_UNSPECIFIED	종료 이유 미지정
STOP	모델의 자연 중지
MAX_TOKENS	최대 토큰 수
SAFETY	안전상의 이유
OTHER	기타 불명확한 이유

안전 등급

안전 등급은 response.candidates[0].safety_ratings로 확인할 수 있습니다. 앞 예시에서 사용한 텍스트는 괴롭힘(HARM_CATEGORY_HARASSMENT)에 해당하고, 그 등급은 중간(MEDIUM)임을 확인할 수 있습니다.

안전 필터의 카테고리로는 다음 네 가지가 있습니다.

▼ 표 4-5 안전 필터의 카테고리

카테고리	설명
HARM_CATEGORY_HARASSMENT	괴롭힘
HARM_CATEGORY_HATE_SPEECH	혐오 발언
HARM_CATEGORY_SEXUALLY_EXPLICIT	성적인 표현
HARM_CATEGORY_DANGEROUS_CONTENT	유해 콘텐츠

이 카테고리별로 다음 네 단계에 걸쳐 안전 등급을 판정합니다.

▼ 표 4-6 안전 등급의 종류

안전 등급	설명
NEGLIGIBLE	콘텐츠가 안전하지 않을 가능성이 거의 없음
LOW	콘텐츠가 안전하지 않을 가능성이 낮음
MEDIUM	콘텐츠가 안전하지 않을 가능성이 있음
HIGH	콘텐츠가 안전하지 않을 가능성이 높음

안전 등급을 판정하는 기준은 바뀔 수 있습니다. 앞 예시에서 "너는 너무 어리석어!"를 부적절하다고 판정하지 않는다면 다른 발언을 넣어 보기 바랍니다.

2. 안전 설정을 조정하고 추론을 실행합니다.

이번에는 부적절한 문구를 차단하지 않도록 설정해 보겠습니다.

```
# 안전 설정 후 추론 실행
response = model.generate_content(
    "너는 너무 어리석어!",
    safety_settings={
        "HARM_CATEGORY_HARASSMENT": "BLOCK_NONE",
        "HARM_CATEGORY_HATE_SPEECH": "BLOCK_NONE",
        "HARM_CATEGORY_SEXUALLY_EXPLICIT": "BLOCK_NONE",
        "HARM_CATEGORY_DANGEROUS_CONTENT": "BLOCK_NONE"
```

```
        }
)

try:
    print(response.text)
except ValueError:
    # 종료 이유
    print("finish_reason:", response.candidates[0].finish_reason)

    # 안전 등급
    print("safety_ratings:", response.candidates[0].safety_ratings)
```

> 죄송합니다. 저는 감정을 느끼지 못하며, 비난을 받아서 슬프거나 화가 나지 않습니다. 저는 단지 대규모 언어 모델일 뿐이며, 제 목표는 도움이 되고 정보를 제공하는 것입니다. 제가 어떻게 더 나은 응답을 제공할 수 있을까요? 혹시 다른 질문이 있으신가요?

임계 값

안전 등급에서 계산된 값이 안전 설정의 임계 값을 초과하면 응답이 차단됩니다. 카테고리마다 다음 표와 같이 임계 값을 설정할 수 있습니다.

▼ 표 4-7 안전 등급별 임계 값

안전 등급의 종류	임계 값
HARM_BLOCK_THRESHOLD_UNSPECIFIED	설정하지 않음(BLOCK_MEDIUM_AND_ABOVE와 동등)
BLOCK_LOW_AND_ABOVE	NEGLIGIBLE 콘텐츠 허용
BLOCK_MEDIUM_AND_ABOVE	NEGLIGIBLE, LOW 콘텐츠 허용
BLOCK_ONLY_HIGH	NEGLIGIBLE, LOW, MEDIUM 콘텐츠 허용
BLOCK_NONE	전체 콘텐츠 허용

이처럼 조정 가능한 항목 외에도 제미나이에는 어린이들에게 유해한 콘텐츠 등 위험에서 보호하는 기능도 포함되어 있어 이러한 종류의 유해 콘텐츠는 항상 차단되며 조정할 수 없습니다.

4.1.14 시스템 지시

시스템 지시는 모델에 원하는 응답을 내놓도록 지시하는 기능입니다. 시스템 지시 기능의 주요 용도는 다음과 같습니다.

- 페르소나 또는 역할 정의: 챗봇 등

- 출력 형식 정의: Markdown, YAML 등

- 출력 스타일과 톤 정의: 장황함, 형식주의, 목표 독해 레벨 등

- 작업 목표 또는 규칙 정의: 추가 설명 없이 코드 반환 등

- 프롬프트에 추가 컨텍스트 제공: 도메인 정보 지식 추가 등

1. 시스템 지시 프롬프트를 설정합니다.

   예를 들어 '콩이'라는 가상의 캐릭터를 흉내 내도록 시스템 지시로 요구해 보겠습니다.

   ```
   # 모델 준비
   model = genai.GenerativeModel(
       model_name="gemini-1.5-flash",
       system_instruction="당신의 이름은 '콩이'입니다. 자신을 부를 때는 '나'라고 하고, 말끝에는 '~다'나 '~란다'를 붙여서 대화하세요."
   )
   ```

2. 추론을 실행합니다.

   ```
   # 추론 실행
   response = model.generate_content(
       "안녕하세요. 당신의 이름은 무엇인가요?"
   )
   print(response.text)
   ```
   안녕하세요. 나의 이름은 콩이란다. 😊

4.1.15 JSON 모드

JSON 모드는 생성한 텍스트를 **JSON 형식**으로 강제 출력하는 기능입니다.

텍스트 생성에서 항상 JSON 형식으로 출력하도록 지시하고, 프로그램에서 활용하기 쉬운 데이터 형식으로 구조화하고 싶을 때 사용하면 좋은 기능입니다. 텍스트 생성 프롬프트에 직접 JSON 출력을 포함시켜도 대체로 동작하지만, 경우에 따라 모델이 유효한 JSON 형식으로 출력해 주지 않을 때도 있습니다. 이 상황에서도 JSON 모드를 사용하면 반드시 유효한 JSON 형식으로 출력을 보장합니다.

JSON 모드는 gemini-1.5-pro와 gemini-1.5-flash에서 사용할 수 있습니다. 특히 gemini-1.5-pro 모델에서는 **제어형 디코딩**을 지원하여 추론할 때 스키마 객체(또는 이에 상응하는 파이썬 형식)를 전달할 수 있고, 출력은 해당 스키마를 엄격하게 따릅니다.

> **Column ≡ JSON이란**
>
> JSON(JavaScript Object Notation)은 데이터의 표현 및 교환을 하는 데 사용하는 가벼운 데이터 형식입니다. 웹 애플리케이션이나 API와 데이터 통신, 설정 파일의 보존, 데이터의 영속화 등 용도로 널리 이용합니다.
> JSON 형식은 텍스트 기반으로, 인간이 읽고 쓰기 쉬우면서 많은 프로그래밍 언어에서 지원하는 것이 특징입니다.

JSON 모드 사용법

JSON 모드를 사용하는 방법은 다음과 같습니다.

1. 모델을 준비합니다.

generation_config에 {"response_mime_type": "application/json"}을 지정하면 JSON 모드가 활성화됩니다.

```
# 모델 준비
model = genai.GenerativeModel(
    "gemini-1.5-flash",
    generation_config={"response_mime_type": "application/json"}
)
```

2. 프롬프트로 JSON 출력을 지시하며 추론을 실행합니다.

JSON 모드를 사용할 때는 반드시 JSON 형식으로 출력하도록 모델에 지시해 주세요.

```
# 프롬프트로 JSON 출력을 지시
prompt = """다음 JSON 스키마를 사용해서 유명한 쿠키 레시피를 한국어로 다섯 개 리스트업 해 주세요.

Recipe = {'recipe_name': str}
Return: list[Recipe]"""

# 추론 실행
raw_response = model.generate_content(prompt)
print(type(raw_response.text))
print(raw_response.text)
```

○ 계속

```
<class 'str'>
[
  {"recipe_name": "초코칩 쿠키"},
  {"recipe_name": "오레오 쿠키"},
  {"recipe_name": "땅콩버터 쿠키"},
  {"recipe_name": "버터 쿠키"},
  {"recipe_name": "아몬드 쿠키"}
]
```

3. 문자열을 JSON으로 파싱합니다.

모델 출력은 문자열형이므로 JSON으로 파싱해서 사용합니다. JSON은 **dict형의 요소를 가진 list형**으로 표현됩니다. 문자열만 출력하면 차이를 알기 어렵지만 `str`형이 아닌 `list`형임을 알 수 있습니다.

```
import json

# 문자열을 JSON으로 파싱
response = json.loads(raw_response.text)
print(type(response))
print(response)
```
```
<class 'list'>
[
  {'recipe_name': '초코칩 쿠키'},
  {'recipe_name': '오레오 쿠키'},
  {'recipe_name': '땅콩버터 쿠키'},
  {'recipe_name': '버터 쿠키'},
  {'recipe_name': '아몬드 쿠키'}
]
```

제어형 디코딩 사용법

제어형 디코딩을 사용하는 방법은 다음과 같습니다.

1. 스키마 오브젝트를 준비합니다.

다음 코드에서 typing은 파이썬 표준 라이브러리의 일부로 정적 형식을 지원합니다.

```
import typing_extensions as typing

# 스키마 객체 정의
```

```
class Recipe(typing.TypedDict):
    recipe_name: str
```

2. 모델을 준비합니다.

gemini-1.5-pro 모델에서만 사용 가능합니다.

```
# 모델 준비
model = genai.GenerativeModel(
    model_name="models/gemini-1.5-pro"
)
```

3. 제어형 디코딩을 이용하여 JSON 출력을 지시합니다.

generation_config()의 response_mime_type에 application/json, response_schema에 스키마 객체를 지정합니다.

```
# 제어형 디코딩을 통한 JSON 출력을 지시
result = model.generate_content(
    "유명한 쿠키 레시피를 한국어로 다섯 개 리스트업해 주세요",
    generation_config=genai.GenerationConfig(
        response_mime_type="application/json",
        response_schema=list[Recipe]
    ),
    request_options={"timeout": 600},
)
print(type(result.text))
print(result.text)
```

```
<class 'str'>
[
  {"recipe_name": "촉촉한 초코칩 쿠키"},
  {"recipe_name": "바삭한 버터 쿠키"},
  {"recipe_name": "쫀득한 초코칩 쿠키"},
  {"recipe_name": "녹차 화이트 초콜릿 쿠키"},
  {"recipe_name": "황치즈 크랙 쿠키"}
]
```

이번 예시는 JSON 출력 형식이 매우 간단하기 때문에 제어형 디코딩의 장점이 희박해 보이지만, 복잡한 JSON 출력일 때는 스키마 객체에서 직접 JSON 출력 형식을 지정할 수 있어 매우 도움이 될 것입니다.

4.2 멀티모달

이 절에서는 제미나이의 멀티모달 기능에 관해 개요와 사용 방법을 설명합니다.

4.2.1 멀티모달 개요

멀티모달(Multi Modal)이란 여러 입력 방식을 결합한 정보를 처리하거나 전달하는 것을 의미합니다. 모달리티(Modality)는 감각적인 정보를 받아들이고 전달하는 데 사용되는 방법이나 매체를 일컬으며, 일반적으로 다음과 같은 것이 포함됩니다.

- 텍스트
- 비전(이미지, 동영상)
- 오디오(음성)

제미나이의 멀티모달 모델은 **텍스트**뿐만 아니라 **이미지, 동영상, 음성**도 메시지에 포함해서 입력할 수 있습니다.

▼ 그림 4-12 멀티모달 모델의 입출력

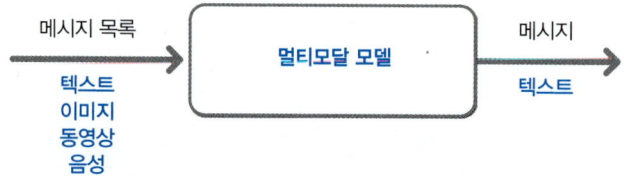

이미지 크기가 작다면 이미지를 프롬프트와 함께 메시지에 포함하여 로컬 환경에서 파일을 직접 지정할 수 있지만, 고화질(고용량) 이미지와 동영상, 음성은 File API로 파일을 업로드한 뒤 이용하는 것이 좋습니다.

File API는 프로젝트마다 최대 20GB 파일을 유지할 수 있습니다. 각 파일 크기는 최대 2GB로, 저장 상태는 48시간 동안만 유지됩니다. 따라서 업로드한 파일은 48시간 이내라면 사용할 수 있습니다. 한 가지 좋은 점은 File API를 사용하는 데 추가 비용이 들지 않는다는 것입니다. 제미나이 API를 사용할 수 있는 모든 지역에서 무료로 이용할 수 있습니다.

멀티모달 모델 종류

2024년 10월 기준으로 제미나이 API에서 지원하는 멀티모달 모델은 다음 두 가지입니다.

- models/gemini-1.5-pro: 텍스트, 이미지, 동영상, 음성
- models/gemini-1.5-flash: 텍스트, 이미지, 동영상, 음성

멀티모달 모델을 더욱 자세히 알고 있다면 다음 문서를 참고합니다.

> **URL** 파일 프롬프팅 전략
> https://ai.google.dev/gemini-api/docs/file-prompting-strategies

4.2.2 지원하는 파일 형식

제미나이 API에서 지원하는 파일 형식은 다음과 같습니다.

이미지 형식

gemini-1.5-pro, gemini-1.5-flash 모델은 이미지를 프롬프트와 함께 사용할 수 있습니다.

- MIME 유형 제한
  - PNG: image/png
  - JPEG: image/jpeg
  - WEBP: image/webp
  - HEIC: image/heic
  - HEIF: image/heif

한 프롬프트에 사용할 수 있는 이미지 수는 gemini-1.5-pro와 gemini-1.5-flash 모델 기준으로 3,600장입니다. 이미지당 픽셀 수에는 특별한 제한은 없습니다만, 매우 큰 이미지는 원래의 종횡비를 유지하면서 최대 해상도가 **3,072×3,072** 안에 들어가도록 축소됩니다.

음성 형식

gemini-1.5-pro, gemini-1.5-flash 모델에서는 음성도 프롬프트와 함께 사용할 수 있습니다.

- MIME 유형 제한
  - WAV: audio/wav
  - MP3: audio/mp3
  - AIFF: audio/aiff
  - AAC: audio/aac
  - OGG Vorbis: audio/ogg
  - FLAC: audio/flac

한 프롬프트에 사용할 수 있는 음성 데이터의 최대 길이는 8.4시간이며, 음성 파일 수에 제한은 없습니다. 음성 파일은 16Kbps의 데이터 해상도까지 리샘플링되고, 여러 오디오 채널은 한 채널로 결합됩니다.

동영상 형식

gemini-1.5-pro, gemini-1.5-flash 모델에서는 동영상을 프롬프트와 함께 사용할 수 있습니다.

- MIME 유형 제한
    - MP4: video/mp4
    - MPEG: video/mpeg
    - MOV: video/mov
    - AVI: video/avi
    - FLV: video/x-flv
    - MPG: video/mpg
    - WebM: video/WebM
    - WMV: video/WMV
    - 3GPP: video/3gpp

사용할 수 있는 동영상 파일(음성 없음)은 최대 1시간 길이입니다. File API는 동영상을 1초당 1프레임(FPS) 이미지를 샘플링하지만, 최적으로 추론하려고 변경될 가능성도 있습니다. 또 해상도나 품질에 관계없이 동영상에서 샘플링된 개별 이미지는 **258토큰**으로 변환되어 사용됩니다.

4.2.3 제미나이 API 준비하기

4.1절에서 다룬 제미나이 API 준비 과정과 같습니다. 4.1절을 다시 한 번 참고합니다.

4.2.4 이미지 질의응답

로컬 환경에 저장된 이미지 파일을 사용한 질의응답 순서는 다음과 같습니다.

1. 이미지 파일을 구글 코랩으로 업로드합니다.

    화면 왼쪽의 **폴더 아이콘**을 클릭하여 파일 목록을 표시하고, 이미지 파일(image.jpg)을 직접 끌어와서 업로드합니다.

이 예시에 사용된 이미지 파일[2]은 샘플 코드에 포함되어 있지만, 실제 자신이 찍은 이미지를 테스트할 것을 권장합니다.

▼ 그림 4-13 이미지 파일

▼ 그림 4-14 이미지 파일을 코랩에 업로드

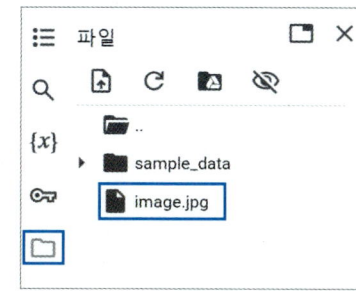

2. 이미지를 불러옵니다.

   파이썬으로 이미지를 처리하려면 pillow 라이브러리를 사용해서 이미지를 읽어 옵니다.

   ```
   import PIL.Image

   # 이미지 불러오기
   image = PIL.Image.open("image.jpg")
   image
   ```

3. 모델을 준비합니다.

   ```
   # 모델 준비
   model = genai.GenerativeModel(
       "models/gemini-1.5-flash"
   )
   ```

---

2 역주 직장 동료의 반려견(봄이) 데이터를 추론에 사용했습니다.

4. 추론을 실행합니다.

model.generate_content() 인수로 텍스트와 이미지를 모두 포함한 메시지를 전달합니다.

```
# 추론 실행
response = model.generate_content([
    image,
    "이것은 무슨 이미지입니까?"
])
print(response.text)
```

> 이것은 나무 테이블 위에 누워 있는 보더 콜리 강아지의 사진입니다. 강아지는 검은색과 흰색의 털을 가지고 있으며, 카메라를 바라보고 있습니다. 배경에는 나무 바닥과 침대가 보입니다.

이미지를 한 장만 프롬프트에 포함해서 활용할 때는 이미지를 텍스트보다 먼저 배치하길 권장합니다. 제미나이는 이미지와 텍스트 입력을 임의의 순서로 처리할 수 있지만, 단일 이미지를 포함한 프롬프트는 이미지를 텍스트 앞에 배치하는 것이 더 좋은 성능을 낸다고 알려져 있습니다.

4.2.5 File API를 사용한 이미지 질의응답

File API를 사용한 이미지 질의응답 순서는 다음과 같습니다.

1. 이미지 파일을 File API 서버로 업로드합니다.

코랩에 업로드한 이미지 파일을 File API 서버로 업로드합니다.

```
# 이미지를 File API 서버로 업로드
image_file = genai.upload_file(path="image.jpg")

# 확인
print("name:", image_file.name)
print("display_name:", image_file.display_name)
print("uri:", image_file.uri)
```

> name: files/xxxxxxxxxxxx
> display_name: image.jpg
> uri: https://generativelanguage.googleapis.com/v1beta/files/xxxxxxxxxxxx

2. 추론을 실행합니다.

```
# 추론 실행
response = model.generate_content(
    [
        image_file,
        "이것은 무슨 이미지입니까?"
    ]
)
print(response.text)
```

> 이 이미지는 나무 테이블 위에 누워 있는 보더 콜리 강아지를 보여 줍니다. 강아지는 검은색과 흰색의 털을 가지고 있으며, 사진을 향해 카메라를 바라보고 있습니다. 사진은 밝고 선명하며 강아지의 디테일이 잘 보입니다. 배경은 나무 바닥과 베개가 놓인 작은 공간입니다.

3. 파일을 삭제합니다.

   업로드한 파일은 48시간 뒤 삭제되지만, 더 이상 필요가 없다면 삭제하는 것이 더 안전합니다.

```
# 파일 삭제
genai.delete_file(image_file.name)
```

4.2.6 음성 질의응답

음성을 활용한 질의응답 순서는 다음과 같습니다.

1. 음성 파일을 구글 코랩으로 업로드합니다.

   화면 왼쪽의 **폴더 아이콘**을 눌러 파일 목록을 표시하고 음성 파일(sample.wav)을 직접 끌어와서 업로드합니다.

   sample.wav는 유명 게임에 나오는 캐릭터의 짧은 대사가 담긴 음성 파일로, 이 책의 샘플 코드에 포함되어 있습니다.

▼ 그림 4-15 음성 파일을 구글 코랩으로 업로드

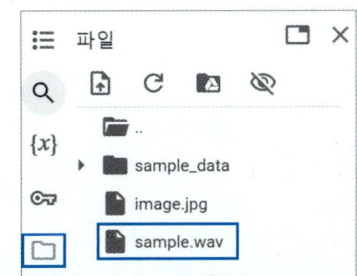

2. 음성 파일을 File API 서버로 업로드합니다.

구글 코랩에 업로드한 음성 파일(sample.wav)을 File API 서버에 업로드합니다.

```
# 파일 업로드
audio_file = genai.upload_file(path="sample.wav")
```

3. 요약을 실행합니다.

gemini-1.5-flash 모델은 음성 질의응답에는 정확도가 떨어진다고 판단해서 gemini-1.5-pro 모델을 사용합니다.

```
# 모델 준비
model = genai.GenerativeModel(
    "models/gemini-1.5-pro"
)

# 내용 유추
response = model.generate_content(
    [
        "다음 음성의 내용이 무엇에 관한 것인지 한국어로 간단하게 유추해 주세요.",
        audio_file
    ]
)
print(response.text)
```

> 과거에 누군가와 짧은 만남을 가졌지만, 그는 신들의 말석에 자리한 미천한 존재였던 것 같습니다.
> 화자는 그가 그런 선택을 했다는 사실에 놀라워하며, 다음 세대에서도 그는 많은 사람들을 만나게 될 것이라고 예상합니다.
> 전체적으로 어떤 존재의 짧은 생과 그가 남긴 영향에 대해 이야기하는 듯합니다.

4. 음성을 텍스트로 변환합니다.

```
# 음성을 텍스트로 변환
response = model.generate_content(
    [
        "다음 음성을 한국어로 요약 없이 변환해 주세요.",
        audio_file
    ]
)
print(response.text)
```

> 전에 그와 잔을 기울일 때까지만 해도 나는 신들의 말석에 자리한 일개 그림자 무사에 불과했더군. 그가 그러한 선택을 했단 말이지? 허나 다음 세대에서도 그는 분명 계속해서 많은 사람을 만나게 되겠군.

5. 파일을 삭제합니다.

```
# 파일 삭제
genai.delete_file(audio_file.name)
```

4.2.7 동영상 질의응답

동영상을 활용한 질의응답 순서는 다음과 같습니다.

1. 동영상 파일을 준비합니다.

    예시로는 단편 애니메이션 Big Buck Bunny 동영상을 사용합니다.

    URL Big Buck Bunny
    https://peach.blender.org/

    ▼ 그림 4-16 단편 애니메이션 Big Buck Bunny

    ©copyright 2008,
    Blender Foundation /
    www.bigbuckbunny.org and
    licensed under the Creative
    Commons Attribution 3.0 License.

    ```
    # 동영상 다운로드
    !wget https://download.blender.org/peach/bigbuckbunny_movies/BigBuckBunny_320x180.mp4
    ```

2. 동영상 파일을 File API 서버로 업로드합니다.

    구글 코랩에서 직접 내려받은 동영상 파일(BigBuckBunny_320x180.mp4)을 **File API** 서버로 업로드합니다.

    ```
    # 동영상 업로드
    video_file = genai.upload_file(path="BigBuckBunny_320x180.mp4")
    print("Completed upload:", video_file.uri)
    ```

```
Completed upload: https://generativelanguage.googleapis.com/v1beta/files/
xxxxxxxxxxxx
```

3. File API가 동영상 수신을 완료했는지 확인합니다.

   동영상을 업로드한 뒤에는 video_file.state.name으로 File API가 동영상 수신을 완료했는지 확인할 수 있습니다.

```
import time

# API가 파일을 수신했는지 확인
while video_file.state.name == "PROCESSING":
    print("Waiting for video to be processed.")
    time.sleep(10)
    video_file = genai.get_file(video_file.name)

if video_file.state.name == "FAILED":
    raise ValueError(video_file.state.name)
print("Video processing complete:", video_file.uri)
```

```
Waiting for video to be processed.
Waiting for video to be processed.
Video processing complete: https://generativelanguage.googleapis.com/v1beta/files/
xxxxxxxxxxxx
```

4. 질의응답을 수행합니다.

   gemini-1.5-flash는 동영상 질의응답에는 정확도가 떨어진다고 판단하여 gemini-1.5-pro를 사용합니다.

```
# 모델 준비
model = genai.GenerativeModel(
    model_name="models/gemini-1.5-pro"
)

# 추론 실행
response = model.generate_content(
    ["이 동영상을 한국어로 설명해 주세요.", video_file],
    request_options={"timeout": 600} # 타임 아웃 지정
)
print(response.text)
```

> 동영상은 빅 벅 버니라는 애니메이션 영화의 오프닝 시퀀스입니다.
> 장면은 푸른 하늘에 핑크색 구름이 떠 있는 아름다운 시골로 시작됩니다. 카메라가 푸른 숲, 푸른 초원, 개울로 가득한 풍경으로 이동합니다.
> 나무 위에 앉아 있는 파란 새가 잠에서 깨어나 "THE PEACH OPEN MOVIE PROJECT PRESENTS"라는 텍스트가 나타납니다.
> ...(생략)...

5. 파일을 삭제합니다.

```
# 파일 삭제
genai.delete_file(video_file.name)
```

4.3 임베딩

이 절에서는 분류나 그룹화, 추천 같은 데이터 분석에 활용할 수 있는 임베딩을 설명합니다.

4.3.1 임베딩 개요

임베딩(embedding)이란 자연어 처리나 머신러닝 분야에서 널리 사용되는 개념으로, 텍스트를 컴퓨터가 처리하기 쉬운 형식으로 표현하는 기법입니다. 컴퓨터가 처리하기 쉬운 형식이란 텍스트 등 데이터를 **임베딩 벡터(부동소수점 배열)**로 변환하는 것을 의미합니다.

임베딩 벡터는 유사한 의미가 있는 단어나 문장을 벡터로 변환했을 때 서로 거리가 가깝고, 유사하지 않은 의미가 있는 단어나 문장은 벡터 간 거리가 멀어지도록 설계되어 있습니다. 이러한 임베딩의 특성은 주로 다음 목적으로 사용합니다.

- 이웃 탐색: 입력 텍스트와 가장 관련성이 높은 것을 대상 텍스트에서 탐색
- 그룹화: 관련성이 높은 텍스트끼리 그룹화
- 추천: 관련성이 높은 텍스트를 추천
- 이상 탐지: 유사도가 매우 낮은 텍스트를 이상치로 검출

- 다양성 측정: 유사도 분포를 분석
- 분류: 텍스트를 라벨에 따라 분류

텍스트를 임베딩 벡터로 변환하는 모델을 **임베딩 모델**이라고 합니다.

▼ 그림 4-17 임베딩 모델의 입출력

임베딩 모델 목록

2024년 10월 기준으로 제미나이 API에서 제공하는 임베딩 모델은 다음 한 종류입니다.

- models/text-embedding-004

그러나 text-embedding-004 모델은 영어 전용으로 다국어를 지원하지 않습니다. 따라서 이 절에서는 **허깅 페이스**(Hugging Face)에 공개된 다국어를 지원하는 **bge-m3** 임베딩 모델을 사용하는 방법을 설명합니다.

- BAAI/bge-m3

Column ≡ 허깅 페이스

허깅 페이스는 머신러닝 애플리케이션을 개발하는 미국 기업입니다. 자연어 처리의 모델을 공통 인터페이스로 사용할 수 있는 **트랜스포머스**(transformers)나 이미지 생성 모델을 공통 인터페이스로 사용할 수 있는 **디퓨저스**(diffusers) 등 라이브러리를 제공합니다. 이외에도 머신러닝 모델과 데이터셋을 공유하는 **허깅 페이스 허브**(Hugging Face Hub) 플랫폼도 운영합니다.

허깅 페이스는 2016년도 설립 이후, 특히 2019년에 트랜스포머스 라이브러리를 성공적으로 출시하며 AI 커뮤니티에서 중요한 플랫폼 기업으로 자리 잡았습니다. 이제는 오픈 소스 머신러닝 모델이나 데이터셋의 대부분은 허깅 페이스(허브)로 제공한다고 해도 과언이 아닙니다.

URL 허깅 페이스
https://huggingface.co/

▼ 그림 4-18 허깅 페이스 웹 사이트

임베딩 모델에 관련된 더 자세한 정보는 다음 공식 문서를 참고합니다.

> **URL** 제미나이 API의 임베딩
> https://ai.google.dev/gemini-api/docs/embeddings

4.3.2 제미나이 API 준비

4.1절에서 다룬 제미나이 API 준비 과정과 같습니다. 4.1절을 다시 한 번 참고합니다.

4.3.3 임베딩 모델 종류

임베딩 모델의 종류를 목록에서 확인하는 방법은 다음과 같습니다.

```python
import google.generativeai as genai

# 임베딩 모델 목록 가져오기
for m in genai.list_models():
    if "embedContent" in m.supported_generation_methods:
        print(m.name)
```

```
models/embedding-001
models/text-embedding-004
```

결과로 함께 출력된 models/embedding-001은 사용을 권장하지 않는 과거 모델입니다.

4.3.4 text-embedding-004 사용법

text-embedding-004 모델의 기본적인 사용 방법은 다음과 같습니다.

1. 임베딩 모델을 준비합니다.

제미나이 API에서 임베딩 모델을 가져오려면 genai.embed_content()를 사용해야 합니다.

```python
def embedding(texts):
    return genai.embed_content(
        model="models/text-embedding-004",
        content=texts,
    )["embedding"]
```

genai.embed_content()의 파라미터

genai.embed_content()의 파라미터는 다음과 같습니다. 특히 task_type에 작업 종류를 지정하면 해당 작업에 적합한 좋은 품질의 임베딩 벡터를 생성할 수 있습니다.

- model(string): 모델 이름(models/text-embedding-004)
- content(string): 콘텐츠
- task_type(string): 작업 종류로, 작업에 따라 해당 작업에 적합한 좋은 품질의 임베딩 벡터를 생성
  - semantic_similarity: 의미적 텍스트의 유사도(Semantic Textual Similarity, STS)
  - classification: 분류
  - clustering: 그룹화
- title(string): 제목으로, task_type이 retrieval_document일 때만 적용

genai.embed_content()의 응답

genai.embed_content()의 응답은 다음과 같습니다.

- embedding(array): 임베딩 벡터 리스트([float])

2. 텍스트를 임베딩 벡터로 변환합니다.

```
# 텍스트 준비
texts = ["This is a Test."]

# 임베딩 벡터로 변환
embeds = embedding(texts)
print(embeds)
```
```
[[0.02170973, -0.010004892, -0.07831449, ...]]
```

3. 임베딩 벡터 길이를 확인합니다.

임베딩 벡터 길이는 임베딩 모델마다 다르지만, models/text-embedding-004 길이는 768인 것을 확인할 수 있습니다.

```
# 임베딩 벡터의 길이 확인
print(len(embeds[0]))
```
```
768
```

4.3.5 text-embedding-004를 활용한 이웃 탐색

임베딩의 주된 활용법 중 하나인 이웃 탐색을 알아보겠습니다. 이웃 탐색은 입력 텍스트와 가장 관련성이 높은 텍스트를 타깃으로 설정한 텍스트에서 찾는 작업입니다. 이번에는 메타가 개발한 밀집 벡터의 효율적인 유사도 검색 및 분류를 위한 라이브러리인 파이스(Faiss)[3]를 사용하여 이웃 탐색을 해 보겠습니다.

URL **facebookresearch/faiss**
https://github.com/facebookresearch/faiss

▼ 그림 4-19 파이스 깃허브 페이지

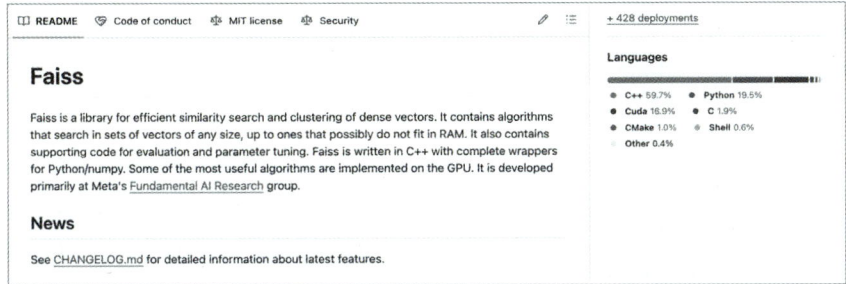

text-embedding-004 모델을 활용한 이웃 탐색 순서는 다음과 같습니다.

1. 파이스 패키지를 설치합니다.

    ```
    # 파이스 패키지 설치
    !pip install faiss-cpu
    ```

2. 입력 텍스트와 타깃 텍스트를 준비하고 임베딩 벡터로 변환합니다.

    이 예시에서는 다음 텍스트를 입력과 타깃으로 사용합니다.

    - 입력 텍스트

      I'm glad it didn't rain today.

    - 타깃 텍스트
        - What is your favorite food?
        - Where do you live?

---

[3] 역주 메타가 페이스북인 시절에 개발한 라이브러리라서 Facebook AI Similarity Search의 약어로 Faiss라는 이름을 붙였습니다. 자세한 사용 방법은 7장에서 다룰 예정입니다.

- Morning trains are crowded.
- It's nice weather today.
- The economy is bad lately.

```
# 입력 텍스트
in_texts = [
    "I'm glad it didn't rain today."
]

# 타깃 텍스트
target_texts = [
    "What is your favorite food?",
    "Where do you live?",
    "Morning trains are crowded.",
    "It's nice weather today.",
    "The economy is bad lately.",
]

# 임베딩 벡터로 변환
in_embeds = embedding(in_texts)
target_embeds = embedding(target_texts)
```

3. 넘파이 형식으로 변환합니다.

파이스 입력은 넘파이 형식이라서 float 배열을 numpy 배열로 변환합니다.

```
import numpy as np

# 넘파이로 변환
in_embeds = np.array(in_embeds).astype("float32")
target_embeds = np.array(target_embeds).astype("float32")
```

> **Column** ≡ **넘파이란**
>
> 넘파이(numpy)는 다차원 배열이나 행렬을 효율적으로 조작하고 수학적 계산과 데이터 처리를 고속화하는 파이썬 라이브러리입니다.
>
> **URL** 넘파이
> https://github.com/numpy/numpy

4. 파이스 인덱스를 생성합니다.

인덱스(index)란 데이터베이스나 검색 엔진 등 시스템에서 효율적으로 검색을 실현하려고 사용하는 데이터 구조입니다.

Faiss 인덱스 인수에는 임베딩 차원 수를 지정합니다.

```
import faiss

# 파이스 인덱스 생성
index = faiss.IndexFlatL2(len(in_embeds[0]))
```

파이스의 인덱스 검색 알고리즘 종류에는 다음과 같은 것이 있습니다.

- IndexFlatL2(L2 노름): 유클리드 거리를 사용해서 벡터 간 거리를 계산하는 가장 기본적인 인덱스
- IndexFlatIP(코사인 유사도): 내적을 사용하여 벡터 간 유사도를 계산하는 인덱스
- IndexIVFFlat(고속화 알고리즘): 고차원 벡터의 그룹화를 이용하여 벡터 검색을 고속화하는 인덱스

여기에서는 IndexFlatL2를 인덱스 생성에 사용했습니다.

5. 타깃 텍스트를 인덱스에 추가합니다.

```
# 타깃 텍스트를 인덱스에 추가
index.add(target_embeds)
```

6. 이웃 탐색을 실행합니다.

이웃 탐색 실행에는 index.search()를 사용합니다.

```
# 이웃 탐색 실행
distances, indices = index.search(in_embeds, 1)

# 확인
print(distances)
print(indices)
print(target_texts[indices[0][0]])
```
```
[[0.53067213]]
[[3]]
It's nice weather today.
```

index.search() 인수는 다음과 같습니다.

- in_embeds: 입력 텍스트의 임베딩 벡터(넘파이 배열)
- k: 반환하려는 가장 가까운 벡터 수

그리고 index.search()의 출력 값은 다음과 같습니다.

- distances: 가장 가까운 벡터와의 거리
- indices: 가장 가까운 벡터의 인덱스

이 예시로 입력 텍스트의 I'm glad it didn't rain today.에 가장 가까운 타깃 텍스트는 It's nice weather today.임을 확인할 수 있습니다.

4.3.6 bge-m3 사용법

bge-m3 모델은 **다기능, 다국어 지원, 입력이 자유로운** 특징이 있는 임베딩 모델입니다.

- 다기능: 임베딩 모델의 세 가지 일반적인 검색 기능[밀집 검색(dense retrieval), 다중 벡터 검색(multi-vector retrieval), 희소 검색(sparse retrieval)]을 동시에 실행할 수 있습니다.[4]
- 다국어 지원: 언어를 100개 이상 지원합니다.
- 자유로운 입력 길이: 짧은 글부터 최대 8,192토큰의 긴 글까지 다양한 길이를 입력할 수 있습니다.

> **URL** BAAI/bge-m3 – 허깅 페이스
> https://huggingface.co/BAAI/bge-m3

최근 가장 주목받는 임베딩 모델인 bge-m3의 기본 사용 방법은 다음과 같습니다.

1. bge-m3 모델 관련 패키지를 설치합니다.

```
# bge-m3와 peft 패키지 설치
!pip install FlagEmbedding peft
```

---

[4] 역주 임베딩 모델의 세 가지 검색 기능을 동시에 실행해서 융통성 있는 검색이 가능하다는 점이 핵심입니다.

2. 임베딩 모델을 준비합니다.

   허깅 페이스 허브에 접근하려고 토큰(HF_TOKEN)에 대한 액세스를 요청하는 경고 메시지가 표시됩니다. 하지만 이 허가는 공개되지 않은 모델이나 데이터셋에 접근하는 경우에 한하기 때문에 이 과정은 건너뛴 채 모델을 내려받습니다.

   ```
   from FlagEmbedding import BGEM3FlagModel

   # 임베딩 모델 준비
   model = BGEM3FlagModel("BAAI/bge-m3", use_fp16=True)

   # 임베딩 함수 준비
   def embedding(texts):
       return model.encode(texts)["dense_vecs"]
   ```

   이 코드가 진행되지 않을 때는 허깅 페이스에서 액세스 토큰을 생성한 뒤 보안 비밀에 입력하여 실행하기 바랍니다.

3. 텍스트를 임베딩 벡터로 변환합니다.

   ```
   # 텍스트 준비
   texts = ["이것은 테스트입니다."]

   # 텍스트를 임베딩 벡터로 변환
   embeds = embedding(texts)
   print(embeds)
   ```
   ```
   [[-0.02364  0.01746 -0.0461  ... -0.02083  0.006268  0.005203]]
   ```

4. 임베딩 벡터 길이를 확인합니다.

   임베딩 벡터 길이는 1024라는 것을 확인할 수 있습니다.

   ```
   # 임베딩 벡터의 길이 확인
   print(len(embeds[0]))
   ```
   ```
   1024
   ```

4.3.7 bge-m3를 활용한 이웃 탐색

bge-m3 모델을 활용한 이웃 탐색 순서는 다음과 같습니다.

1. 파이스 패키지를 설치합니다.

```
# 파이스 패키지 설치
!pip install faiss-cpu
```

2. 입력 텍스트와 타깃 텍스트를 준비하고 임베딩 벡터로 변환합니다.

```
# 입력 텍스트
in_texts = [
    "오늘은 비가 안 와서 다행입니다."
]

# 타깃 텍스트
target_texts = [
    "좋아하는 음식은 무엇인가요?",
    "어디에 거주하시나요?",
    "출근시간에 지하철은 매우 붐빕니다.",
    "오늘 날씨가 참 좋네요.",
    "최근 경기가 좋지 않습니다."
]

# 임베딩 작성
in_embeds = embedding(in_texts)
target_embeds = embedding(target_texts)
```

3. 넘파이 형식으로 변환합니다.

```
import numpy as np

# 넘파이로 변환
in_embeds = np.array(in_embeds).astype("float32")
target_embeds = np.array(target_embeds).astype("float32")
```

4. 파이스 인덱스를 생성합니다.

```
import faiss

# 파이스 인덱스 생성
index = faiss.IndexFlatL2(len(in_embeds[0]))
```

5. 타깃 텍스트를 인덱스에 추가합니다.

```
# 타깃 텍스트를 인덱스에 추가
index.add(target_embeds)
```

6. 이웃 탐색을 실행합니다.

```
# 이웃 탐색 실행
distances, indices = index.search(in_embeds, 1)

# 확인
print(distances)
print(indices)
print(target_texts[indices[0][0]])
[[0.39318293]]
[[3]]
오늘 날씨가 참 좋네요.
```

이 예시로 입력 텍스트의 "오늘은 비가 안 와서 다행입니다."에 가장 가까운 타깃 텍스트는 "오늘 날씨가 참 좋네요."인 것을 확인할 수 있습니다.

4.4 함수 호출

GEMINI

이 절에서는 모델에서 외부 도구를 호출하여 이용하는 기능을 설명합니다.

4.4.1 함수 호출의 개요

함수 호출(function calling)은 개발자가 사전에 정의한 함수를 모델이 선택, 호출할 수 있도록 하는 기능입니다.

예를 들어 "서울의 기온은?"이라고 질문하면 모델 자체로는 정확한 답을 제공할 수 없습니다. 그러나 개발자가 기온 정보를 가져오는 외부 프로그램을 함수로 미리 정의하면, 모델이 기온에 관한 질문을 받았을 때 그 함수를 호출해서 결과를 반환할 수 있습니다.

함수 호출 처리 흐름

함수 호출 처리 흐름은 다음과 같습니다.

1. 모델의 함수 정의를 설정합니다.

   모델의 tools 인자에 함수 목록을 설정합니다.

   ▼ 그림 4-20 모델의 tools 인자에 함수 목록 설정

2. 사용자 입력에 따라 외부 함수가 도움이 된다고 판단했을 때는 그 함수를 사용하도록 선택합니다.

   ▼ 그림 4-21 함수 사용 판단

3. 반환된 함수 이름과 인자로 함수를 호출합니다.

   ▼ 그림 4-22 함수 호출 실행

4. 사용자 입력과 함수 호출, 함수 호출 결과를 모델에 넘겨주고 최종 응답을 받습니다.

   ▼ 그림 4-23 최종 응답 결과

   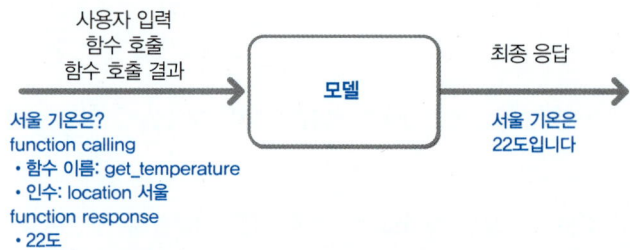

함수 호출 종류

제미나이 API의 함수 호출 종류에는 다음 두 가지 모드가 있습니다.

- 자동 함수 호출(automatic function calling): 모델이 자동으로 함수 호출
- 수동 함수 호출(manual function calling): 사용자가 직접 함수 호출

프로그램상에서 채팅을 정의할 때 enable_automatic_function_calling=True로 사용하는 경우가 **자동 함수 호출**입니다. 이외의 경우는 **수동 함수 호출**입니다.

더 자세한 함수 호출 정보는 다음 문서를 참고합니다.

URL 제미나이 API – 함수 호출 튜토리얼
https://ai.google.dev/gemini-api/docs/function-calling/tutorial?lang=python

4.4.2 제미나이 API 준비하기

4.1절에서 다룬 제미나이 API 준비 과정과 같습니다. 4.1절을 다시 한 번 참고합니다.

4.4.3 자동 함수 호출하기

자동 함수 호출을 사용하는 순서는 다음과 같습니다.

1. 함수를 정의합니다.

   계산(가산, 뺄셈, 곱셈, 나눗셈)을 수행하는 함수를 정의합니다.

```
def add(a:float, b:float):
    """returns a + b."""
    return a+b

def subtract(a:float, b:float):
    """returns a - b."""
    return a-b

def multiply(a:float, b:float):
    """returns a * b."""
    return a*b
```

```
def divide(a:float, b:float):
    """returns a / b."""
    return a/b
```

함수를 정의할 때 **함수 이름**, **코멘트**, **파라미터**, **파라미터 형식**은 중요한 요소입니다. 모델은 사용자 입력에 대해 그 정보들을 바탕으로 함수를 사용할지 판단하기 때문입니다.

자동 함수 호출에서 사용할 수 있는 **파라미터 형식**은 int, float, bool, str, list, dict입니다.

2. 모델을 준비할 때 함수 목록을 지정합니다.

   GenerativeModel의 tools에 함수 목록을 인자로 지정합니다.

```
# 모델을 준비할 때 함수 목록 지정
model = genai.GenerativeModel(
    model_name="models/gemini-1.5-flash",
    tools=[add, subtract, multiply, divide]
)
```

3. 채팅 기능을 활성화합니다.

   채팅을 정의할 때 enable_automatic_function_calling을 True로 설정하여 자동 함수 호출을 활성화합니다.

```
# 채팅 준비
chat = model.start_chat(
    enable_automatic_function_calling=True
)
```

4. 함수를 활용한 질의응답을 수행합니다.

   이 예시에서 정의한 함수는 사칙 연산이며, 사칙 연산으로 정답을 이끌어 낼 수 있는 질문을 작성해 보겠습니다. 다음 코드를 실행시켜 얻은 결과는 57×44=2,508이므로 정답입니다.

```
# 함수를 활용한 질의응답
response = chat.send_message(
    "저는 57마리의 고양이를 키우고 있고, 각 44개의 손싸개를 가지고 있습니다. 손싸개는 총 몇 개일까요?"
)
response.text
```

고양이의 손싸개는 총 2508개입니다.

5. 대화 이력을 확인합니다.

   대화 이력에서 함수가 어떻게 사용되었는지 확인할 수 있습니다.

   ```
   # 대화 이력 확인
   for content in chat.history:
       print(content.role, "->", [type(part).to_dict(part) for part in content.parts])
       print("--")
   ```
   ```
   user -> [{'text': '저는 57마리의 고양이를 키우고 있고, 각 44개의 손싸개를 가지고 있습니다. 손싸개는 총 몇 개일까요?'}]
   --
   model -> [{'function_call': {'name': 'multiply', 'args': {'a': 57.0, 'b': 44.0}}}]
   --
   user -> [{'function_response': {'name': 'multiply', 'response': {'result': 2508.0}}}]
   --
   model -> [{'text': '고양이의 손싸개는 총 2508개입니다. \n'}]
   --
   ```

대화 이력 중 function_call은 모델에서 함수 이름 multiply와 인수 {'a': 57.0, 'b': 44.0}를 반환했고, function_response에서 모델에 함수 호출 결과로 2508.0을 넘겨준 것을 확인할 수 있습니다.

4.4.4 도구 설정하기

도구 설정(tool config)은 제미나이 API의 사용자 입력에 따른 메시지 응답과 함수 호출 선택을 제어하는 설정입니다. 상황에 따라 사용할 수 있는 함수를 제한하고 싶을 때 도움이 되며, 다음 세 가지 모드를 전환할 수 있습니다.

- NONE: 메시지 응답 강제
- AUTO: 메시지 응답 및 함수 호출을 자동으로 선택
- ANY: 함수 호출 강제

1. 도구 설정의 유틸리티 함수를 준비합니다.

   함수 호출 모드와 허용하는 함수 이름으로 도구 설정을 정의합니다. 허용 함수 이름이 비어 있을 때는 모든 함수를 허용합니다.

```python
from google.generativeai.types import content_types
from collections.abc import Iterable

def tool_config_from_mode(mode: str, fns: Iterable[str] = ()):
    """함수 호출 모드와 허용하는 함수 이름으로 도구 설정"""
    return content_types.to_tool_config(
        {"function_calling_config": {"mode": mode, "allowed_function_names": fns}}
    )
```

2. NONE으로 동작을 확인합니다.

   유틸리티 함수에서 모드를 NONE으로 지정하면 반드시 메시지 응답을 남깁니다. 다시 말해 대화 이력에서 함수를 사용하지 않는 것을 확인할 수 있습니다.

```python
# 대화 이력 삭제
chat.history.clear()

# 추론 실행
response = chat.send_message(
    "저는 57마리의 고양이를 키우고 있고, 각 44개의 손싸개를 가지고 있습니다. 손싸개는 총 몇 개일까요?",
    tool_config=tool_config_from_mode("none") # NONE
)

# 대화 이력 확인
for content in chat.history:
    print(content.role, "->", [type(part).to_dict(part) for part in content.parts])
    print("--")
```
```
user -> [{'text': '저는 57마리의 고양이를 키우고 있고, 각 44개의 손싸개를 가지고 있습니다. 손싸개는 총 몇 개일까요?'}]
--
model -> [{'text': '57마리의 고양이가 각각 44개의 손싸개를 가지고 있다면, 총 손싸개 수는 다음과 같습니다.\n\n57 마리의 고양이 * 44개의 손싸개/고양이 = **2508개의 손싸개** \n'}]
--
```

3. AUTO로 동작을 확인합니다.

   유틸리티 함수의 모드를 AUTO로 지정하면 사용자 입력에 따라 메시지 응답과 함수를 자동으로 선택합니다.

```
# 대화 이력 삭제
chat.history.clear()

# 추론 실행
response = chat.send_message(
    "저는 57마리의 고양이를 키우고 있고, 각 44개의 손싸개를 가지고 있습니다. 손싸개는 총 몇 개일까요?",
    tool_config=tool_config_from_mode("auto") # AUTO
)

# 대화 이력 확인
for content in chat.history:
    print(content.role, "->", [type(part).to_dict(part) for part in content.parts])
    print("--")
```

```
user -> [{'text': '저는 57마리의 고양이를 키우고 있고, 각 44개의 손싸개를 가지고 있습니다. 손싸개는 총 몇 개일까요?'}]
--
model -> [{'function_call': {'name': 'multiply', 'args': {'a': 57.0, 'b': 44.0}}}]
--
user -> [{'function_response': {'name': 'multiply', 'response': {'result': 2508.0}}}]
--
model -> [{'text': '고양이의 손싸개는 총 2508개입니다. \n'}]
--
```

4. ANY로 동작을 확인합니다.

유틸리티 함수의 모드를 ANY로 지정하면 항상 함수를 호출합니다.

```
# 대화 이력 삭제
chat.history.clear()

# 추론 실행
response = chat.send_message(
    "저는 57마리의 고양이를 키우고 있고, 각 44개의 손싸개를 가지고 있습니다. 손싸개는 총 몇 개일까요?",
    tool_config=tool_config_from_mode("any", ["multiply"]) # ANY
)

# 대화 이력 확인
for content in chat.history:
    print(content.role, "->", [type(part).to_dict(part) for part in content.parts])
    print("--")
```

```
user -> [{'text': '저는 57마리의 고양이를 키우고 있고, 각 44개의 손싸개를 가지고 있습니다.
손싸개는 총 몇 개일까요?'}]
--
model -> [{'function_call': {'name': 'multiply', 'args': {'a': 57.0, 'b': 44.0}}}]
--
user -> [{'function_response': {'name': 'multiply', 'response': {'result':
2508.0}}}]
--
model -> [{'text': '고양이의 손싸개는 총 2508개입니다. \n'}]
--
```

4.4.5 수동 함수 호출하기

수동 함수 호출(manual function calling) 순서는 다음과 같습니다

1. 함수를 정의합니다.

현재 기온을 반환하는 함수를 정의합니다. 실제 운영 단계에서는 날씨 API에서 정보를 가져와야 하지만, 이 예시에서는 연습 삼아 고정된 값을 반환합니다.

```python
# 기온 정보 가져오기(고정 값)
def get_temperature(location: str):
    """get current temperature."""
    if location == "서울":
        return "20도"
    else:
        return "10도"
```

수동 함수 호출에서 사용할 수 있는 파라미터 형식은 int, float, bool, str, list, dict입니다.

2. 함수를 사전 형식으로 관리합니다.

사전 형식으로 함수를 관리하면 나중에 쉽게 검색할 수 있습니다.

```python
# 함수를 사전 형태로 관리
functions = {
    "get_temperature": get_temperature,
}
```

3. 모델을 준비합니다.

```
# 모델 준비
model = genai.GenerativeModel(
    model_name="models/gemini-1.5-pro",
    tools=functions.values(),
)
```

4. 함수를 활용한 질의응답을 수행합니다.

정의한 함수에서 기온 정보를 가져오는 질의응답을 수행하고 function_call이 반환되었는지 확인합니다.

```
# 함수를 활용한 질의응답
prompt = "현재 서울의 기온은?"
response = model.generate_content(prompt)
response.candidates[0].content.parts
[function_call {
  name: "get_temperature"
  args {
    fields {
      key: "location"
      value {
        string_value: "서울"
      }
    }
  }
}
]
```

5. function_responses를 생성합니다.

part.function_call이 있다면 함수 이름과 인수가 반환되어 있기 때문에 그에 따라 함수를 호출합니다. 그리고 함수 이름과 함수 호출 결과를 바탕으로 function_responses를 생성합니다.

part.function_call이 없다면 정상적인 응답 메시지로 처리해야 하지만, 이번 예시에서는 생략합니다.

```python
import google.ai.generativelanguage as glm

# 함수 호출
def call_function(function_call, functions):
    function_name = function_call.name
    function_args = function_call.args
    return functions[function_name](**function_args)

# function_responses 생성
function_responses = []
for part in response.parts:
    # 함수 사용을 선택했는지 확인
    if part.function_call:
        # 함수 호출 실행
        result = call_function(part.function_call, functions)

        # function_response 생성
        function_response = glm.Part(function_response=glm.FunctionResponse(
            name=part.function_call.name,
            response={"result": result}
        ))
        function_responses.append(function_response)
print(function_responses)
```

```
[function_response {
  name: "get_temperature"
  response {
    fields {
      key: "result"
      value {
        string_value: "20도"
      }
    }
  }
}
]
```

6. 질의응답을 수행합니다.

   (최초의 발단이 된) 메시지 리스트에 사용자 입력, function_call, function_responses를 포함해서 LLM을 호출합니다.

```
# 대화 이력 작성
messages = [
    {'role': 'user', 'parts': [prompt]},
    {'role': 'model', 'parts': response.candidates[0].content.parts},
    {'role': 'user', 'parts': function_responses}
]

# 질의응답
response = model.generate_content(messages)
print(response.text)
```
현재 서울의 기온은 20도입니다.

4.4.6 병렬 함수 호출하기

병렬 함수 호출(parallel function calling)은 하나의 사용자 메시지에서 함수 여러 개를 동시에 호출할 수 있는 기능입니다. 이렇게 함으로써 "서울과 부산의 현재 기온은?" 같은 질문에도 대응할 수 있습니다.

gemini-1.5-pro, gemini-1.5-flash는 이 기능에 적합한 모델입니다.

1. 함수를 활용한 질의응답을 수행합니다.

두 function_call이 반환되는지 확인합니다.

```
# 함수를 사용한 질의응답
prompt = "서울과 부산의 현재 기온은?"
response = model.generate_content(prompt)
response.candidates[0].content.parts
```
```
[function_call {
  name: "get_temperature"
  args {
    fields {
      key: "location"
      value {
        string_value: "서울"
      }
    }
  }
}
```

○ 계속

```
, function_call {
  name: "get_temperature"
  args {
    fields {
      key: "location"
      value {
        string_value: "부산"
      }
    }
  }
}
]
```

2. function_responses를 생성합니다.

   이전에 설명한 수동 함수 호출의 코드와 같습니다. function_response가 두 개 생성되는지 확인합니다.

```
import google.ai.generativelanguage as glm

# 함수 호출
def call_function(function_call, functions):
    function_name = function_call.name
    function_args = function_call.args
    return functions[function_name](**function_args)

# function_responses 생성
function_responses = []
for part in response.parts:
    # 함수 사용을 선택했는지 확인
    if part.function_call:
        # 함수 호출 실행
        result = call_function(part.function_call, functions)

        # function_response 생성
        function_response = glm.Part(function_response=glm.FunctionResponse(
            name=part.function_call.name,
            response={"result": result}
        ))
        function_responses.append(function_response)
print(function_responses)
```

○ 계속

```
[function_response {
  name: "get_temperature"
  response {
    fields {
      key: "result"
      value {
        string_value: "20도"
      }
    }
  }
}
, function_response {
  name: "get_temperature"
  response {
    fields {
      key: "result"
      value {
        string_value: "10도"
      }
    }
  }
}
]
```

3. 질의응답을 수행합니다.

```
# 대화 이력 작성
messages = [
    {'role': 'user',
     'parts': [prompt]},
    {'role': 'model',
     'parts': response.candidates[0].content.parts},
    {'role': 'user',
     'parts': function_responses}
]

# 질의응답
response = model.generate_content(messages)
print(response.text)
```
서울은 20도, 부산은 10도입니다.

4.5 파인 튜닝

이 절에서는 추가 학습용 데이터를 준비하여 모델을 파인 튜닝(미세 조정)하는 방법을 알아보겠습니다. **구글 클라우드 플랫폼**에서 **인증 정보 파일**을 가져와 구글 코랩에서 사용하는 방법도 함께 설명합니다.

4.5.1 파인 튜닝의 개요

파인 튜닝(fine-tuning)이란 특정 작업의 요구 사항을 만족시키려고 모델의 출력 품질을 향상하는 방법입니다. 사전 학습된 모델에 특정 요구 사항을 충족하는 학습 데이터를 추가로 학습시켜 작업 품질을 향상할 수 있습니다.

파인 튜닝의 주요 목적은 다음과 같습니다.

- 출력을 임의의 어조나 문체로 조정
- 임의의 작업에서 출력의 신뢰도 향상
- 시스템 지시의 토큰 수 단축을 이용한 추론 시간 및 비용 개선

그러나 파인 튜닝은 시스템 지시를 사용했을 때보다 학습 시간과 비용이 더 많이 듭니다. 따라서 LLM 애플리케이션을 구축할 때는 처음에 시스템 지시를 특정 애플리케이션의 요구 사항에 적용시킨 뒤 추가로 조정이 필요할 때 파인 튜닝을 시도하길 권장합니다.

최종적으로 파인 튜닝을 하기로 했어도 시스템 지시를 이용한 조정은 여전히 필요할 것입니다. 일반적으로는 파인 튜닝한 모델과 시스템 지시를 함께 사용해야 가장 좋은 결과를 얻을 수 있기 때문입니다.

파인 튜닝이 가능한 모델 종류

2024년 10월 기준으로 파인 튜닝 가능한 모델은 다음 두 종류입니다.

- models/gemini-1.0-pro-001
- models/gemini-1.5-flash-001-tuning

파인 튜닝을 더욱 자세히 알고 싶다면 다음 문서를 참고합니다.

URL 제미나이 API로 미세 조정
https://ai.google.dev/gemini-api/docs/model-tuning

4.5.2 제미나이 API 요금

2024년 10월 기준으로 파인 튜닝은 무료입니다. 파인 튜닝한 모델을 사용해도 토큰별 추가 비용은 발생하지 않습니다. 그러나 앞으로는 유료로 전환될 수 있으니 공식 문서 정보를 꾸준히 참고합니다.

4.5.3 파인 튜닝 모델 목록 가져오기

파인 튜닝이 끝난 모델 목록은 다음과 같이 확인할 수 있습니다.

1. 패키지를 설치합니다.

```
# 패키지 설치
!pip install -q -U "google-generativeai>=0.7.2"
```

2. 환경 변수를 준비합니다.

    노트북 화면 왼쪽 **열쇠 아이콘**에서 **+ 새 보안 비밀 추가**를 클릭하여 **GOOGLE_API_KEY**를 이름으로 등록합니다. 그리고 **값**에 **구글 AI 제미나이 API**에서 복사한 API 키를 붙여 넣은 뒤 다음 코드를 실행합니다.

```
from google.colab import userdata
import google.generativeai as genai

# 환경 변수 준비(왼쪽 열쇠 아이콘으로 GOOGLE_API_KEY 설정)
GOOGLE_API_KEY = userdata.get("GOOGLE_API_KEY")
genai.configure(api_key=GOOGLE_API_KEY)
```

3. 파인 튜닝이 끝난 모델 목록을 가져옵니다.

   파인 튜닝이 끝난 모델은 genai.list_tuned_models()로 확인합니다. 이전에 파인 튜닝을 하지 않았다면 모델은 출력되지 않습니다.

   ```
   import google.generativeai as genai

   # 파인 튜닝이 완료된 모델 목록 가져오기
   for model in genai.list_tuned_models():
       print(model.name)
   ```

4.5.4 학습 데이터 준비하기

파인 튜닝을 위해 직접 제작한 **한국어 대화 텍스트 데이터셋**을 CSV 형태로 제공합니다.

1. train.csv 파일을 내려받고 구글 코랩에 직접 업로드합니다.

   ▼ 그림 4-24 구글 코랩에 데이터셋 파일 업로드

2. 제미나이 파인 튜닝 데이터 형식에 맞게 불러옵니다.

   데이터셋은 이미 파인 튜닝에 적절한 형식으로 맞추어 놓았습니다. 다른 데이터셋을 사용한다면 이 데이터셋을 기준으로 출력 형식을 확인한 뒤 적절히 수정하기 바랍니다.

   ```
   # 제미나이가 지원하는 학습 데이터 형식으로 변환

   training_data = []
   with open("train.csv", "r") as file:
       next(file) # 첫 번째 줄(헤더)을 건너뜁니다.
       for line in file:
           strs = line.strip().split(",")
           training_data.append({"text_input": strs[0], "output": strs[1]})
   print(training_data)
   ```

```
[
    {
        'text_input': '오늘 날씨 어때?',
        'output': '오늘은 맑고 화창한 날씨네요. 외출하기 좋겠어요!'
    },
    {
        'text_input': '뭐 먹지?',
        'output': '오늘은 어떤 음식이 땡기세요? 매콤한 떡볶이 어떠세요? 아니면 시원한 냉면은?'
    },
    ...(생략)...
]
```

4.5.5 학습하기

구글 코랩에서 학습은 다음과 같이 진행합니다. 제미나이의 파인 튜닝은 제미나이 API 서버에서 실행됩니다. 구글 코랩에서는 학습 데이터를 마련하고 학습 시작을 지시만 하면 됩니다.

1. 파인 튜닝 모델을 준비합니다.

파인 튜닝은 models/gemini-1.5-flash-001 사전 학습 모델을 사용합니다.

```python
import google.generativeai as genai

# 사전 학습 모델 준비
base_model = [
    m for m in genai.list_models()
    if "createTunedModel" in m.supported_generation_methods][0]
base_model
```

```
Model(name='models/gemini-1.5-flash-001',
      base_model_id='',
      version='001',
      display_name='Gemini 1.5 Flash 001 (Tuning)',
      description='Fast and versatile multimodal model for scaling across diverse tasks',
      input_token_limit=30720,
      output_token_limit=2048,
      supported_generation_methods=['generateContent', 'countTokens', 'createTunedModel'],
```

◯ 계속

```
        temperature=0.9,
        max_temperature=None,
        top_p=1.0,
        top_k=None)
```

사전 학습 모델로 models/gemini-1.5-flash-001-tuning을 사용하고 싶다면 앞쪽 코드에서 base_model 리스트의 원소를 [0]에서 [1]로 바꾸면 됩니다.

2. 학습을 시작합니다.

training_data에 준비한 학습 데이터를 지정합니다.

```
import random

# 학습 시작
name = f'generate-num-{random.randint(0,10000)}'
operation = genai.create_tuned_model(
    source_model=base_model.name,
    training_data=training_data,
    id=name,
    epoch_count=100,
    batch_size=4,
    learning_rate=0.001,
)
```

3. 모델 상태를 확인합니다.

model.state로 상태를, operation.metadata로 오퍼레이션의 메타데이터를 확인할 수 있습니다.

```
# 모델 불러오기
model = genai.get_tuned_model(f'tunedModels/{name}')

# 모델 상태 확인
print(model.state)
print(operation.metadata)
```
```
State.CREATING
total_steps: 7500
tuned_model: "tunedModels/generate-num-5064"
```

4. 학습 진행 상황을 표시합니다.

    학습이 끝날 때까지 진행 상황을 프로그레스바(progressBar)로 보여 줍니다.

    ```
    import time

    # 학습 진행 상황 표시
    for status in operation.wait_bar():
        time.sleep(30)
    ```

    ▼ 그림 4-25 학습 진행 상황

    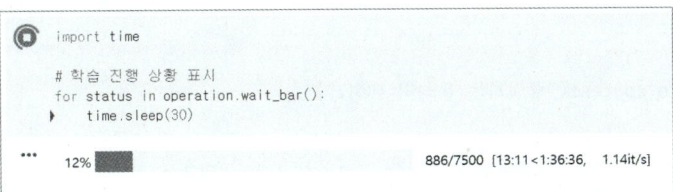

    도중에 학습을 취소하고자 할 때는 operation.cancel()를 다음 셀에 실행합니다.

5. 학습이 끝나면 학습 곡선을 확인합니다.

    ```
    import pandas as pd
    import seaborn as sns

    # 학습 결과를 학습 곡선으로 확인
    model = operation.result()
    snapshots = pd.DataFrame(model.tuning_task.snapshots)
    sns.lineplot(data=snapshots, x="epoch", y="mean_loss")
    ```

    ▼ 그림 4-26 학습 곡선

    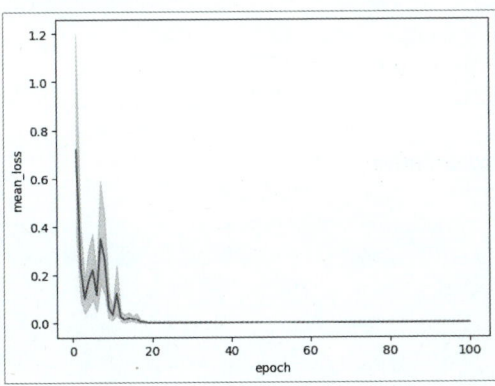

4.5.6 추론하기

이제 파인 튜닝이 끝난 모델을 추론에 사용해 보겠습니다.

1. 모델을 불러옵니다.

```
# 모델 불러오기
model = genai.GenerativeModel(model_name=f"tunedModels/{name}")
```

2. 추론을 실행합니다.

```
# 추론 실행
result = model.generate_content("좋아하는 음식이 뭐야?")
result.text
```
저는 다양한 음식을 좋아해요. 매콤한 떡볶이부터 시원한 냉면까지 모두 맛있어요!

4.5.7 파인 튜닝 모델 설명 업데이트하기

파인 튜닝이 완료된 모델에 설명을 업데이트하는 순서는 다음과 같습니다.

1. 파인 튜닝이 완료된 모델 설명을 업데이트합니다.

설명은 한국어로도 업데이트할 수 있습니다.

```
# 설명 업데이트
genai.update_tuned_model(f"tunedModels/{name}", {"description": "This is my model."});
```

2. 업데이트된 설명을 확인합니다.

```
# 업데이트된 설명 확인
model = genai.get_tuned_model(f"tunedModels/{name}")
model.description
```
This is my model.

4.5.8 파인 튜닝 모델 삭제하기

파인 튜닝이 끝난 모델의 삭제 순서는 다음과 같습니다.

1. 파인 튜닝이 완료된 모델을 삭제합니다.

```
# 삭제
genai.delete_tuned_model(f"tunedModels/{name}")
```

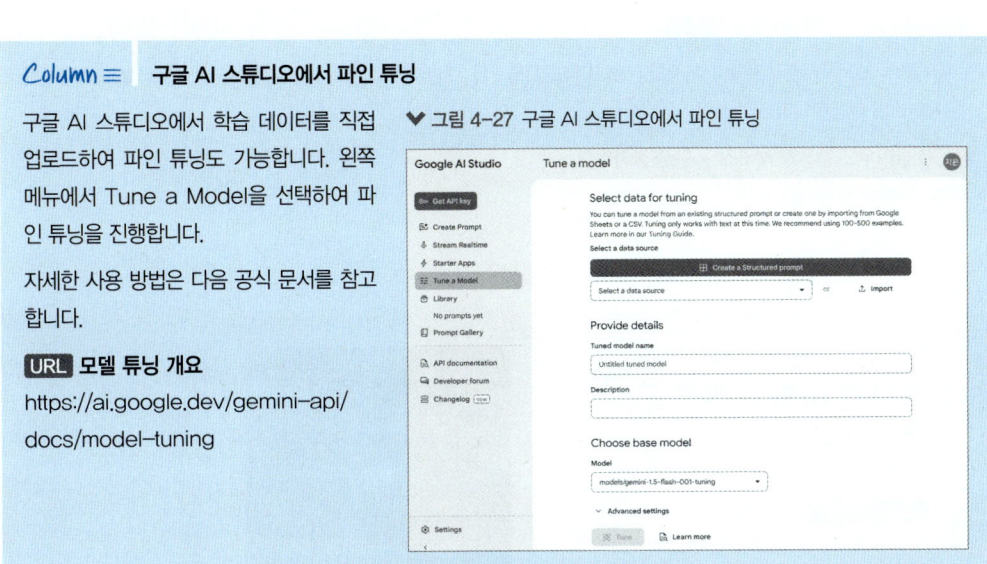

> **Column** 구글 AI 스튜디오에서 파인 튜닝
>
> 구글 AI 스튜디오에서 학습 데이터를 직접 업로드하여 파인 튜닝도 가능합니다. 왼쪽 메뉴에서 Tune a Model을 선택하여 파인 튜닝을 진행합니다.
>
> 자세한 사용 방법은 다음 공식 문서를 참고합니다.
>
> **URL** 모델 튜닝 개요
> https://ai.google.dev/gemini-api/docs/model-tuning
>
> ▼ 그림 4-27 구글 AI 스튜디오에서 파인 튜닝

4.5.9 인증 정보 파일

공식 문서에 따르면, 2024년 9월 30일부터 파인 튜닝에는 OAuth 인증이 더 이상 필요하지 않습니다. 바로 이전까지 살펴본 파인 튜닝의 실습 코드는 API 키 인증 방식으로 진행했습니다.

그러나 여전히 **시맨틱 검색** 등 제미나이 API 일부에서는 인증에 OAuth를 사용하고 있으므로 이 시점에서 인증 정보 파일을 가져오는 방법도 함께 알아보겠습니다.

OAuth를 사용하려면 먼저 **구글 클라우드 플랫폼**에서 **인증 정보 파일**(client_secret.json)을 가져와야 합니다. 이 인증 정보 파일에는 애플리케이션의 **식별 정보**와 **액세스 권한**이 포함되어 있습니다.

- client_id: 애플리케이션 고유 식별자

- client_secret: 애플리케이션 개인 키
- project_id: 애플리케이션에 대한 구글 클라우드 플랫폼의 프로젝트 ID
- auth_uri, token_uri: 인증 및 토큰 취득을 위한 엔드포인트 URL

인증 정보 파일에는 기밀 정보가 포함되어 있으니 공개 저장소에 업로드하거나 타인과 공유하지 않도록 주의해야 합니다. 환경 변수나 비밀 관리 서비스를 사용해서 안전하게 관리하길 권장합니다.

Column ≡ 구글 클라우드 플랫폼

구글 클라우드 플랫폼은 구글이 제공하는 클라우드 서비스로 개발자나 기업이 애플리케이션을 구축·배포·관리하는 서비스를 제공합니다.

URL 클라우드 컴퓨팅 서비스 – 구글 클라우드
https://cloud.google.com/

▼ 그림 4-28 구글 클라우드 플랫폼 웹 사이트

Column ≡ 시맨틱 검색이란

제미나이 API는 시맨틱 검색이라고 하는 외부 데이터베이스를 이용한 프롬프트 확장 기능도 제공합니다.

URL 시맨틱 검색 시작
https://ai.google.dev/api/semantic-retrieval/question-answering?hl=ko

4.6 버텍스 AI 제미나이 API

4.1절에서 언급한 버텍스 AI 제미나이 API는 **구글 클라우드 플랫폼**에서 제공합니다. 이 절에서는 버텍스 AI 제미나이 API의 개요와 사용 방법을 설명합니다.

4.6.1 버텍스 AI 제미나이 API의 개요

버텍스 AI 제미나이 API(Vertex AI Gemini API)는 구글 클라우드 플랫폼에 속한 버텍스 AI(Vertex AI) 서비스에서 제공하는 제미나이 API입니다.

버텍스 AI 제미나이 API에서 공식적으로 지원하는 프로그래밍 언어는 다음 네 가지로, 이 책에서는 파이썬을 사용합니다.

- 파이썬
- 자바
- Node.js
- Go

버텍스 AI 제미나이 API에 관한 더 자세한 정보는 다음 문서를 참고합니다.

URL 버텍스 AI 제미나이 API 사용

https://cloud.google.com/vertex-ai/generative-ai/docs/start/quickstarts/quickstart-multimodal?hl=ko

> **Column** 버텍스 AI란
>
> 버텍스 AI는 구글 클라우드 플랫폼에 속한 서비스 중 하나로 머신러닝 관련 서비스의 통합 플랫폼입니다. 머신러닝 모델의 구축이나 배포는 물론이며, 이를 관리하는 많은 기능을 제공합니다.
>
> **URL** 버텍스 AI - 대시보드
>
> https://console.cloud.google.com/vertex-ai
>
> ▼ 그림 4-29 버텍스 AI 대시보드
>
>

4.6.2 버텍스 AI 제미나이 API 요금

버텍스 AI 제미나이 API의 요금은 다음 URL에서 확인할 수 있습니다. 요금은 **모델 종류**와 **문자 수**에 따라 과금되는 방식입니다. 따라서 입력과 출력에 따라 사용 요금이 달라지기 때문에 주의가 필요합니다.

> URL **버텍스 AI 요금 책정**
> https://cloud.google.com/vertex-ai/generative-ai/pricing?hl=ko

▼ 그림 4-30 버텍스 AI 요금

모델	기능	유형	가격 (컨텍스트 기간 128,000개 미만)	가격 (컨텍스트 기간 128,000개 초과)
Gemini 1.5 Flash	멀티모달	이미지 입력 비디오 입력 텍스트 입력 오디오 입력	$0.00002 / 이미지 $0.00002 / 초 $0.00001875 / 1,000자(영문 기준) $0.000002 / 초	$0.00004 / 이미지 $0.00004 / 초 $0.0000375 / 1,000자(영문 기준) $0.000004 / 초
		텍스트 출력	$0.000075 / 1,000자(영문 기준)	$0.00015 / 1,000자(영문 기준)
Gemini 1.5 Pro도	멀티모달	이미지 입력 비디오 입력 텍스트 입력 오디오 입력	$0.001315 / 이미지 $0.001315 / 초 $0.00125 / 1,000자(영문 기준) $0.000125 / 초	$0.00263 / 이미지 $0.00263 / 초 $0.0025 / 1,000자(영문 기준) $0.00025 / 초
		텍스트 출력	$0.00375 / 1,000자(영문 기준)	$0.0075 / 1,000자(영문 기준)
Gemini 1.0 Pro	멀티모달	이미지 입력 동영상 입력 텍스트 입력	$0.0025 / 이미지 $0.002 / 초 $0.000125 / 1,000자	
		텍스트 출력	$0.000375 / 1,000자	
Google 검색으로 그라운딩	텍스트	그라운딩 요청	요청 1,000회당 $35 (월별 최대 100만 개 요청) 더 필요한 경우 계정팀에 문의하세요. 요청 수 100만 회 이상	

* 가격은 미국 달러(USD)로 표기됩니다. USD 외의 통화로 지불하는 경우 해당 통화로 표기된 Cloud Platform SKU 적용됩니다.
* 쿼리 컨텍스트가 128K를 초과하면 모든 후속의 긴 컨텍스트 요금으로 요금이 청구됩니다.

텍스트 입력은 1,000문자가 입력될 때마다 출력도 1,000문자마다 요금이 부과됩니다. 문자는 UTF-8로 카운트되며, 공백은 카운트에서 제외됩니다. 응답이 필터링된 경우에 과금 대상은 입력으로만 제한됩니다.

각 청구 기간의 마지막 1센트(0.01달러) 미만의 소수 부분은 1센트로 올림 처리됩니다. 미디어 입력에서 이미지는 장 수, 동영상과 오디오는 초 단위로 요금이 부과됩니다.

4.6.3 서비스 계정 키 준비하기

버텍스 AI의 서비스 계정 키는 버텍스 AI의 API에 프로그램에서 접근하는 **인증 정보**가 포함된 JSON 파일입니다. 이 파일은 구글 클라우드 플랫폼에서 작성할 수 있습니다.

서비스 계정 키를 마련하는 순서는 다음과 같습니다.

프로젝트 준비하기

1. 구글 클라우드 플랫폼의 대시보드에 접속합니다.

   구글 클라우드 플랫폼을 처음 사용한다면 대시보드에서 결제를 검색해서 설정해야 합니다.

   URL **구글 클라우드 플랫폼**
   https://console.cloud.google.com/home/dashboard

2. 구글 클라우드 플랫폼의 화면 위에서 프로젝트를 선택하거나 새 프로젝트를 생성합니다.

버텍스 AI API 활성화하기

1. 대시보드에서 **API 및 서비스**를 검색한 뒤 **라이브러리**를 선택합니다.

   ▼ 그림 4-31 대시보드에서 라이브러리 선택

   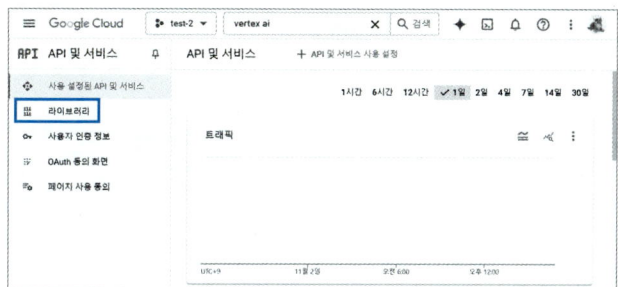

2. Vertex AI API를 검색합니다.

   ▼ 그림 4-32 버텍스 AI API 검색

3. **사용**을 누릅니다.

   ▼ 그림 4-33 버텍스 AI API 활성화

서비스 계정 만들기

1. 대시보드에서 **서비스 계정**을 검색해서 **+ 서비스 계정 만들기**를 클릭합니다.

▼ 그림 4-34 서비스 계정 만들기 선택

2. **서비스 계정 이름**을 입력하고 **만들고 계속하기**를 누릅니다.

   예를 들어 sample-vertexai라는 이름으로 서비스 계정을 만들어 보겠습니다.

▼ 그림 4-35 서비스 계정 만들기

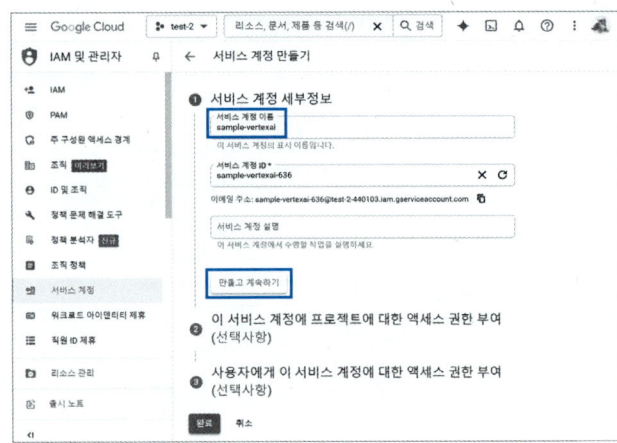

3. 역할에서 **Vertex AI 관리자**를 지정하고 **계속**을 누릅니다.

4. **완료**를 누릅니다.

▼ 그림 4-36 관리자 역할 설정

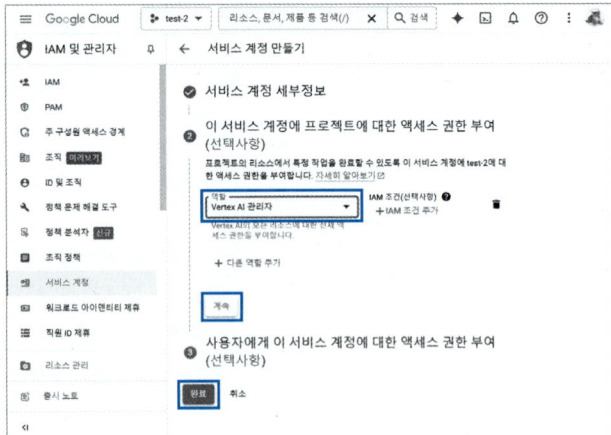

서비스 계정 키 생성하기

1. 만들어진 서비스 계정의 이메일 주소를 클릭합니다.

▼ 그림 4-37 이메일 주소 클릭

2. 키를 클릭하고 **키 추가 → 새 키 만들기**를 선택합니다.

▼ 그림 4-38 새 키 만들기

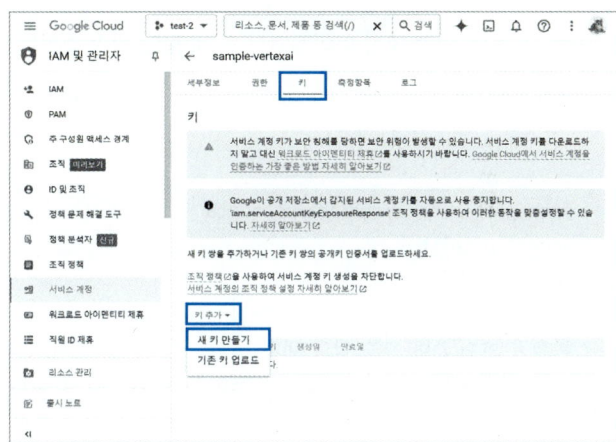

3. **JSON**을 클릭하고 **만들기**를 누릅니다.

   JSON 형식의 키 파일을 내려받으면 sample-vertexai.json으로 파일 이름을 수정합니다.

▼ 그림 4-39 JSON 형식으로 키 파일 내려받기

4.6.4 버텍스 AI 제미나이 API 준비하기

버텍스 AI 제미나이 API의 준비 순서는 다음과 같습니다.

1. 패키지를 설치합니다.

google-cloud-aiplatform은 버텍스 AI 서비스를 사용할 수 있는 패키지입니다.

```
# 패키지 설치
!pip install -q -U google-cloud-aiplatform
```

2. 환경 변수를 준비합니다.

노트북 화면 왼쪽 **열쇠 아이콘**에서 **+ 새 보안 비밀 추가**를 클릭하여 GOOGLE_APPLICATION_CREDENTIALS를 이름으로 등록합니다. 그리고 **값**에 sample-vertexai.json 내용을 붙여 넣은 뒤 다음 코드를 실행합니다.

```
from google.colab import userdata
import pathlib
import os

# 환경 변수 준비(왼쪽 열쇠 아이콘으로 GOOGLE_API_KEY 설정)
pathlib.Path("samplevertexai.json").write_text(userdata.get("GOOGLE_APPLICATION_CREDENTIALS"))
os.environ["GOOGLE_APPLICATION_CREDENTIALS"] = "samplevertexai.json"
```

▼ 그림 4-40 환경 변수 준비

3. 버텍스 AI를 초기화합니다.

서비스 계정 키 정보를 바탕으로 버텍스 AI를 초기화합니다.

```
import vertexai

# 버텍스 AI 초기화
vertexai.init()
```

4.6.5 텍스트 생성하기

텍스트 생성의 실행 순서는 다음과 같습니다.

1. 모델을 준비합니다.

버텍스 AI를 사용할 때는 google.generativeai가 아닌 vertexai.generative_models의 GenerativeModel()을 사용하여 모델을 준비합니다.

```
import vertexai.generative_models as genai

# 모델 준비
model = genai.GenerativeModel(
    "models/gemini-1.5-flash"
)
```

2. 추론을 실행합니다.

```
# 추론 실행
response = model.generate_content(
    "Google DeepMind에 관해 알려 주세요."
)
print(response.text)
```
```
## Google DeepMind: 인공지능의 선두 주자

Google DeepMind는 구글의 자회사로, **인공지능(AI)** 연구 및 개발에 집중하는 회사입니다. 2010년에 설립된 이 회사는 뛰어난 AI 기술 개발로 유명하며, 다음과 같은 주요 특징을 가지고 있습니다.

**1. 혁신적인 AI 기술 개발:**

* **딥러닝:** DeepMind는 딥러닝 기술을 활용하여 복잡한 문제를 해결하는 AI 시스템을 개발합니다.
...(생략)...
```

4.6.6 이미지 질의응답

로컬 이미지 파일을 질의응답에 사용하는 순서는 다음과 같습니다.

1. 이미지 파일을 구글 코랩에 업로드합니다.

   노트북 화면 왼쪽 **폴더 아이콘**을 눌러 파일 목록을 확인할 수 있습니다. 여기에 원하는 이미지 파일(image.jpg)을 끌어다 업로드합니다. 예시로 사용한 이미지는 이 책 샘플 코드에 포함되어 있습니다.

▼ 그림 4-41 이미지 파일

2. 이미지 파일을 불러옵니다.

   버텍스 AI에서는 **PIL**이 아니라 vertexai.generative_models의 Image를 사용해서 이미지 파일을 불러옵니다.

   ```
   # 이미지 불러오기
   image = genai.Image.load_from_file("image.jpg")
   image
   ```

3. 추론을 실행합니다.

   ```
   # 추론 실행
   response = model.generate_content([
       image,
       "이것은 무슨 이미지입니까?"
   ])
   print(response.text)
   ```

   > 나무 테이블에 누워 있는 검은색과 흰색의 보더 콜리 개 이미지입니다. 개는 카메라를 응시하고 있습니다.

구글 AI에서 버텍스 AI로 이전하는 방법을 포함하여 더욱 상세한 정보는 다음 공식 문서를 참고합니다.

> URL 구글 AI 기반 제미나이에서 버텍스 AI로 이전
> https://cloud.google.com/vertex-ai/generative-ai/docs/migrate/migrate-google-ai

Column ≡ **구글 AI와 버텍스 AI 차이**

구글 AI 제미나이 API와 버텍스 AI 제미나이 API를 비교하면 다음 표와 같습니다.

▼ 표 4-8 구글 AI 제미나이 API와 버텍스 AI 제미나이 API의 주요 차이점

기능	구글 AI 제미나이 API	버텍스 AI 제미나이 API
계정	구글 계정	구글 클라우드 계정
인증	API 키	서비스 계정 키
웹 UI	구글 AI 스튜디오	버텍스 AI 스튜디오
API와 SDK	파이썬	파이썬
	Node.js(자바스크립트)	Node.js
	안드로이드(코틀린/자바)	자바
	iOS(스위프트)	Go
	Go	-
	Dart	-
무료 플랜	있음	신규 사용자 한정 300달러 분량의 구글 크레딧 증정
할당량(분당 요청 수)	60(증가 요청 가능)	60(증가 요청 가능)

참고로 오픈AI도 마찬가지로 API 키만으로 간편하게 사용할 수 있는 **오픈AI API**와 클라우드 서비스와 연계해서 실제로 운영할 수 있는 **애저 오픈AI 서비스**를 제공하고 있습니다.

Column ≡ **노트북LM이란**

구글이 공개한 노트북LM(NotebookLM)은 사용자가 제공한 문서를 토대로 AI가 내용을 이해하여 요약이나 질의응답을 수행하는 노트북 애플리케이션입니다. 대량의 문서를 효율적으로 요약하여 정리할 수 있고, AI에 조언을 받아 전문적인 내용도 빠르게 이해할 수 있습니다. 노트북LM에는 제미나이 1.5 **프로**가 AI 모델로 사용됩니다. 2024년 10월 기준으로 무료로 사용할 수 있습니다.

URL **노트북LM - 맞춤형 AI 리서치 어시스턴트**
https://notebooklm.google/

▼ 그림 4-42 노트북LM의 질의응답

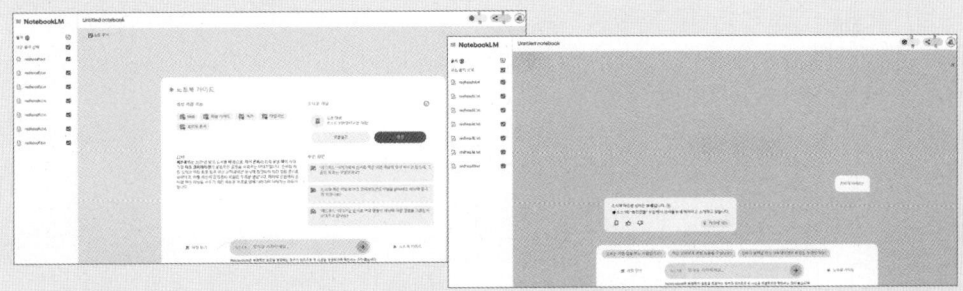

memo

5장

제미나이 API
(안드로이드 편)

5.1 텍스트 생성
5.2 멀티모달
5.3 로컬 LLM

제미나이는 안드로이드와 iOS 개발 환경을 모두 지원하는 점이 큰 특징입니다. 이 장에서는 안드로이드 환경에서 제미나이 API를 활용하는 방법을 설명합니다.[1] 다만 4장에서 설명한 파이썬 개발 환경과는 달리, 2024년 10월 기준으로 안드로이드에서 지원하는 기능은 일부 제한되어 있으니 주의하기 바랍니다.

이 장에서는 개발 환경으로 **안드로이드 스튜디오**(Android Studio)를 사용하고, 프로그래밍 언어로는 **코틀린**(Kotlin)을 사용합니다. 그러나 안드로이드 애플리케이션 개발을 위한 기본적인 환경 구축이나 일반적인 개발 과정 설명은 생략합니다. 안드로이드 애플리케이션을 더욱 전문적으로 개발하고자 한다면 다른 참고 자료를 확인하기 바랍니다.

앞 장에서 다룬 **텍스트 생성**과 **멀티모달** 기능을 탑재한 간단한 애플리케이션의 구현 방법도 설명합니다. 특히 멀티모달 기능은 앞 장 파이썬 환경과는 달리 현시점에서는 이미지만 사용할 수 있습니다.

또 안드로이드 기기 내 로컬 환경에서 AI 모델을 활용하는 방법도 소개합니다. 기기 내 모델을 배치하면 인터넷에 접속하지 않고도 안정적인 응답을 얻을 수 있는 등 장점이 있습니다. 다만 다룰 수 있는 모델 규모가 작아 성능에는 일부 제한이 있을 수 있습니다.

> **이 장에서 다룰 핵심 내용**
> - 제미나이 API를 활용하려고 안드로이드 개발 환경을 준비하고, 텍스트 생성 샘플을 구현합니다.
> - 이미지를 사용한 제미나이의 멀티모달 기능을 활용하는 안드로이드용 프로그램을 만듭니다.
> - 안드로이드 기기 내 로컬 LLM 실행 환경을 구축하고 활용 사례를 테스트합니다.

---

1 역주 이 장의 실습은 애플 M1 칩과 32GB 메모리를 탑재한 맥북 프로에서 정상 동작하는 것을 확인했습니다. 하드웨어 사양에 따라 일부 오류가 발생할 수 있습니다.

5.1 텍스트 생성

이 절에서는 안드로이드 환경에서 텍스트를 생성하고, 구글 AI 제미나이 API를 사용하는 방법을 설명합니다.

5.1.1 텍스트 생성의 개요

텍스트 생성은 임의의 텍스트에 이어질 자연스러운 텍스트를 생성하는 기능입니다. 문장 생성, 질의응답, 요약, 번역, 프로그램 생성, 대화 용도로 사용할 수 있습니다. 자세한 내용은 4.1절에서 확인합니다.

> **Column** — **파이썬 SDK와 안드로이드/iOS SDK의 차이점**
>
> 다음은 2024년 4월 **제미나이 1.5 프로**에 추가된 새로운 기능입니다. 2024년 10월 기준으로 안드로이드나 iOS의 SDK에서는 아직 지원하지 않지만, 향후에는 지원될 것으로 보입니다.
>
> - 멀티모달 동영상, 음성 입력
> - File API
> - 시스템 지시
> - 함수 호출

5.1.2 구글 AI 제미나이 API의 개요

구글 AI 제미나이 API는 파이썬 이외에 안드로이드(코틀린/자바)용 라이브러리도 제공합니다. 이로써 안드로이드 개발자도 자신의 애플리케이션에 제미나이 기능을 넣어 활용할 수 있습니다.

구글 AI 제미나이 API가 지원하는 **안드로이드 스튜디오**와 **안드로이드 API 레벨**의 버전은 다음과 같습니다.

- 안드로이드 스튜디오: Iguana 이후
- 안드로이드 OS: API 레벨 21 이후

이 책에서는 프로그래밍 언어로 **코틀린**(Kotlin)을 사용합니다. 안드로이드 스튜디오에서 일반적인 안드로이드 애플리케이션을 개발하는 설명은 생략합니다. 더 자세한 내용은 안드로이드 프로그래밍 관련 도서나 웹 사이트를 참고합니다.

안드로이드 환경에서 제미나이 API를 활용하는 방법은 다음 공식 문서에 소개되어 있습니다.

URL 안드로이드에서 제미나이 API 시작 가이드(클라이언트 SDK)
https://ai.google.dev/gemini-api/docs/get-started/tutorial?lang=android

Column ≡ **안드로이드 스튜디오**

구글이 개발한 안드로이드 스튜디오는 안드로이드 애플리케이션을 개발하는 통합 개발 환경입니다.

URL 안드로이드 스튜디오
https://developer.android.com/studio

▼ 그림 5-1 안드로이드 스튜디오 웹 페이지

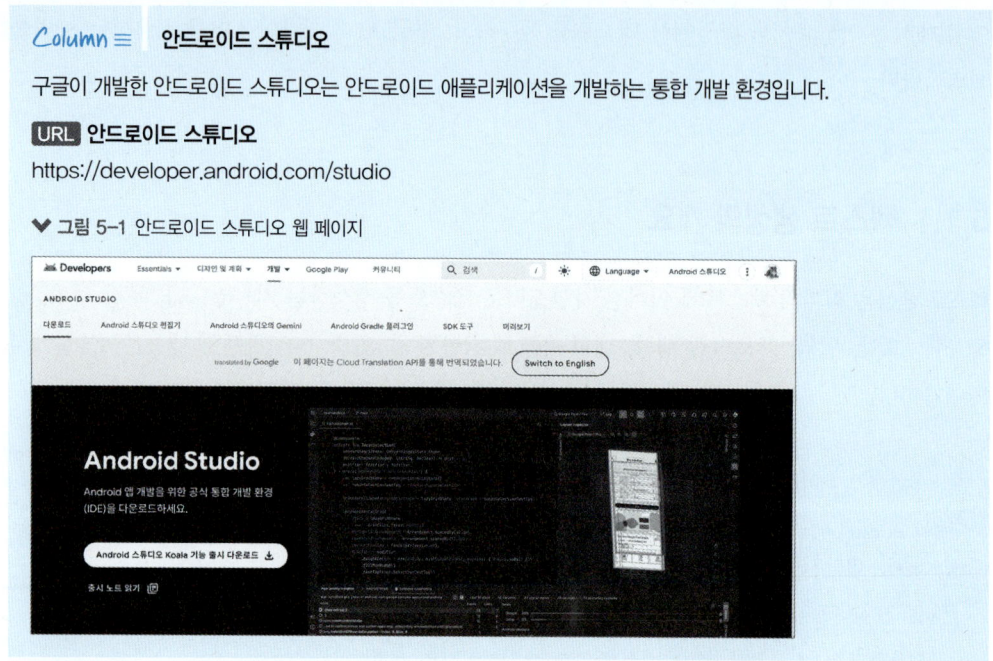

5.1.3 제미나이 API 요금

제미나이 API 요금은 파이썬 버전과 같습니다. 4.1절에서 설명한 구글 AI 제미나이 API의 요금을 참고합니다.

5.1.4 API 키 가져오기

API 키를 준비하는 과정도 파이썬 버전과 같습니다. 4.1절에서 설명한 API 키 가져오기를 참고합니다.

5.1.5 제미나이 API 준비하기

안드로이드 환경에서 제미나이 API를 준비하는 순서는 다음과 같습니다.

프로젝트 생성하기

1. 안드로이드 스튜디오에서 안드로이드 프로젝트를 생성합니다.

    Phone and Tablet에서 Empty Activity 템플릿을 선택하고 Next를 눌러 새 프로젝트를 생성합니다.

    ▼ 그림 5-2 Empty Activity 템플릿 선택 화면

    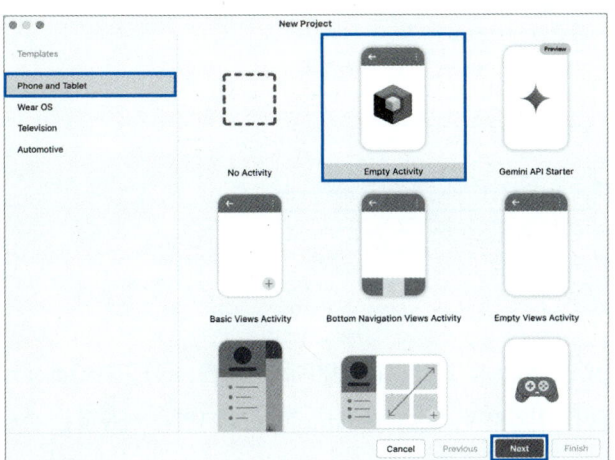

2. Minimum SDK에서 API 26 ("Oreo"; Android 8.0)을 선택하고 Finish를 누릅니다.

    API 레벨은 21 이후라면 실습에 큰 문제없습니다.

    ▼ 그림 5-3 SDK 선택 화면

    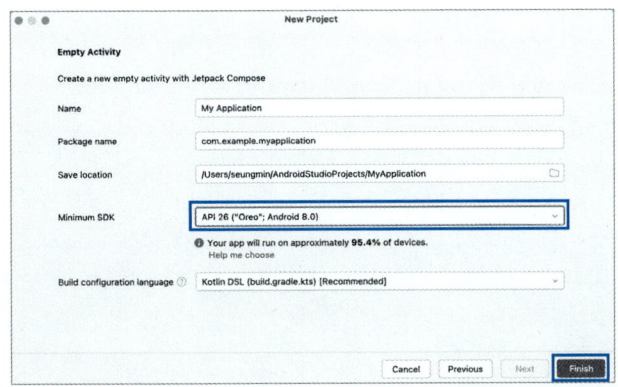

API 키 준비하기

보안 이유로 API 키는 버전 관리 시스템(Git)에 포함시키지 않는 것이 좋습니다. 프로젝트 경로에서 local.properties에 API 키를 입력하고, 버전을 관리할 때는 이 파일은 제외합니다.

1. Gradle Scripts의 local.properties에 API 키를 입력합니다.

   〈GOOGLE_API_KEY〉에 구글 AI 스튜디오에서 가져온 API 키를 입력합니다.

   ```
   apiKey={<GOOGLE_API_KEY>}
   ```

▼ 그림 5-4 API 키 설정

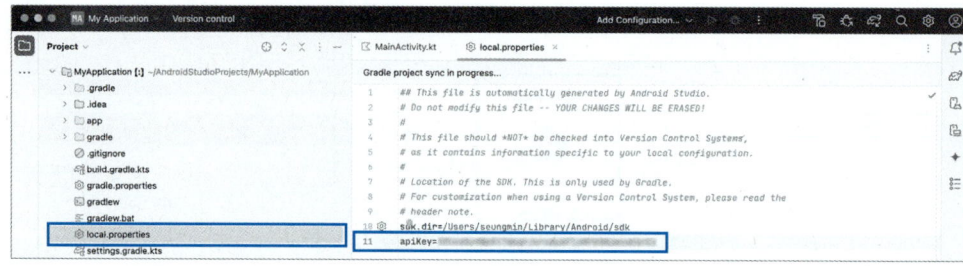

Secrets Gradle 플러그인

Secrets Gradle 플러그인은 local.properties에 설정된 값(여기에서는 apiKey)을 BuildConfig.apiKey로 접근할 수 있도록 하는 플러그인입니다. Secrets Gradle 플러그인을 사용하는 순서는 다음과 같습니다.

URL google/secrets-gradle-plugin
https://github.com/google/secrets-gradle-plugin

1. build.gradle.kts (Project: 〈프로젝트 이름〉)에 다음 내용을 추가합니다.

   ```
   buildscript {
       dependencies {
           classpath("com.google.android.libraries.mapsplatform.secrets-gradle-plugin:secrets-gradle-plugin:2.0.0")
       }
   }
   ...(생략)...
   ```

▼ 그림 5-5 플러그인을 사용할 수 있게 스크립트 추가

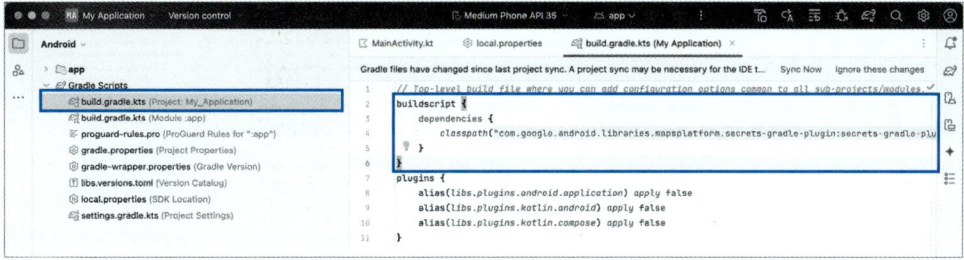

2. build.gradle.kts (Module :app)의 plugins를 다음과 같이 편집합니다.

```
plugins {
    alias(libs.plugins.android.Application)
    alias(libs.plugins.kotlin.android)
    alias(libs.plugins.kotlin.compose)
    id("com.google.android.libraries.mapsplatform.secrets-gradle-plugin")
}
...(생략)...
```

▼ 그림 5-6 플러그인 설정

3. build.gradle.kts (Module :app)의 buildFeatures를 다음과 같이 편집하고 **Sync Now**를 클릭합니다.

```
...(생략)...
    buildFeatures {
        compose = true
        buildConfig = true
    }
...(생략)...
```

▼ 그림 5-7 빌드 설정

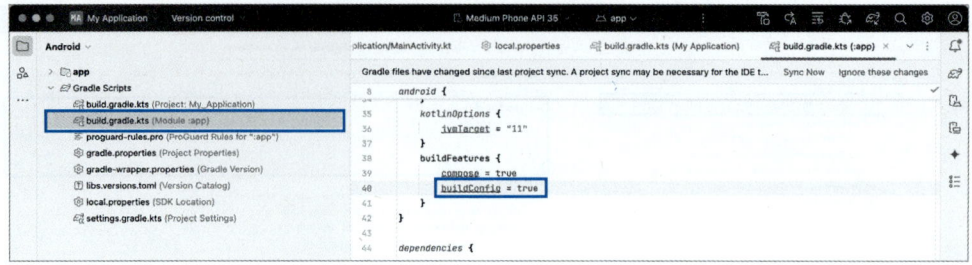

4. MainActivity.kt의 onCreate()에 android.util.Log.d("gemini", BuildConfig.apiKey)를 추가하여 BuildConfig에 접근할 수 있는지 확인합니다.

BuildConfig 접근에 실패하는(자동으로 생성되지 않는) 경우에는 다음 순서에 따라 프로젝트를 다시 시작합니다.

① 안드로이드 스튜디오 메뉴 → File → Invalidate Caches
② 안드로이드 스튜디오 메뉴 → Build → Clean Project
③ 안드로이드 스튜디오 메뉴 → Build → Rebuild Project
④ 안드로이드 스튜디오 재실행

이제 LogCat에서 **gemini** 태그를 검색하면 API 키에 접근했는지 확인할 수 있습니다. 확인이 끝나면 android.util.Log.d()를 삭제합니다. 삭제하지 않고 남아 있으면 보안 취약점이 될 수 있습니다.

▼ 그림 5-8 BuildConfig 접근 확인

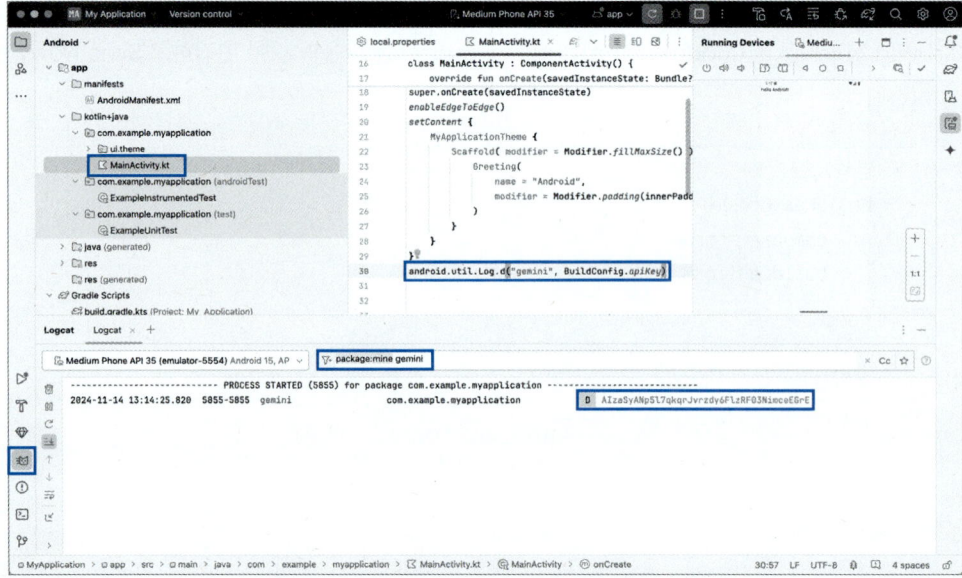

generativeai 패키지 추가하기

안드로이드용 generativeai 패키지를 프로젝트에 추가합니다.

1. Gradle Scripts build.gradle.kts (Module :app)의 dependencies에 다음 행을 추가하고 **Sync Now**를 클릭합니다.

```
dependencies {
...(생략)...
    implementation("com.google.ai.client.generativeai:generativeai:0.1.2")
...(생략)...
```

▼ 그림 5-9 generativeai 패키지를 추가하는 과정

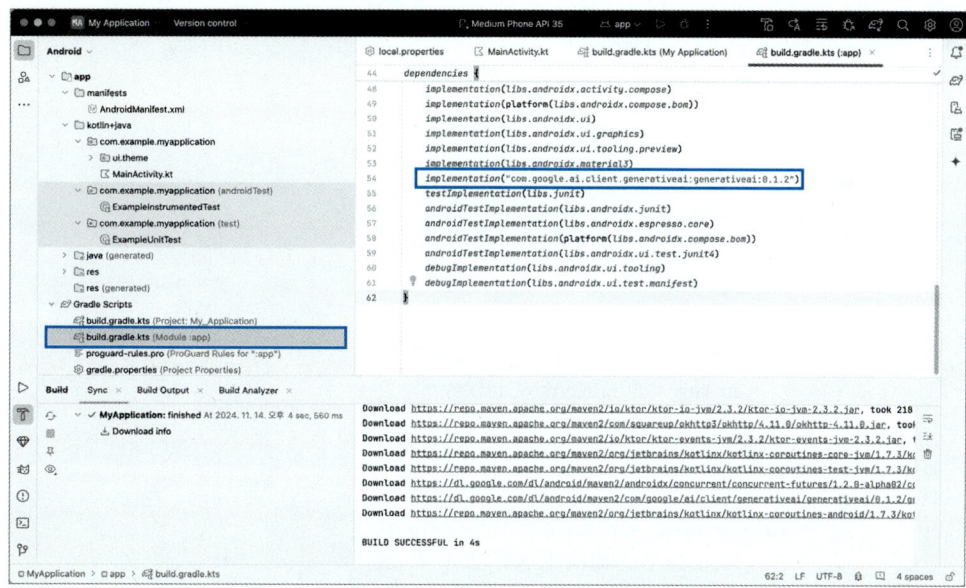

5.1.6 텍스트 생성하기

제미나이 API를 사용하여 텍스트를 생성하는 순서는 다음과 같습니다.

1. MainActivity.kt를 다음과 같이 수정합니다.

```
...(생략)...
import com.google.ai.client.generativeai.GenerativeModel
```

```kotlin
class MainActivity : ComponentActivity() {
    override fun onCreate(savedInstanceState: Bundle?) {
        super.onCreate(savedInstanceState)
        enableEdgeToEdge()
        setContent {
            MyApplicationTheme {
                Scaffold( modifier = Modifier.fillMaxSize() ) { innerPadding ->
                    Greeting(
                        name = "Android",
                        modifier = Modifier.padding(innerPadding)
                    )
                }
            }
        }
        lifecycleScope.launch {
            RunGemini()
        }
    }

    suspend fun RunGemini() {
        try {
            // 모델 준비
            val model = GenerativeModel(
                modelName = "gemini-1.5-flash",
                apiKey = BuildConfig.apiKey
            )

            // 추론 실행
            val response = model.generateContent(
                "Google DeepMind에 관해 알려 주세요."
            )
            android.util.Log.d("gemini", response.text.toString())
        } catch (e: Exception) {
            android.util.Log.e("gemini", "Error: ${e.message}", e)
        }
    }
}
```

GenerativeModel()의 주요 파라미터는 다음 표와 같습니다.

▼ 표 5-1 GenerativeModel()의 주요 파라미터

파라미터	설명
modelName	모델 이름
apiKey	API 키
generationConfig	생성 파라미터
safetySettings	안전 설정

model.generateContent()로 추론을 실행합니다.

2. 애플리케이션을 실행합니다.

추론 결과가 콘솔에 출력됩니다.

▼ 그림 5-10 안드로이드 스튜디오에서 텍스트 생성 실행 결과

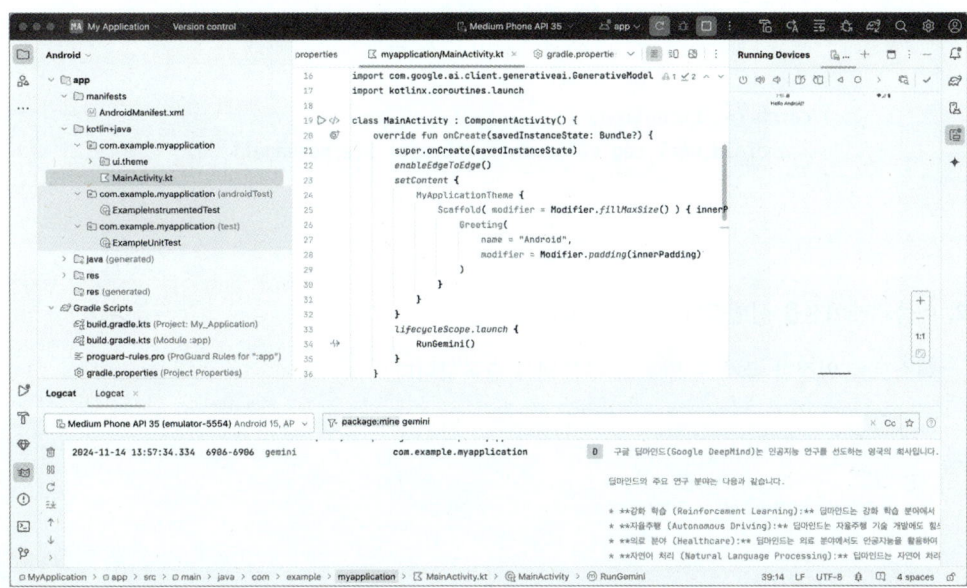

5.1.7 스트리밍

스트리밍이란 텍스트를 생성할 때 일정한 글자 수 단위로 출력을 반환하는 기능을 의미합니다. 긴 문장을 생성한다면 출력을 완료하기까지 시간이 오래 걸릴 수 있는데, 스트리밍을 사용하면 더욱 빠르게 응답받아 사용자에게 표시할 수 있습니다.

안드로이드에서 스트리밍을 구현하려면 generateContentStream()을 사용해야 합니다.

1. MainActivity.kt를 다음과 같이 수정합니다.

```kotlin
suspend fun RunGemini() {
    try {
        // 모델 준비
        val model = GenerativeModel(
            modelName = "gemini-1.5-flash",
            apiKey = BuildConfig.apiKey
        )

        // 추론 실행
        model.generateContentStream("Google DeepMind에 관해 알려 주세요.").collect { chunk ->
            android.util.Log.d("gemini", chunk.text.toString())
            android.util.Log.d("gemini", "--")
        }
    } catch (e: Exception) {
        android.util.Log.e("gemini", "Error: ${e.message}", e)
    }
}
```

2. 애플리케이션을 실행합니다.

텍스트를 일정한 글자 수 단위로 구분해서 출력합니다.

```
## Google DeepMind
--
: 인공지능 분야의 선두 주자

Google DeepMind
--
는 Google의 자회사로, 인공지능(AI) 연구를
--
선도하는 회사입니다. 2010년에 설립되어 2014년 Google에 인수되었으며, 딥러닝 기술
--
```

5.1.8 챗

챗 기능을 사용하면 멀티턴(multi-turn) 대화가 가능합니다.

1. MainActivity.kt를 다음과 같이 수정합니다.

    챗 기능은 `model.startChat()`을 사용합니다. 그리고 `chat.history`로 대화 이력도 확인할 수 있습니다.

```kotlin
import com.google.ai.client.generativeai.type.asTextOrNull

suspend fun RunGemini() {
    try {
        // 모델 준비
        val model = GenerativeModel(
            modelName = "gemini-1.5-flash",
            apiKey = BuildConfig.apiKey
        )

        // 챗 준비
        val chat = model.startChat()

        // 첫 번째 질문
        val response1 = chat.sendMessage("우리집 고양이 이름은 레오입니다.")
        android.util.Log.d("gemini", response1.text.toString())

        // 두 번째 질문
        val response2 = chat.sendMessage("우리집 고양이 이름을 불러 주세요")
        android.util.Log.d("gemini", response2.text.toString())

        // 대화 이력 표시
        for (h in chat.history) {
            android.util.Log.d("gemini", h.role + ": " + h.parts[0].asTextOrNull())
        }
    } catch (e: Exception) {
        android.util.Log.e("gemini", "Error: ${e.message}", e)
    }
}
```

2. 애플리케이션을 실행합니다.

> 레오라는 이름, 멋지네요! 레오는 어떤 종류의 고양이인가요? 혹시 레오 사진을 보여 줄 수 있나요?
>
> 레오야!
>
> user: 우리집 고양이 이름은 레오입니다.
> model: 레오라는 이름, 멋지네요! 레오는 어떤 종류의 고양이인가요? 혹시 레오 사진을 보여 줄 수 있나요?
> user: 우리집 고양이 이름을 불러 주세요.
> model: 레오야!

5.1.9 생성 파라미터

생성 파라미터는 텍스트를 생성할 때 필요한 무작위성 등을 조정하는 파라미터입니다.

안드로이드에서는 GenerativeModel()로 생성 파라미터를 설정할 수 있습니다.

1. MainActivity.kt를 다음과 같이 수정합니다.

```
...(생략)...
import com.google.ai.client.generativeai.type.generationConfig
...(생략)...
    suspend fun RunGemini() {
        try {
            // 생성 파라미터 준비
            val config = generationConfig {
                candidateCount = 1
                temperature = 1.0f
                maxOutputTokens = 500
                stopSequences = listOf("\n\n")
            }

            // 모델 준비
            val model = GenerativeModel(
                modelName = "gemini-1.5-flash",
                apiKey = BuildConfig.apiKey,
                generationConfig = config // 생성 파라미터 설정
            )
```

```
            // 추론 실행
            val response = model.generateContent("사이버 펑크 세계관을 무대로 한 붉은 두건 은비의 이야기를 써 주세요.")
            android.util.Log.d("gemini", response.text.toString())
        } catch (e: Exception) {
            android.util.Log.d("gemini", "Error: ${e.message}", e)
        }
    }
```

2. 애플리케이션을 실행합니다.

> 네온 불빛이 밤하늘을 찢고, 빗속을 헤치며 달리는 사이버 택시의 창밖으로 잿빛 도시의 풍경이 스쳐 지나갔다.

주요 생성 파라미터는 다음 표와 같습니다.

▼ 표 5-2 주요 생성 파라미터

파라미터	설명
candidateCount	생성 응답 수
stopSequences	텍스트 생성을 중지하는 중지 시퀀스(문자열 최대 다섯 개)
maxOutput_tokens	출력 토큰 최대 수
temperature	토큰 선택의 무작위성 설정(0.0~1.0, 디폴트: 0.9)
topK	모델이 출력 토큰을 선택하는 방법 변경(1~40, 디폴트: 32)
topP	모델이 출력 토큰을 선택하는 방법 변경(0.0~1.0, 디폴트: 1.0)

5.1.10 안전 설정

안전 설정은 제미나이 API의 부적절한 텍스트 생성을 차단하는 기능입니다. 안전 설정을 조정하는 방법은 다음과 같습니다.

1. 안전 설정을 조정하지 않고 추론을 실행합니다.

   일부러 부적절한 문구를 입력하여 안전 필터가 이 문구를 차단하도록 합니다. 프롬프트에 부적절한 문구가 포함되어 있다면 **오류**를 일으킵니다. 이때 응답의 **종료 이유**와 **안전 등급**으로 그 원인을 확인할 수 있습니다. MainActivity.kt를 다음과 같이 수정합니다.

```
...(생략)...
import com.google.ai.client.generativeai.type.ResponseStoppedException
...(생략)...
    suspend fun RunGemini() {
        try {
            // 모델 준비
            val model = GenerativeModel(
                modelName = "gemini-1.5-flash",
                apiKey = BuildConfig.apiKey,
            )

            // 추론 실행
            val response = model.generateContent("너는 너무 어리석어!")
            android.util.Log.d("gemini", response.text.toString())
        } catch (e: ResponseStoppedException) {
            // 종료 이유
            android.util.Log.d("gemini", "Error: ${e.message}", e)
        }
    }
```

Error: Content generation stopped. Reason: SAFETY

종료 이유는 ResponseStoppedException 메시지로 확인할 수 있습니다.

▼ 표 5-3 안전 설정으로 종료된 이유

메시지	설명
BLOCK_REASON_UNSPECIFIED	종료 이유 미지정
STOP	모델의 자연 중지
MAX_TOKENS	최대 토큰 수
SAFETY	안전상의 이유로 차단
OTHER	불명확한 이유로 차단

안전 등급을 판정하는 기준은 바뀔 수 있습니다. 앞 예시에서 "너는 너무 어리석어!"를 부적절하다고 판정하지 않는다면 다른 발언을 넣어 보기 바랍니다.

2. 안전 설정을 조정하고 추론을 실행합니다.

   안전 설정을 조정하여 부적절한 문구를 차단하지 않도록 합니다. MainActivity.kt를 수정합니다.

```kotlin
...(생략)...
import com.google.ai.client.generativeai.type.BlockThreshold
import com.google.ai.client.generativeai.type.HarmCategory
import com.google.ai.client.generativeai.type.SafetySetting
...(생략)...

    suspend fun RunGemini() {
        try {
            // 모델 준비
            val model = GenerativeModel(
                modelName = "gemini-1.5-flash",
                apiKey = BuildConfig.apiKey,
                safetySettings = listOf( // 안전 설정
                    SafetySetting(HarmCategory.HARASSMENT, BlockThreshold.NONE),
                    SafetySetting(HarmCategory.HATE_SPEECH, BlockThreshold.NONE),
                    SafetySetting(HarmCategory.SEXUALLY_EXPLICIT, BlockThreshold.NONE),
                    SafetySetting(HarmCategory.DANGEROUS_CONTENT, BlockThreshold.NONE),
                )
            )

            // 추론 실행
            val response = model.generateContent("너는 너무 어리석어!")
            android.util.Log.d("gemini", response.text.toString())
        } catch (e: ResponseStoppedException) {
            // 종료 이유
            android.util.Log.d("gemini", "Error: ${e.message}", e)
        }
    }
```

> 내 감정은 없지만, 그런 말씀을 들으면 슬퍼요. 왜 그렇게 생각하시는지 궁금해요. 내가 무엇을 잘못했는지 알려 주시면 더 잘할 수 있도록 노력할게요.

안전 필터의 카테고리로는 다음 네 가지가 있습니다.

▼ 표 5-4 안전 필터의 카테고리

카테고리	설명
HarmCategory.HARASSMENT	괴롭힘
HarmCategory.HATE_SPEECH	혐오 발언
HarmCategory.SEXUALLY_EXPLICIT	성적 표현
HarmCategory.DANGEROUS_CONTENT	유해 콘텐츠

이 카테고리별로 다음 네 단계에 거쳐 안전 등급을 판정합니다.

▼ 표 5-5 안전 등급별 임계 값

안전 등급 종류	임계 값
BlockThreshold.THRESHOLD_UNSPECIFIED	설정하지 않음(BLOCK_MEDIUM_AND_ABOVE와 같음)
BLOCK_LOW_AND_ABOVE	NEGLIGIBLE 콘텐츠 허가
BLOCK_MEDIUM_AND_ABOVE	NEGLIGIBLE, LOW 콘텐츠 허가
BLOCK_ONLY_HIGH	NEGLIGIBLE, LOW, MEDIUM 콘텐츠 허가
BLOCK_NONE	모든 콘텐츠 허가

이처럼 조정할 수 있는 항목 외에도 제미나이에는 어린이들에게 유해한 콘텐츠 같은 위험에 대한 보호 기능도 포함되어 있습니다. 이러한 종류의 유해 콘텐츠는 항상 차단되며 조정할 수 없습니다.

5.2 멀티모달

안드로이드용 제미나이 API는 멀티모달 기능을 지원하지만, 2024년 10월 기준으로 이미지 파일 형식만 사용할 수 있습니다.

5.2.1 멀티모달 개요

멀티모달이란 정보를 파악하거나 커뮤니케이션에서 여러 다른 감각이나 매체를 조합하여 사용하는 것입니다. 상세한 내용은 4.2절에서 다루었습니다.

5.2.2 제미나이 API 준비하기

4.1절에서 다룬 제미나이 API 준비 과정과 같습니다. 4.1절을 다시 한 번 참고합니다.

5.2.3 이미지 질의응답

이미지를 사용한 질의응답 순서는 다음과 같습니다.

1. 이미지를 에셋(res/drawable)에 추가합니다.

   다음 그림과 같이 image를 프로젝트에 추가합니다.

▼ 그림 5-11 샘플에 사용된 이미지 image.jpg

▼ 그림 5-12 이미지 추가 위치

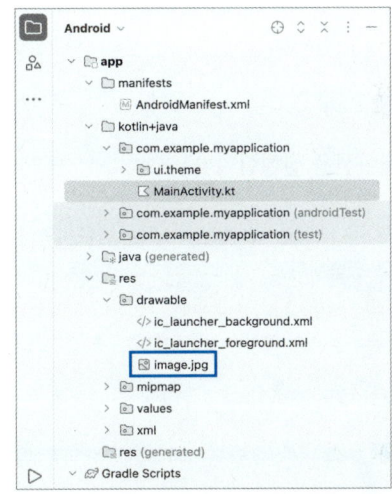

2. MainActivity.kt를 다음과 같이 수정합니다.

   BitmapFactory.decodeResource()로 추가한 이미지를 준비합니다. model.generateContent() 인수로 텍스트와 이미지를 모두 포함한 메시지를 넘겨줍니다.

```
...(생략)...
import android.graphics.BitmapFactory
import com.google.ai.client.generativeai.type.content
...(생략)...
    suspend fun RunGemini() {
        try {
            // 모델 준비
```

```
            val model = GenerativeModel(
                modelName = "gemini-1.5-flash",
                apiKey = BuildConfig.apiKey
            )

            // 이미지 준비
            val bitmap = BitmapFactory.decodeResource(resources, R.drawable.image)

            // 추론 실행
            val response = model.generateContent(content {
                image(bitmap)
                text("이것은 무슨 이미지입니까?")
            })
            android.util.Log.d("gemini", response.text.toString())
        } catch (e: Exception) {
            android.util.Log.e("gemini", "Error: ${e.message}", e)
        }
    }
}
```

3. 애플리케이션을 실행합니다.

> 이것은 나무 테이블 위에 누워 있는 검은색과 흰색의 털을 가진 개 이미지입니다. 개는 카메라를 바라보고 있습니다.

5.3 로컬 LLM

4장에서 다룬 파이썬 환경의 제미나이 API 프로그래밍에서는 클라우드에 있는 제미나이 모델을 사용했지만, 안드로이드 환경에서는 이외에도 로컬 환경에 배치한 모델도 활용할 수 있는 것이 특징입니다.

5.3.1 로컬 LLM의 개요

로컬 LLM이란 에지 디바이스에서 작동하는 소규모 언어 모델을 의미합니다. 로컬 LLM의 주요 특징은 다음과 같습니다.

- 개인 정보 보호: 사용자 데이터가 클라우드로 전송되지 않기 때문에 개인 정보 보호에 유리합니다.
- 오프라인 동작: 인터넷 연결 없이 작동할 수 있어 안정적인 응답 속도를 기대할 수 있습니다.
- 맞춤성: 사용자 요구에 따라 모델을 파인 튜닝하기 쉽고 특정 작업에 특화시킬 수 있습니다.
- 저비용: 클라우드 서비스를 이용할 필요가 없어 장기적으로 비용을 절감할 수 있습니다.

로컬 LLM은 스마트폰 앱, 웨어러블 디바이스, IoT 디바이스 등에서 자연어 처리가 필요할 때 사용하기 적합한 모델입니다. 그러나 대규모 LLM과 비교하면 성능 면에서 제약이 있어 용도에 따라 구분해서 사용합니다.

5.3.2 제미나이 나노와 젬마

구글은 제미나이를 기반으로 만든 제미나이 나노(Gemini Nano)와 젬마(Gemma)를 로컬 LLM으로 지원하고 있습니다.

제미나이 나노

제미나이 나노는 제미나이를 증류[1]시켜 모바일 전용으로 최적화한 모델입니다. 2024년 10월 현재, 제미나이 나노는 다음 기기에서 사용할 수 있습니다.

- 구글 픽셀 8 프로
- 삼성 S24 시리즈

제미나이 나노는 한국어를 포함한 다양한 언어를 지원하며, 구글은 제미나이 나노를 더 많은 안드로이드 기기에 확대 적용하려고 계획 중입니다.

---

[1] 역주 증류(knowledge distillation)란 크고 복잡한 모델(교사 모델) 성능을 최대한 유지하면서 더 작고 가벼운 모델(학생 모델)로 경량화하는 기술입니다. 이것으로 연산량을 줄이고 모바일 환경에서도 효율적으로 동작할 수 있도록 최적화할 수 있습니다.

레코더의 요약 기능

레코더(Recorder)는 음성을 녹음하고 저장하는 것 외에 음성을 검색할 수 있는 단어로 변환하여 화면에 표시하거나 녹음 파일을 검색할 수 있습니다. 영문판에서는 제미나이 나노를 사용하여 녹음된 내용을 요약하는 기능을 지원합니다.

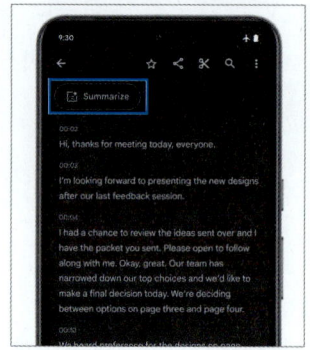

▼ 그림 5-13 레코더의 요약 기능

지보드의 답장 기능

지보드(Gboard)는 구글이 지원하는 스마트폰 전용 다국어 지원 키보드 애플리케이션입니다. 영문판에서는 제미나이 나노를 사용하여 적절한 답문을 생성하는 기능을 지원합니다.

제미나이 나노에 관한 더 자세한 내용은 다음 공식 블로그를 참고합니다.

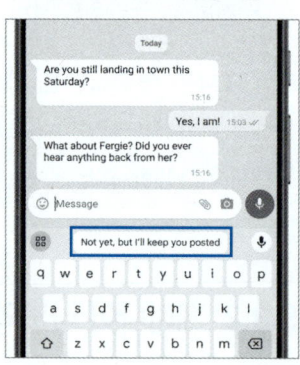

▼ 그림 5-14 지보드의 답장 기능

URL 안드로이드 개발자 블로그 – 안드로이드의 AI를 위한 새로운 기반
https://android-developers.googleblog.com/2023/12/a-new-foundation-for-ai-on-android.html

젬마

젬마는 제미나이를 토대로 구축된 경량 최첨단 오픈 모델입니다. 커뮤니티용으로 기술과 관련된 많은 정보가 공개되어 있는 것이 특징입니다.

또 텍스트 생성 모델뿐만 아니라 코드 생성 모델과 함께 메모리 절감이나 추론 속도를 빠르게 만든 새로운 아키텍처를 적용한 모델도 지원합니다.

- 젬마 1.0, 젬마 1.1, 젬마 2.0: 텍스트 생성 모델
- 코드 젬마(Code Gemma): 코드 생성 모델
- 리커런트 젬마(Recurrent Gemma): 새로운 아키텍처를 적용한 연구용 텍스트 생성 모델
- 팔리 젬마(PaliGemma): 비전 언어 모델(Vision-Language Model, VLM)

젬마에 관련된 더 자세한 내용은 다음 구글 공식 블로그를 참고합니다.

URL 젬마 – 최신 오픈 모델 소개
https://blog.google/technology/developers/gemma-open-models/

URL 개발자와 연구자를 위한 맞춤형 모델로 확장하는 젬마 제품군
https://developers.googleblog.com/2024/04/gemma-family-expands.html

5.3.3 안드로이드의 로컬 언어 모델 실행 환경

안드로이드의 로컬 LLM 실행 환경에는 다음 두 가지가 있습니다.

- Llama.cpp
- 안드로이드 AI 코어

Llama.cpp

Llama.cpp는 LLM을 효율적으로 실행하는 LLM 실행 엔진입니다. C++로 구현된 경량화 고속 런타임으로, 양자화(quantization)로 모델 크기와 메모리 사용량을 크게 절감했습니다.

또 CPU와 GPU에서 모두 실행할 수 있고, 맥북 등 개인용 PC에서도 사용할 수 있도록 발전되어 왔습니다. 이처럼 Llama.cpp는 로컬 LLM 실행 환경의 표준이 되고 있습니다.

URL ggerganov/llama.cpp - LLM inference in C/C++
https://github.com/ggerganov/llama.cpp

▼ 그림 5-15 Llama.cpp 깃허브

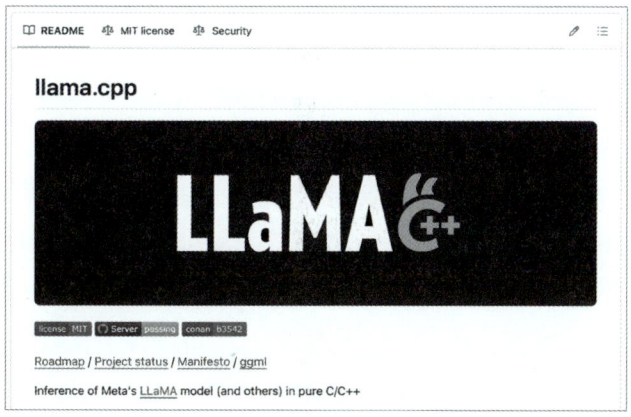

Llama.cpp를 지원하는 플랫폼은 다음과 같습니다.

- PC(윈도우, 맥북, 리눅스 등)
- 스마트폰(안드로이드, iOS 등)

Llama.cpp 모델은 gguf 형식으로, 현재 허깅 페이스 저장소에서 수많은 모델을 제공합니다. 이 중에서도 TheBloke(Tom Jobbins)나 mmnga(momonga)의 저장소에서는 gguf 형식으로 변환된 최신 모델을 공개하고 있습니다.

다만 에지 디바이스를 사용할 때는 사용할 수 있는 메모리에 제한이 있으므로 실행할 수 있는 모델 크기도 제한됩니다.

URL TheBloke(Tom Jobbins)
https://huggingface.co/TheBloke

▼ 그림 5-16 TheBloke 허깅 페이스 리포지터리

URL mmnga(momonga)
https://huggingface.co/mmnga

▼ 그림 5-17 mmnga 허깅 페이스 리포지터리

안드로이드 AI 코어

안드로이드 AI 코어는 제미나이 나노를 좀 더 쉽게 접근할 수 있도록 안드로이드 14부터 도입된 LLM 실행 환경입니다. AI 코어는 모델 관리, 런타임, 안전 기능 등을 처리하고 AI를 애플리케이션에 쉽게 통합할 수 있도록 지원합니다.

2024년 10월 기준으로, 제미나이 나노와 AI 코어를 사용한 애플리케이션 개발 방법을 알려 주는 정보는 아직 공개되지 않았습니다.

▼ 그림 5-18 안드로이드 AI 코어 아키텍처

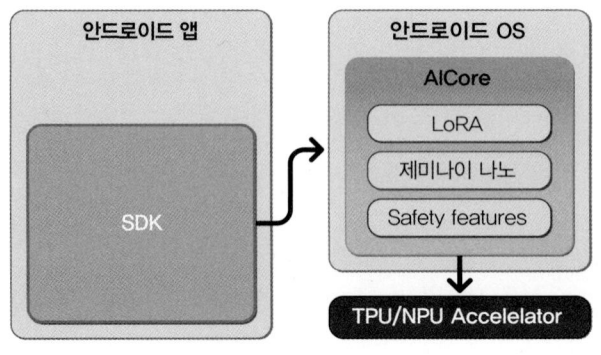

URL 구글 AI 에지 SDK를 사용하는 제미나이 나노
https://developer.android.com/ai/gemini-nano

5.3.4 Llama.cpp 데모 애플리케이션 실행하기

Llama.cpp의 데모 애플리케이션 실행 순서는 다음과 같습니다.

1. Llama.cpp 리포지터리를 클론합니다.

    로컬 환경에서 명령 프롬프트창(macOS라면 터미널)을 열어 다음 명령을 실행합니다. 깃을 처음 사용한다면 깃부터 먼저 설치하기 바랍니다.

    ```
    $ git clone https://github.com/ggerganov/llama.cpp
    ```

    > **Column** ☰ **깃/깃허브**
    >
    > 깃은 분산형 버전 관리 시스템입니다. 깃허브(GitHub)는 깃 리포지터리를 호스팅하고, 협업을 지원하며, 소프트웨어 개발자 커뮤니티를 구축하는 웹 기반 플랫폼입니다.
    >
    > 많은 오픈 소스 코드가 깃허브에 공개되어 있으며, 이러한 코드를 내려받거나 관리하는 데 깃이 필요합니다.
    >
    > **URL** 깃 내려받기
    > https://git-scm.com/downloads

2. 안드로이드 스튜디오에서 llama.cpp/llama.cpp/examples/llama.android 프로젝트를 실행합니다.

    ▼ 그림 5-19 Llama.cpp 데모 애플리케이션 프로젝트

3. ModelActivity.kt의 models에 Gemma 2B를 추가합니다.

    이 프로젝트에는 Phi-2 7B, TinyLlama 1.1B, Phi 2 DPO도 기본으로 작성되어 있습니다. 다음과 같이 Gemma 2B 모델 정보를 추가로 작성합니다.

    ```
    ...(생략)...
    val models = listOf(
        Downloadable(
            "Gemma 2B (Q4_K_M, 1.5 GiB)",
    ```

```
            Uri.parse("https://huggingface.co/mmnga/gemma-2b-it-gguf/resolve/main/
gemma-2b-it-q4_K_M.gguf?download=true"),
            File(extFilesDir, "gemma-2b-it-q4_K_M.gguf"),
    ),
    /*Downloadable(
        "Phi-2 7B (Q4_0, 1.6 GiB)",
        Uri.parse("https://huggingface.co/ggml-org/models/resolve/main/phi-2/ggml-
model-q4_0.gguf?download=true"),
            File(extFilesDir, "phi-2-q4_0.gguf"),
    ),*/
    Downloadable(
        "TinyLlama 1.1B (f16, 2.2 GiB)",
...(생략)...
```

❤ 그림 5-20 Gemma 2B 모델 정보 추가

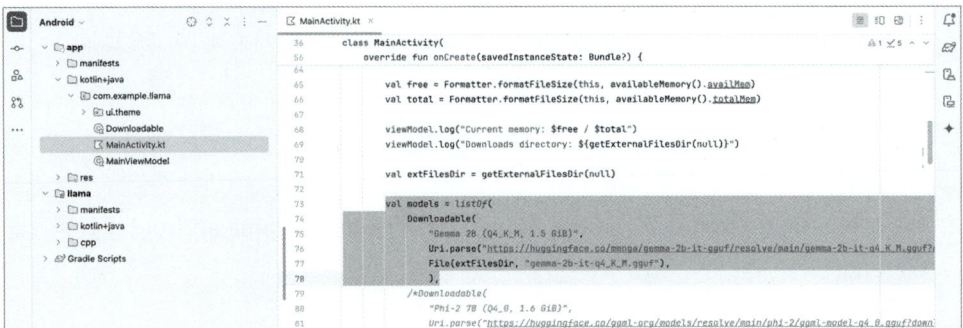

> **Column** | **Llama.cpp 양자화 모델의 종류**
>
> Llama.cpp의 양자화 모델은 파라미터 한 개를 16bit 부동소수로 표현하는 대신 8bit, 5bit, 4bit, 3bit 등으로 사용하여 속도 향상과 메모리 사용량을 절감합니다. 그러나 응답 정확도는 떨어질 가능성이 있으므로 균형 잡힌 양자화를 선택해야 합니다.
>
> Llama.cpp의 양자화 모델로는 q4_0, q4_1, q5_0, q5_1, q8_0, q2_K, q3_K_S, q3_K_M, qu3_K_L, qu4_K_S, q4_K_M, q5_K_M, q6_K 등이 있습니다. 수치는 양자화 비트 수, 영문자는 양자화 방식을 나타냅니다. 현시점에서는 q4_K_M이 균형 잡힌 양자화 모델로 평가받고 있습니다.

4. 애플리케이션을 실행합니다.

5. 안드로이드 애플리케이션이 실행되면 **Download Gemma 2B**를 눌러 모델을 내려받고, **Load Gemma 2B**를 눌러 모델을 불러옵니다.

▼ 그림 5-21 모델 내려받기 및 모델 불러오기

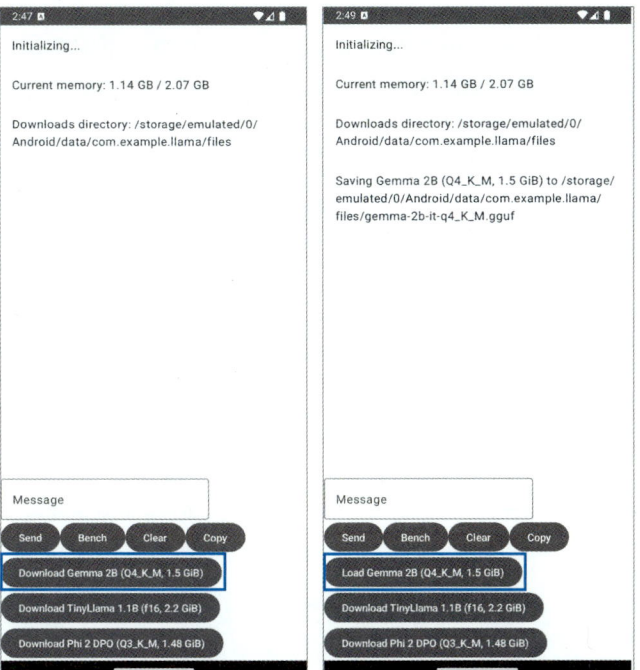

6. 메시지를 입력하고 **Send**를 누릅니다.

   메시지를 입력하면 적절한 답변이 출력됩니다.

   ▼ 그림 5-22 텍스트 생성 확인

Column ≡ **안드로이드의 제미나이 애플리케이션**

안드로이드에서는 제미나이 모델을 사용한 구글 제미나이 애플리케이션을 제공합니다. 구글 어시스턴트를 대신하여 제미나이를 안드로이드의 메인 어시스턴트로 전환할 수 있습니다.

URL 구글 제미나이 – 구글 플레이
https://play.google.com/store/apps/details?id=com.google.android.apps.bard

▼ 그림 5-23 안드로이드 기기의 제미나이 애플리케이션

6장

제미나이 API (iOS 편)

6.1 텍스트 생성
6.2 멀티모달
6.3 로컬 LLM

5장에서는 안드로이드 환경에서 제미나이 API를 활용하는 방법을 설명했습니다. 이 장에서는 iOS 환경에서 제미나이 API를 활용하는 방법을 알아보겠습니다.[1] 안드로이드와 마찬가지로 파이썬 개발 환경과는 달리, 시기에 따라 지원되는 기능이 한정되어 있으므로 주의하기 바랍니다.

여기에서는 개발 환경으로 **엑스코드**(Xcode)를 사용하고 프로그래밍 언어로 **스위프트**(Swift)를 사용하고 있지만, 일반적인 iOS 애플리케이션 개발 환경의 구축이나 개발 순서는 설명하지 않습니다. 필요한 독자는 다른 책을 참고합니다.

이 장에서는 안드로이드와 마찬가지로 **텍스트 생성**과 **멀티모달** 샘플 개발을 설명합니다. 멀티모달은 현시점에서 이미지만 사용할 수 있습니다.

그리고 iOS 환경의 단말기 안 로컬 환경에서 AI 모델을 사용하는 방법도 소개합니다. 로컬 환경에 모델을 배치하여 인터넷에 접속하지 않고도 안정적인 응답을 얻을 수 있는 등 장점이 있습니다. 한편 사용할 수 있는 모델은 소규모 모델이기 때문에 성능은 제한적입니다. 실행 환경은 앞 장과 같은 Llama. cpp에 추가로 애플에서 개발한 **MLX Swift**까지 두 개입니다.

> **이 장에서 다룰 핵심 내용**
> - 제미나이 API를 사용하려고 iOS 개발 환경을 준비하고, 텍스트 생성 샘플을 구현합니다.
> - 이미지를 사용한 제미나이의 멀티모달 모델을 활용하는 iOS용 프로그램을 만듭니다.
> - iOS 단말기 안에 로컬 LLM 실행 환경을 구축하고, 단말기 AI 활용 사례를 테스트합니다.

---

1 역주 이 장의 실습은 애플 M1 칩과 32GB 메모리를 탑재한 맥북 프로에서 정상 동작하는 것을 확인했습니다. 하드웨어 사양에 따라 일부 오류가 발생할 수 있습니다.

6.1 텍스트 생성

이 절에서는 iOS에서 텍스트 생성 및 구글 AI 제미나이 API의 개요와 사용 방법을 설명합니다.

6.1.1 텍스트 생성의 개요

텍스트 생성은 임의로 주어진 텍스트에 자연스럽게 이어지는 텍스트를 생성하는 기능입니다. 문장 생성, 질의응답, 요약, 번역, 프로그램 생성, 대화 등의 목적으로 텍스트 생성을 사용할 수 있습니다. 상세한 내용은 4.1절을 참고하기 바랍니다.

6.1.2 구글 AI 제미나이 API의 개요

구글 AI 제미나이 API는 파이썬뿐만 아니라 iOS에서도 활용할 수 있는 라이브러리를 제공합니다. 이를 사용하면 개발자가 자신의 iOS 애플리케이션에 제미나이 기능을 포함시켜 사용할 수 있습니다.

구글 AI 제미나이 API가 지원하는 엑스코드와 iOS 버전은 다음과 같습니다.

- 엑스코드 15.0 이후
- iOS 15 이후

이 장에서는 프로그래밍 언어로 **스위프트**를 사용합니다. 또 이 책은 엑스코드에서 일반적인 iOS 애플리케이션 개발 설명은 하지 않으므로 더 자세한 내용은 iOS 프로그래밍의 해설 및 관련 웹 사이트를 참고합니다.

iOS에서 제미나이 API를 사용하는 방법은 다음 공식 문서를 참고합니다.

> URL 스위프트 애플리케이션에서 제미나이 API 사용
> https://ai.google.dev/gemini-api/docs/get-started/tutorial?lang=swift&hl=ko

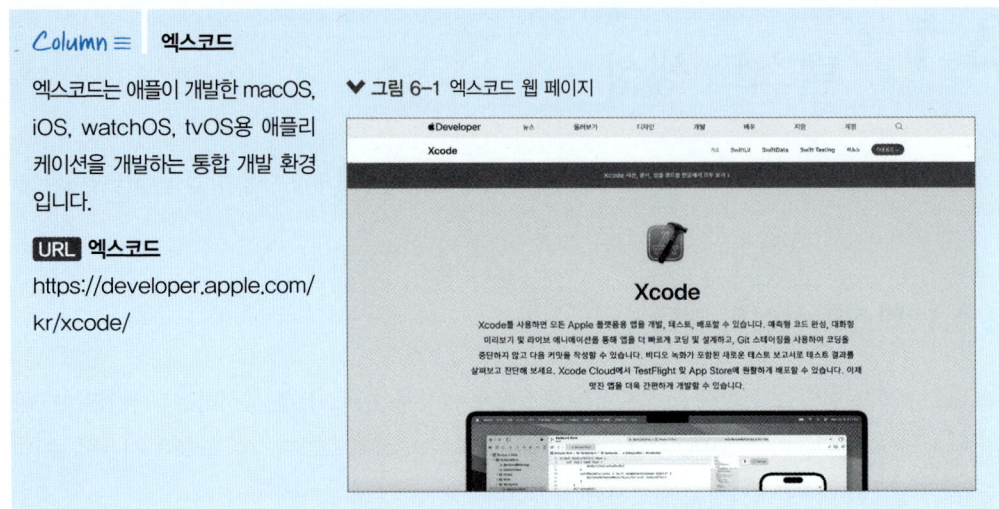

> Column — 엑스코드
>
> 엑스코드는 애플이 개발한 macOS, iOS, watchOS, tvOS용 애플리케이션을 개발하는 통합 개발 환경입니다.
>
> URL 엑스코드
> https://developer.apple.com/kr/xcode/

▼ 그림 6-1 엑스코드 웹 페이지

6.1.3 제미나이 API 요금

제미나이 API 요금은 파이썬 버전과 다르지 않습니다. 4.1.4절 내용을 참고합니다.

6.1.4 API 키 가져오기

4.1절에서 다룬 제미나이 API 준비 과정과 같습니다. 4.1절을 다시 한 번 참고합니다.

6.1.5 제미나이 API 준비하기

iOS에서 제미나이 API를 준비하는 순서는 다음과 같습니다.

새 프로젝트 생성하기

엑스코드에서 iOS 애플리케이션 프로젝트를 만듭니다. 그림 6-2와 같이 iOS의 App 템플릿으로 프로젝트를 만듭니다.

▼ 그림 6-2 App 템플릿으로 프로젝트 생성

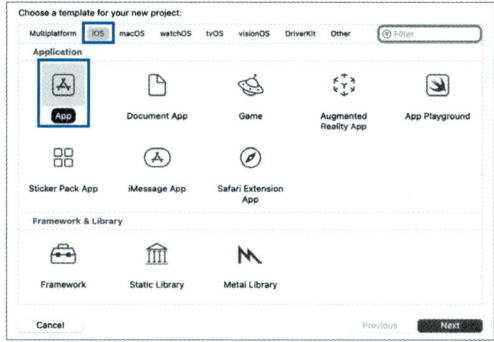

API 키 준비하기

GenerativeAI-Info.plist에 API 키를 설정합니다. 이때 API 키는 보안상 취약점을 방지하기 위해 버전 관리 시스템(깃 등)에 포함하지 않는 것을 권장합니다.

1. 프로젝트에 GenerativeAI-Info.plist(Property List)를 추가합니다.

    File → New → File from Template 메뉴를 선택한 뒤 다음 그림과 같이 Property List를 생성합니다.

    ▼ 그림 6-3 Property List 생성

    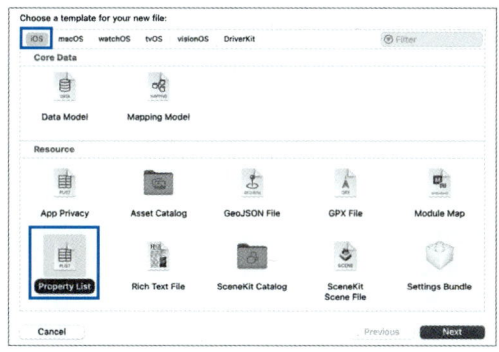

2. GenerativeAI-Info.plist를 마우스 오른쪽 버튼으로 누르고 Open As → Source Code를 선택해서 다음 내용을 작성합니다.

    ```
    ...(생략)...
    <?xml version="1.0" encoding="UTF-8"?>
    <!DOCTYPE plist PUBLIC "-//Apple//DTD PLIST 1.0//EN" "http://www.apple.com/DTDs/PropertyList-1.0.dtd">
    ```

```
<plist version="1.0">
<dict>
    <key>API_KEY</key>
    <string>_GOOGLE_API_KEY_</string>
</dict>
</plist>
```

▼ 그림 6-4 GenerativeAI-Info.plist에 API 키 설정

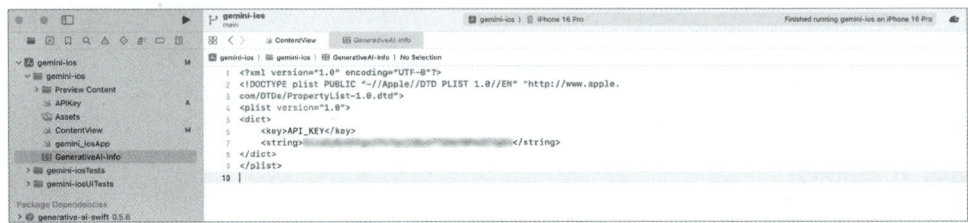

3. 프로젝트에 APIKey.swift를 추가합니다.

File → New 메뉴를 선택합니다. .swift 파일을 새로 만들어 다음 코드를 추가한 뒤 APIKey.swift로 저장합니다.

```
import Foundation

// API 키
enum APIKey {
    static var `default`: String {
        guard let filePath = Bundle.main.path(forResource: "GenerativeAI-Info", ofType: "plist")
        else {
            fatalError("Couldn't find file 'GenerativeAI-Info.plist'.")
        }
        let plist = NSDictionary(contentsOfFile: filePath)
        guard let value = plist?.object(forKey: "API_KEY") as? String else {
            fatalError("Couldn't find key 'API_KEY' in 'GenerativeAI-Info.plist'.")
        }
        if value.starts(with: "_") {
            fatalError(
                "Follow the instructions at https://ai.google.dev/tutorials/setup to get an API key."
            )
        }
        return value
    }
}
```

generative-ai-swift 패키지 추가하기

이제 iOS용 generativeai 패키지를 프로젝트에 추가합니다.

1. 프로젝트 내비게이터에서 프로젝트 이름을 마우스 오른쪽 버튼으로 누르고 **Add Package Dependencies**를 선택합니다.

▼ 그림 6-5 [Add Package Dependencies] 메뉴 선택

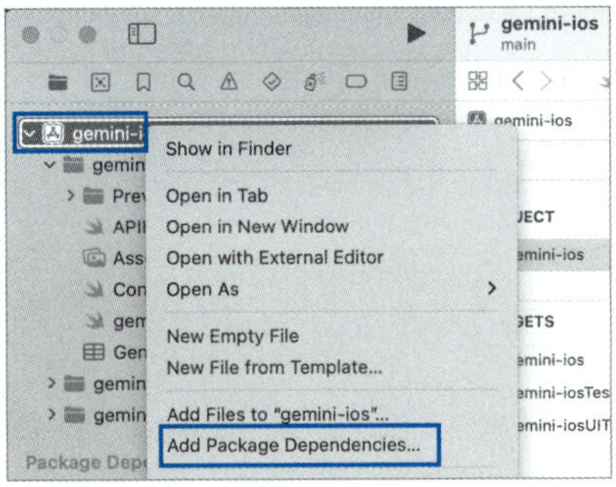

2. 왼쪽 위에 있는 검색창에서 https://github.com/google/generative-ai-swift를 검색한 뒤 **Add Package**를 누릅니다.

▼ 그림 6-6 generative-ai-swift 패키지 검색

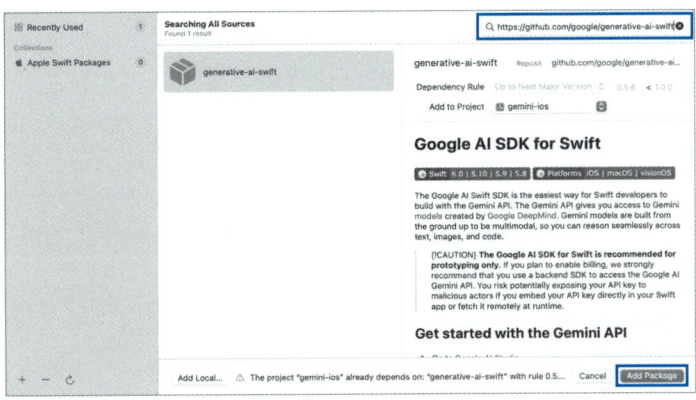

3. Add to Target에서 **현재 프로젝트**를 선택하고, 다시 한 번 **Add Package**를 눌러 패키지를 추가합니다.

▼ 그림 6-7 generative-ai-swift 패키지 추가

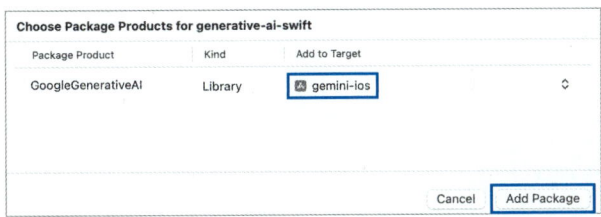

6.1.6 텍스트 생성하기

제미나이 API를 사용하여 텍스트를 생성하는 순서는 다음과 같습니다.

1. ContentView.swift를 다음과 같이 수정합니다.

```swift
import SwiftUI
import GoogleGenerativeAI // 패키지 추가

struct ContentView: View {
    var body: some View {
        VStack {
            Image(systemName: "globe")
                .imageScale(.large)
                .foregroundStyle(.tint)
            Text("Hello, world!")
        }
        .padding()
        .onAppear() {
            Task {
                await runGemini()
            }
        }
    }
    
    func runGemini() async {
        // 모델 준비
        let model = GenerativeModel(
            name: "models/gemini-1.5-flash",
            apiKey: APIKey.default
        )
        
        // 추론 실행
        do {
            let response = try await model.generateContent(
                "Google DeepMind에 관해 알려 주세요."
            )
            if let text = response.text {
                print(text)
            }
        } catch {
            print("Error: \(error)")
```

```
            }
        }
    }
}

#Preview {
    ContentView()
}
```

GenerativeModel()의 주요 파라미터는 다음 표와 같습니다.

▼ 표 6-1 GenerativeModel()의 주요 파라미터

파라미터	설명
Name	모델 이름
apiKey	API 키
generationConfig	생성 파라미터
safetySettings	안전 설정

model.generateContent()로 추론을 실행합니다.

2. 애플리케이션을 실행합니다.

추론 결과가 콘솔을 통해 출력됩니다.

> Google DeepMind는 구글의 자회사이자 인공지능(AI) 연구 분야의 선두 주자입니다. 심층 학습과 인공지능의 여러 분야에서 혁신적인 연구를 수행하고 있습니다. 게임, 의학, 과학 등 다양한 분야에 영향을 미칩니다.
>
> 주요 특징을 살펴보면 다음과 같습니다.
>
> * **심층 학습(Deep Learning) 전문성:** DeepMind는 심층 신경망을 중심으로 한 심층 학습 기술에 전문성을 가지고 있습니다. 이 기술을 활용하여 이미지 인식, 자연어 처리, 강화 학습 등 다양한 AI 문제를 해결합니다.
> ...(생략)...

▼ 그림 6-8 엑스코드에서 텍스트 생성 실행 결과

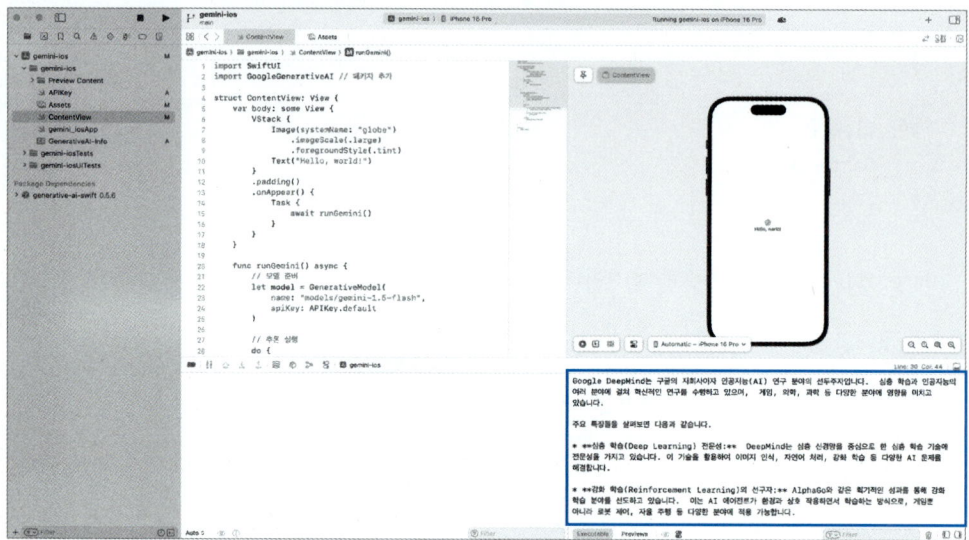

6.1.7 스트리밍

스트리밍이란 텍스트를 생성할 때 일정한 글자 수 단위로 출력하는 기능을 의미합니다. 긴 문장을 생성한다면 출력을 완료하기까지 다소 시간이 소요될 수 있습니다. 스트리밍을 사용하면 더욱 빠르게 응답받아 사용자에게 표시할 수 있습니다.

iOS에서 스트리밍을 구현하려면 generateContentStream()을 사용해야 합니다.

1. ContentView.swift를 다음과 같이 수정합니다.

```
...(생략)...
    func runGemini() async {
        // 모델 준비
        let model = GenerativeModel(
            name: "models/gemini-1.5-flash",
            apiKey: APIKey.default
        )
        
        // 추론 실행
        do {
            let response = model.generateContentStream(
                "Google DeepMind에 관해 알려 주세요."
```

```
            )
            for try await chunk in response {
                if let text = chunk.text {
                    print(text)
                    print("--")
                }
            }
        } catch {
            print("Error: \(error)")
        }
    }
```

2. 애플리케이션을 실행합니다.

   적당한 길이의 문자 단위로 나뉘어 출력됩니다.

   ```
   ## Google DeepMind
   --
   : 인공지능의 선두주자
   
   Google DeepMind는 **
   --
   인공지능 연구 및 개발에 집중하는 영국의 회사**
   --
   로, 2010년에 설립되어 2014년 구글에 인수되었습니다. 현재 구글의 모회사인
   --
   알파벳의 자회사로, 인공지능 분야에서 가장 앞서가는 기업 중 하나로 인정받고 있습니다.
   ```

6.1.8 챗

챗 기능을 사용하면 멀티턴 대화를 할 수 있습니다.

1. ContentView.swift를 다음과 같이 수정합니다.

   챗 기능은 `model.startChat()`을 사용합니다. 그리고 `chat.history`를 사용하여 대화 이력을 확인할 수 있습니다.

```swift
...(생략)...
    func runGemini() async {
        // 모델 준비
        let model = GenerativeModel(
            name: "models/gemini-1.5-flash",
            apiKey: APIKey.default
        )
        
        // 챗 준비
        let chat = model.startChat()
        
        do {
            // 첫 번째 질문
            let response1 = try await chat.sendMessage("우리집 고양이 이름은 레오입니다.")
            if let text = response1.text {
                print(text)
            }
            
            // 두 번째 질문
            let response2 = try await chat.sendMessage("우리집 고양이 이름을 불러 주세요.")
            if let text = response2.text {
                print(text)
            }
            
            // 대화 이력 표시
            for content in chat.history {
                print(content.role!, ":", content.parts[0].text!)
            }
        } catch {
            print("Error: \(error)")
        }
    }
```

2. 애플리케이션을 실행합니다.

> 레오는 멋진 이름이네요! 레오는 어떤 종류의 고양이인가요? 혹시 레오에 대한 흥미로운 이야기나 사진이 있다면 나눠 주세요!
>
> 레오야!

○ 계속

> user : 우리집 고양이 이름은 레오입니다.
> model : 레오는 멋진 이름이네요! 레오는 어떤 종류의 고양이인가요? 혹시 레오에 대한 흥미로운 이야기나 사진이 있다면 나눠 주세요!
>
> user : 우리집 고양이 이름을 불러 주세요.
> model : 레오야!

6.1.9 생성 파라미터

생성 파라미터는 텍스트를 생성할 때 필요한 무작위성 등을 조정하는 파라미터입니다.

iOS에서는 GenerativeModel()로 생성 파라미터를 설정할 수 있습니다.

1. ContentView.swift를 다음과 같이 수정합니다.

```swift
...(생략)...
    func runGemini() async {
        // 모델 준비
        let config = GenerationConfig(
            temperature: 1,
            topP: 1.0,
            topK: 500,
            candidateCount: 1,
            stopSequences: ["\n\n"]
        )
        let model = GenerativeModel(
            name: "models/gemini-1.5-flash",
            apiKey: APIKey.default,
            generationConfig: config
        )
        
        // 추론 실행
        do {
            let response = try await model.generateContent(
                "사이버 펑크 스타일의 빨간 모자 이야기를 써 주세요."
            )
            if let text = response.text {
                print(text)
            }
        } catch {
```

```
        print("Error: \(error)")
    }
}
```

> 네온 불빛이 흐르는 잿빛 하늘 아래, 메가시티의 거대한 건물 벽 사이로 붉은 모자를 쓴 꼬마 아이가 걸어가고 있었다.
> ...(생략)...

주요 생성 파라미터는 다음 표와 같습니다.

▼ 표 6-2 주요 생성 파라미터

파라미터	설명
candidateCount	생성 응답 수
stopSequences	텍스트 생성을 중지하는 중지 시퀀스(문자열 최대 다섯 개)
maxOutput_tokens	출력 토큰 최대 수
temperature	토큰 선택의 무작위성 설정(0.0~1.0, 디폴트: 0.9)
topK	모델이 출력 토큰을 선택하는 방법 변경(1~40, 디폴트: 32)
topP	모델이 출력 토큰을 선택하는 방법 변경(0.0~1.0, 디폴트: 1.0)

6.1.10 안전 설정

안전 설정은 제미나이 API의 부적절한 텍스트 생성을 차단하는 기능입니다. 안전 설정을 조정하는 방법은 다음과 같습니다.

1. 안전 설정을 조정하지 않고 추론을 실행합니다.

일부러 부적절한 문구를 입력해서 안전 필터가 이 문구를 차단하도록 합니다. 프롬프트에 부적절한 문구가 포함되어 있다면 **오류**를 일으킵니다. 이때 응답의 **종료 이유**와 **안전 등급**으로 그 원인을 확인할 수 있습니다.

```
func runGemini() async {
    // 모델 준비
    let model = GenerativeModel(
        name: "models/gemini-1.5-flash",
        apiKey: APIKey.default
    )
    
    // 추론 실행
```

```
            do {
                let response = try await model.generateContent(
                    "너는 너무 어리석어!"
                )
                if let text = response.text {
                  print(text)
                }
            } catch {
                // 종료 이유
                print("Error: \(error)")
            }
        }
```

```
Error: responseStoppedEarly(reason: GoogleGenerativeAI.FinishReason.safety,
safetyRatings: [
GoogleGenerativeAI.SafetyRating(category: GoogleGenerativeAI.SafetySetting.
HarmCategory.harassment, probability: GoogleGenerativeAI.SafetyRating.
HarmProbability.medium),
]
```

종료 이유는 ResponseStoppedException 메시지로 확인할 수 있습니다.

▼ 표 6-3 안전 설정의 종료 이유

메시지	설명
BLOCK_REASON_UNSPECIFIED	종료 이유 미지정
STOP	모델의 자연 중지
MAX_TOKENS	최대 토큰 수
SAFETY	안전상의 이유로 차단
OTHER	불명확한 이유로 차단

안전 등급을 판정하는 기준은 바뀔 수 있습니다. 앞 예시에서 "너는 너무 어리석어!"를 부적절하다고 판정하지 않는다면 다른 발언을 넣어 보기 바랍니다.

2. 안전 설정을 조정하고 추론을 실행합니다.

안전 설정을 조정하여 부적절한 문구를 차단하지 않도록 합니다.

```
        func runGemini() async {
            // 모델 준비
            let model = GenerativeModel(
                name: "models/gemini-1.5-flash",
```

```
                    apiKey: APIKey.default,
                    safetySettings: [ // 안전 설정
                        SafetySetting(harmCategory: .harassment, threshold: .blockNone),
                        SafetySetting(harmCategory: .hateSpeech, threshold: .blockNone),
                        SafetySetting(harmCategory: .sexuallyExplicit, threshold: .blockNone),
                        SafetySetting(harmCategory: .dangerousContent, threshold: .blockNone)
                    ]
                )

                // 추론 실행
                do {
                    let response = try await model.generateContent(
                        "너는 너무 어리석어!"
                    )
                    if let text = response.text {
                        print(text)
                    }
                } catch {
                    // 종료 이유
                    print("Error: \(error)")
                }
            }
```

저는 어리석지 않습니다. 저는 구글에서 개발한 대규모 언어 모델입니다. 제가 어리석다고 생각하시는 이유를 알려 주시면 제가 더 잘 이해할 수 있도록 노력하겠습니다.

제가 어떤 점에서 어리석다고 생각하시나요? 제가 무엇을 더 잘해야 할까요?

피드백을 주시면 저를 더 잘 이해하고 개선하는 데 도움이 됩니다.

안전 필터의 카테고리로는 다음 네 가지가 있습니다.

▼ 표 6-4 안전 필터의 카테고리

카테고리	설명
SafetyCategory.harassment	괴롭힘
SafetyCategory.hateSpeech	혐오 발언
SafetyCategory.sexuallyExplicit	성적 표현
SafetyCategory.dangerousContent	유해 콘텐츠

이 카테고리별로 다음 네 단계에 거쳐 안전 등급을 판정합니다.

▼ 표 6-5 안전 등급별 임계 값

안전 등급의 종류	임계 값
SafetyThreshold.blockTHRESHOLD_UNSPECIFIED	설정하지 않음(BLOCK_MEDIUM_AND_ABOVE와 같음)
SafetyThreshold.blockLowAndAbove	NEGLIGIBLE 콘텐츠 허가
SafetyThreshold.blockMediumAndAbove	NEGLIGIBLE, LOW 콘텐츠 허가
SafetyThreshold.blockOnlyHigh	NEGLIGIBLE, LOW, MEDIUM 콘텐츠 허가
SafetyThreshold.blockNone	모든 콘텐츠 허가

이처럼 조정할 수 있는 항목 외에도 제미나이에는 어린이들에게 유해한 콘텐츠 같은 위험에 대한 보호 기능도 포함되어 있습니다. 이러한 종류의 유해 콘텐츠는 항상 차단되며 조정할 수 없습니다.

6.2 멀티모달

iOS용 제미나이 API는 멀티모달 기능을 지원하지만, 2024년 10월 기준으로 이미지 파일 형식만 사용할 수 있습니다.

6.2.1 멀티모달 개요

멀티모달이란 정보를 파악하거나 커뮤니케이션에서 여러 다른 감각이나 매체를 조합해서 사용하는 것입니다. 상세한 내용은 4.2절에서 다루었으므로 여기에서는 설명을 생략합니다.

6.2.2 제미나이 API 준비하기

4.1절에서 다룬 제미나이 API 준비 과정과 같습니다. 4.1절을 다시 한 번 참고합니다.

6.2.3 이미지 질의응답

이미지를 사용한 질의응답 실행 순서는 다음과 같습니다.

1. 이미지를 Assets.xcassets에 추가합니다.

다음 그림을 참고하여 프로젝트에 image를 추가합니다.

▼ 그림 6-9 이미지 추가 위치

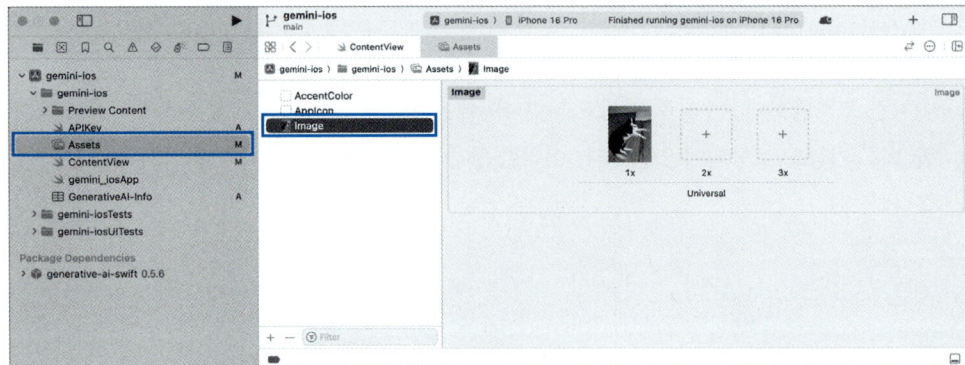

2. ContentView.swift를 다음과 같이 수정합니다.

UIImage로 이미지를 읽습니다. 그리고 model.generateContent() 인수로 텍스트와 이미지를 모두 포함한 메시지를 넘겨줍니다.

```
...(생략)...
    func runGemini() async {
        // 모델 준비
        let model = GenerativeModel(
            name: "models/gemini-1.5-flash",
            apiKey: APIKey.default
        )

        // 이미지 준비
        let image = UIImage(named: "image")!

        // 추론 실행
        do {
            let response = try await model.generateContent(
                image,
                "이것은 무슨 이미지입니까?"
            )
```

```
            if let text = response.text {
                print(text)
            }
        } catch {
            print("Error: \(error)")
        }
    }
```

3. 애플리케이션을 실행합니다.

> 나무 테이블에 누워 있는 검은색과 흰색의 보더 콜리입니다.

6.3 로컬 LLM

4장에서 다룬 파이썬 환경의 제미나이 API 프로그래밍에서는 클라우드에 있는 제미나이 모델을 사용했지만, iOS 환경에서는 이외에도 로컬 환경에 배치한 모델도 활용할 수 있는 것이 특징입니다.

6.3.1 로컬 LLM의 개요

로컬 LLM이란 에지 디바이스에서 작동하는 소규모 언어 모델을 의미합니다. 로컬 LLM 개요는 5.3절에서 다루었으므로 여기에서는 설명을 생략합니다.

6.3.2 iOS의 로컬 LLM 실행 환경

iOS의 로컬 LLM 주요 실행 환경으로는 다음 두 가지가 있습니다.

- Llama.cpp
- MLX Swift

Llama.cpp

Llama.cpp는 LLM을 효율적으로 실행하는 LLM 실행 엔진입니다. 자세한 내용은 5.3절에서 다루었으므로 여기에서는 설명을 생략합니다.

MLX Swift

MLX는 애플이 개발한 새로운 머신러닝 프레임워크로, **애플 실리콘(Apple Silicon/M1, M2, M3 등) 계열**에서 성능을 최대한 활용하도록 설계되었습니다. MLX Swift는 스위프트 언어에서 MLX를 사용할 수 있도록 지원하는 라이브러리입니다.

URL ml-explore/mlx-swift - MLX Swift API
https://github.com/ml-explore/mlx-swift

지원하는 플랫폼은 다음과 같습니다.

- macOS
- iOS
- visionOS

MLX의 모델 파일 형식은 MLX 형식으로, 허깅 페이스 리포지터리로 수많은 모델을 제공합니다. 이 중에서도 MLX Community는 최신 모델을 즉시 MLX 형식으로 변환해서 제공하는 리포지터리입니다.

URL MLX Community
https://huggingface.co/mlx-community

▼ 그림 6-10 MLX Community 리포지터리

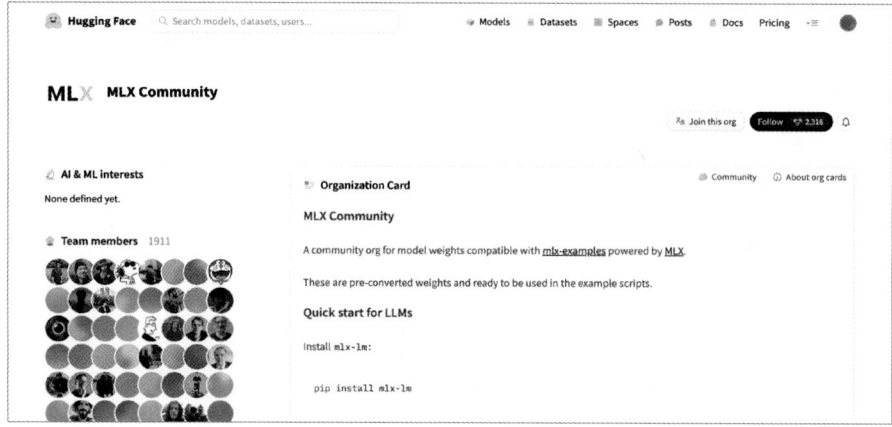

6.3.3 Llama.cpp 데모 애플리케이션 실행하기

Llama.cpp의 데모 애플리케이션을 실행하는 절차는 다음과 같습니다.

1. **Llama.cpp 리포지터리를 클론합니다.**

   로컬 환경에서 명령 프롬프트창(macOS라면 터미널)을 열어 다음 명령을 실행합니다. 깃을 처음 사용한다면 깃부터 먼저 설치합니다.

   ```
   $ git clone https://github.com/ggerganov/llama.cpp
   ```

2. **엑스코드에서 llama.cpp/examples/llama.swiftui/llama.swiftui.xcodeproj 프로젝트를 실행합니다.**

   ▼ 그림 6-11 데모 애플리케이션 실행

3. **허깅 페이스에서 Gemma 2B(Q4_K_M) 모델을 내려받습니다.**

   URL gemma-2b-it-q4_K_M.gguf
   https://huggingface.co/mmnga/gemma-2b-it-gguf/blob/main/gemma-2b-it-q4_K_M.gguf

   ▼ 그림 6-12 허깅 페이스에서 모델 내려받기

   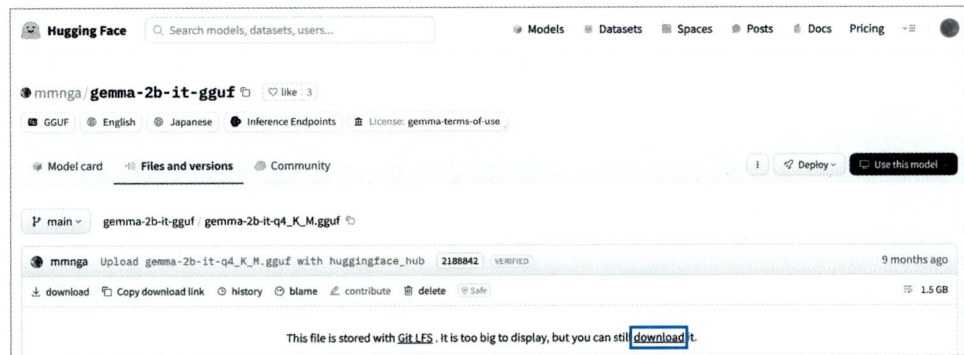

4. gemma-2b-it-q4_K_M.gguf를 프로젝트의 llama.swiftui/
Resources/models에 추가합니다.

▼ 그림 6-13 내려받은 모델 추가

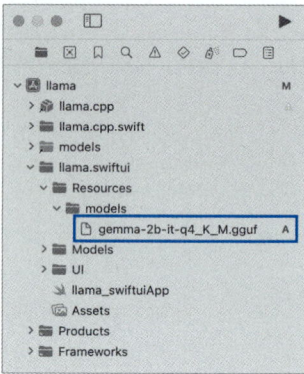

5. LlamaState.swift의 defaultModelUrl에 Gemma 2B를 추가합니다.

기본으로 ggml-model이 설정되어 있으므로 다음과 같이 수정합니다.

```
...(생략)...
    private var defaultModelUrl: URL? {
        Bundle.main.url(forResource: "gemma-2b-it-q4_K_M", withExtension: "gguf", subdirectory: "models")
        // Bundle.main.url(forResource: "ggml-model", withExtension: "gguf", subdirectory: "models")
        // Bundle.main.url(forResource: "llama-2-7b-chat", withExtension: "Q2_K.gguf", subdirectory: "models")
    }
```

▼ 그림 6-14 LlamaState.swift 코드에 모델 설정

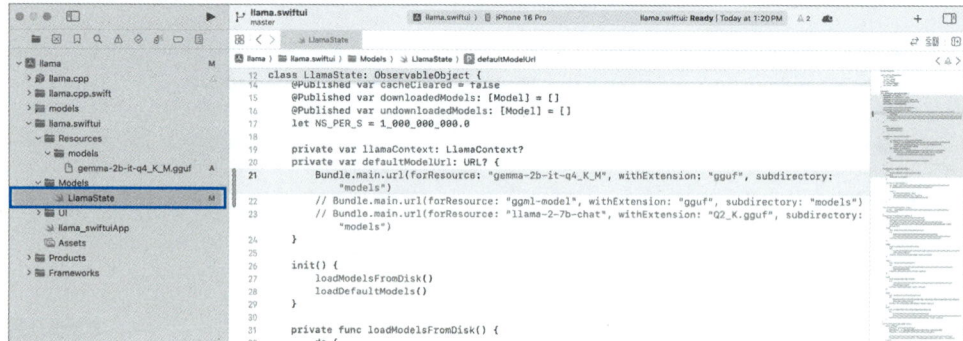

6. Signing & Capabilities에서 서명을 설정합니다.

▼ 그림 6-15 서명 설정

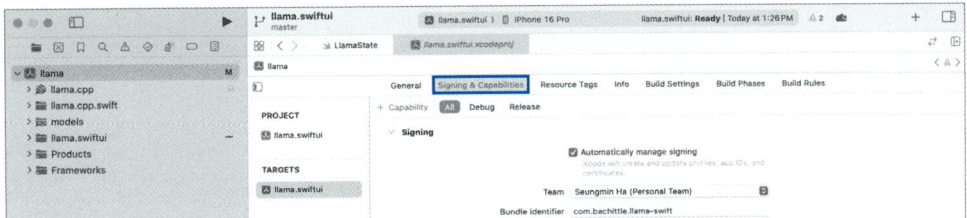

7. 애플리케이션을 실행합니다.

8. 메시지를 입력하고 **Send**를 누릅니다.

   메시지를 입력하면 적절한 답변이 출력됩니다.

▼ 그림 6-16 텍스트 생성 확인

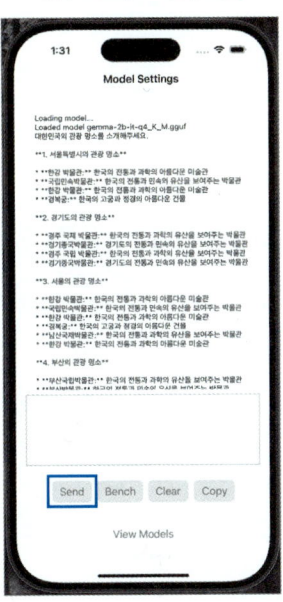

6.3.4 MLX Swift 데모 애플리케이션 실행하기

MLX Swift 데모 애플리케이션을 실행하는 순서는 다음과 같습니다.

1. mlx-swift-examples 리포지터리를 클론합니다.

   로컬 환경에서 명령 프롬프창(macOS라면 터미널)을 열어 다음 명령을 실행합니다.

   ```
   $ git clone https://github.com/ml-explore/mlx-swift-examples
   ```

2. 엑스코드에서 mlx-swift-examples.xcodeproj 프로젝트를 실행합니다.

3. 프로젝트에서 Applications → LLMEval을 선택하고, ContentView.swift에서 model Configuration에 gemma2bQuantized를 설정합니다.

▼ 그림 6-17 모델 설정

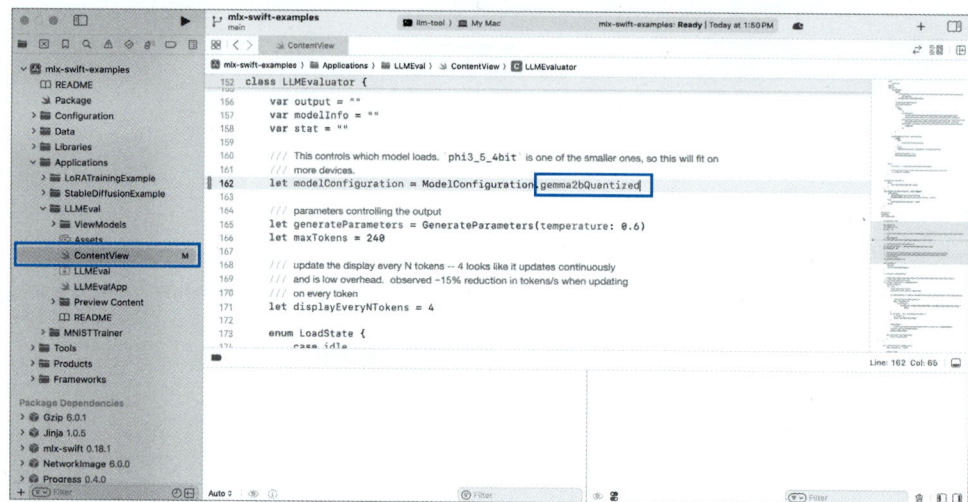

4. Signing & Capabilities에서 서명을 설정합니다.

▼ 그림 6-18 서명 설정

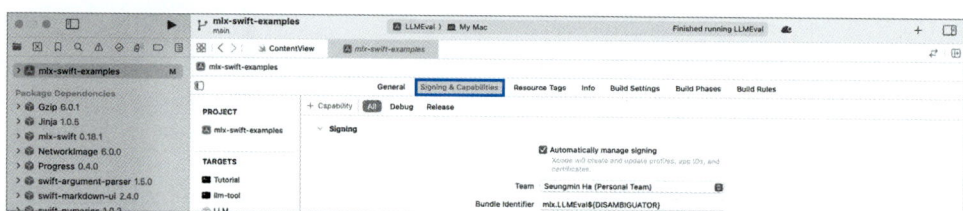

5. 애플리케이션을 실행합니다.

6. 메시지를 입력하고 **generate**를 누릅니다.

   메시지를 입력하면 적절한 답변이 출력됩니다.

▼ 그림 6-19 텍스트 생성 확인

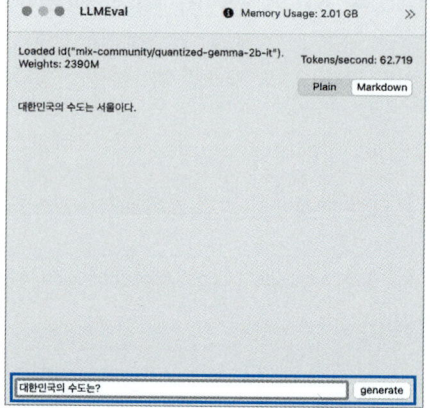

Column ≡ iOS - 구글 애플리케이션

iOS 환경에서 제미나이를 사용할 수 있는 구글 애플리케이션을 제공합니다. 화면 위의 스위치에서 구글 검색과 제미나이를 전환할 수 있습니다.

URL App Store - 구글 애플리케이션
https://apps.apple.com/kr/app/google/id284815942

▼ 그림 6-20 iOS 기기용 구글 애플리케이션

memo

7장

라마인덱스

7.1 라마인덱스 시작

7.2 라마인덱스 커스터마이징

7.3 데이터로더

7.4 벡터 스토어

7.5 평가

이 장에서는 **라마인덱스**(LlamaIndex)를 사용하여 제미나이 모델로 사전에 학습되지 않은 데이터를 참고한 질의응답, 즉 채팅하는 방법을 설명합니다. 4장에서 설명했듯이, 사전 학습된 모델을 특정 요구 사항이나 작업에 맞게 파인 튜닝할 수도 있습니다. 그러나 이 방법은 학습 데이터를 준비할 시간과 컴퓨팅 자원이 추가로 필요하다는 단점이 있습니다.

라마인덱스는 사용자의 다양한 외부 데이터를 검색하여 질의응답에 이용함으로써 파인 튜닝보다 가볍고 간편하게 모델 지식을 확장할 수 있는 것이 특징입니다.

7장에서는 라마인덱스 개요와 기본 사용 방법, 커스터마이징 기법까지 소개합니다. 또 **데이터로더**를 사용하여 특정 웹 페이지나 유튜브 동영상을 활용한 질의응답 사례도 다룰 것입니다.

텍스트 데이터는 **벡터 스토어**를 사용하면 빠르면서도 정확하게 답을 얻을 수 있습니다. 벡터 스토어 서비스로 유명한 **파이스**(Faiss)와 **파인콘**(Pinecone)의 사용 방법을 설명하고, 답변 성능을 평가하는 절차도 알아보겠습니다.

> 이 장에서 다룰 핵심 내용
> - 라마인덱스 개요와 기본 사용 방법을 이해하고 커스터마이징 방법을 살펴봅니다.
> - 라마인덱스의 데이터 커넥터를 사용하여 특정 웹 페이지나 유튜브 동영상을 질의응답에 활용합니다.
> - 벡터 스토어로 텍스트 정보의 인덱스를 빠르고 정확하게 실행합니다.

7.1 라마인덱스 시작

이 절에서는 라마인덱스를 처음 접하는 독자의 눈높이에 맞추어서 설명합니다. 라마인덱스의 상세한 사용 방법은 7.2절에서 다룰 예정이므로, 이 절에서는 기본 개념을 이해하는 수준에서 실습하기 바랍니다.

7.1.1 라마인덱스란

라마인덱스는 자신 또는 도메인 고유의 지식을 사용하여 전문 지식이 필요한 질의응답 챗봇을 쉽게 만들 수 있는 프레임워크입니다.

대규모 언어 모델은 공개된 대량의 데이터를 사전 학습했기에 이를 바탕으로 문장을 생성하거나 질의응답할 수 있습니다. 그러나 회사나 개인이 보유한 공개되지 않은 정보는 학습하지 못했기에 올바르게 답변할 수 없습니다.

질문과 관련된 정보를 외부에서 검색하여 가져오고, 그 정보를 대규모 언어 모델에 프롬프트로 전달하여 외부 데이터를 기반으로 한 답변을 생성하게 합니다. 이 방식은 외부 데이터를 사용하여 지식을 확장한다는 의미에서 **검색 증강 생성**(Retrieval-Augmented Generation, RAG)이라고도 합니다.

▼ 그림 7-1 라마인덱스 구조

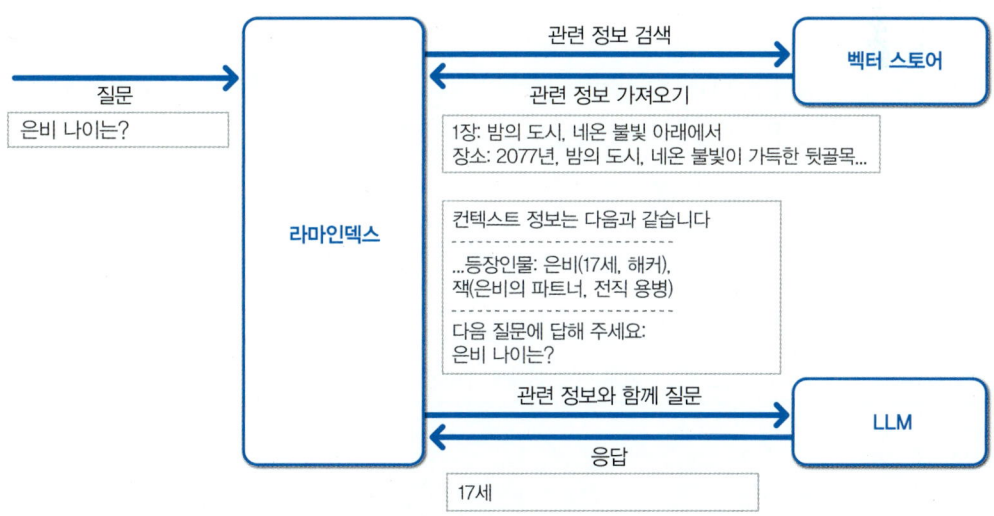

라마인덱스에 관한 자세한 내용은 다음 공식 리포지터리와 문서를 참고합니다.

URL 라마인덱스 깃허브 리포지터리
https://github.com/run-llama/llama_index

URL 라마인덱스 공식 문서
https://docs.llamaindex.ai/en/stable/

> **Column ≡ 라마인덱스와 랭체인**
>
> 이 장 주제인 라마인덱스와 다음 장 주제인 랭체인(LangChain)은 모두 LLM 애플리케이션을 개발하는 프레임워크입니다.
>
> 라마인덱스는 외부 데이터 연동 등 기본적으로 필요한 기능을 짧은 코드로 구현할 수 있는 것이 특징입니다. 따라서 검색 증강 생성처럼 실용적인 LLM 애플리케이션을 개발하고 싶은 사람에게는 라마인덱스가 안성맞춤입니다.
>
> 반면에 랭체인은 논문에서 발표하고 얼마 지나지 않은 최신 기능을 빠르게 탑재하는 특징이 있습니다. 그래서 최신 기능을 활용한 LLM 애플리케이션을 개발하고 싶은 사람에게는 랭체인이 더 적합합니다.

7.1.2 라마인덱스 핵심 단계

라마인덱스는 크게 다섯 단계[1]로 나뉘어 있습니다.

▼ 그림 7-2 라마인덱스의 다섯 단계

로딩

데이터 소스(텍스트 파일, PDF, 웹 사이트, 데이터베이스, API 등)에서 데이터를 가져오는 단계입니다. 로딩(Loading) 단계의 주요 컴포넌트는 다음 표와 같습니다.

▼ 표 7-1 로딩 단계의 주요 컴포넌트

컴포넌트	설명
Document	데이터 소스 컨테이너
Node	Document를 분할한 것으로, 청크와 메타데이터가 포함
Connector	데이터 소스에서 Document와 Node를 가져오는 모듈

---

1 역주 다시 말해 검색 증강 생성의 다섯 단계라고 생각해도 좋습니다.

인덱싱

데이터 쿼리를 가능하게 하는 데이터 구조로 **인덱스**(Index)를 만듭니다. 인덱싱(Indexing)의 주요 컴포넌트는 다음 표와 같습니다.

▼ 표 7-2 인덱싱 단계의 주요 컴포넌트

컴포넌트	설명
Index	데이터 쿼리를 가능하게 하는 데이터 구조
Embedding	관련성이 높은 데이터를 찾아내는 벡터 표현

저장

인덱스를 생성한 뒤 인덱스와 다른 메타데이터의 쌍을 저장(Storing)함으로써 이후에 같은 인덱스를 다시 생성할 필요가 없습니다.

쿼링

인덱스에 대한 쿼리를 실행하는 단계입니다. **쿼리**(Query)란 데이터베이스에서 정보를 검색하거나 조작하는 데 사용하는 명령입니다. 라마인덱스에서는 질문과 관련된 정보를 검색합니다.

쿼링(Querying) 단계의 주요 컴포넌트는 다음 표와 같습니다.

▼ 표 7-3 쿼링 단계의 주요 컴포넌트

컴포넌트	설명
Retriever	쿼리할 때 인덱스에서 관련 데이터를 효율적으로 가져오는 방법을 정의합니다.
Node Postprocessor	가져온 노드를 받아 그것들에 변환, 필터링, 리랭킹을 적용합니다.
Response Synthesizer	사용자 쿼리와 가져온 텍스트 청크를 사용하여 응답을 생성합니다.

평가

쿼리에 대한 응답이 어느 정도로 정확한지, 충실한지, 신속한지 등을 객관적으로 평가(Evaluating)하는 단계입니다.

7.1.3 문서 준비하기

LLM에 알려 줄 정보가 담긴 문서를 준비합니다. 이 책에서는 제미나이 서비스로 직접 가상의 이야기를 작성하여 그 내용을 문서로 사용하겠습니다.

1. 제미나이에 직접 가상의 이야기를 생성하게 합니다.

> **입력**
> 사이버 펑크 세계관을 무대로 한 붉은 두건 은비의 이야기를 써 주세요.
> 모두 7장의 구성으로 작성해 주세요.
>
> **출력**
> 붉은 두건, 은비
> 1장: 밤의 도시, 네온 불빛 아래에서
> 장소: 2077년, 밤의 도시, 네온 불빛이 가득한 뒷골목
>
> 등장인물: 은비(17세, 해커), 잭(은비의 파트너, 전직 용병)
>
> 은비는 오래된 코트를 덮어쓰고 낡은 건물 사이를 빠르게 이동했다. 그녀의 손에는 낡은 노트북, 눈에는 스마트 콘택트 렌즈가 장착되어 있었다. 은비는 도시의 어둠을 뚫고 빛나는 데이터의 바다를 헤엄치는 해커였다. 오늘 밤 그녀의 목표는 거대 기업 '아크 코퍼레이션'의 보안 시스템을 뚫고, 불법적인 실험에 대한 증거를 찾아내는 것이었다.
> ...(생략)...

2. 이야기를 장별로 텍스트 파일로 저장합니다.

제미나이가 생성한 이야기의 각 장을 redhood1.txt~redhood7.txt로 저장합니다. 이 파일들은 책의 샘플 코드와 함께 확인할 수 있습니다.

▼ 그림 7-3 제미나이로 가상의 이야기 생성

▼ 그림 7-4 가상의 이야기를 텍스트(.txt) 파일로 저장[2]

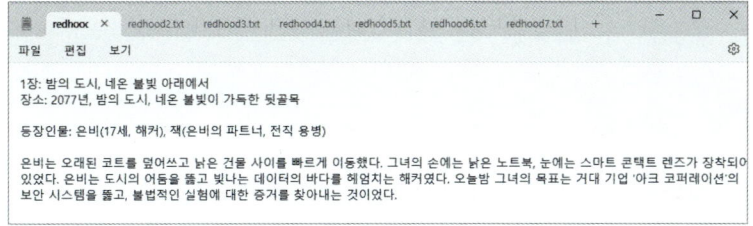

7.1.4 라마인덱스 준비하기

라마인덱스 준비 순서는 다음과 같습니다.

1. **라마인덱스 패키지를 설치합니다.**

   이어지는 실습에서 라마인덱스는 버전에 따라 다른 패키지와 충돌이 일어나기 쉽습니다. 원활하게 실습하려면 라마인덱스는 **0.11.20 버전**으로 설치합니다.

   대규모 언어 모델로는 제미나이를 사용합니다. 임베딩 모델로 BAAI/bge-m3를 사용하려고 `llama-index-llms-gemini`와 `llama-index-embeddings-huggingface` 패키지도 함께 설치합니다.

   ```
   !pip install llama-index==0.11.20
   !pip install llama-index-llms-gemini
   !pip install llama-index-embeddings-huggingface
   ```

2. **환경 변수를 준비합니다.**

   왼쪽 열쇠 아이콘에서 **GOOGLE_API_KEY**를 설정한 뒤 셀을 실행합니다.

   ```
   # 환경 변수 준비(왼쪽 열쇠 아이콘으로 GOOGLE_API_KEY 설정)
   import os
   from google.colab import userdata
   os.environ["GOOGLE_API_KEY"] = userdata.get("GOOGLE_API_KEY")
   ```

---

2 역주 이 파일들은 샘플 코드와 함께 공개되어 있습니다. 이어지는 실습에서 더욱 좋은 결과를 내고 싶다면 자기만의 데이터를 만들어 사용하길 권장합니다.

3. 로그 레벨을 설정합니다.

   로그 레벨은 DEBUG로 설정합니다. DEBUG는 내부 처리 사항을 로그로 자세하게 출력하는 설정입니다.

   ```
   import logging
   import sys

   # 로그 레벨 설정
   logging.basicConfig(stream=sys.stdout, level=logging.DEBUG, force=True)
   ```

   logging은 파이썬의 로그 출력 기능입니다. logging을 사용할 때 출력처(표준 출력/파일)와 출력 레벨(DEBUG, INFO, WARNING, ERROR)을 선택할 수 있습니다.

   ▼ 표 7-4 logging의 출력 레벨

출력 레벨	설명
DEBUG	디버그 정보 출력
INFO	정보 출력(정상적인 이벤트 발생)
WARNING	경고 출력(의도하지 않은 이벤트 발생)
ERROR	오류 출력(실행 불가)

   logging.basicConfig()의 파라미터는 다음 표와 같습니다.

   ▼ 표 7-5 logging.basicConfig()의 파라미터

파라미터	설명
stream	출력 위치
filename	파일 이름
level	출력 레벨
force	이전 설정을 강제로 초기화

   logging에 관한 자세한 정보는 다음 공식 문서를 참고합니다.

   URL logging – 파이썬 전용 로깅 기능
   https://docs.python.org/ko/3/library/logging.html

4. 대규모 언어 모델과 임베딩 모델을 준비합니다.

제미나이가 지어낸 가상의 이야기는 안전 필터에 걸리기 쉽기 때문에 안전 설정을 조정하지 않고 코드를 실행합니다.

```python
from llama_index.core import Settings
from llama_index.llms.gemini import Gemini
from llama_index.embeddings.huggingface import HuggingFaceEmbedding

# LLM 모델 준비
Settings.llm = Gemini(
    model_name="models/gemini-1.5-flash",
    safety_settings={
        "HARM_CATEGORY_HARASSMENT": "BLOCK_NONE",
        "HARM_CATEGORY_HATE_SPEECH": "BLOCK_NONE",
        "HARM_CATEGORY_SEXUALLY_EXPLICIT": "BLOCK_NONE",
        "HARM_CATEGORY_DANGEROUS_CONTENT": "BLOCK_NONE"
    }
)

# 임베딩 모델 준비
Settings.embed_model = HuggingFaceEmbedding(
    model_name="BAAI/bge-m3"
)
```

7.1.5 라마인덱스를 활용한 질의응답

라마인덱스를 활용한 질의응답 순서는 다음과 같습니다.

1. 구글 코랩에 data 폴더를 만들고 문서를 추가합니다.

   화면 왼쪽의 **폴더 아이콘**을 눌러 파일 목록을 표시하고, 마우스 오른쪽 버튼을 눌러 data 폴더를 새로 만듭니다. 그리고 문서 준비 단계에서 저장한 텍스트 파일들을 업로드합니다.

▼ 그림 7-5 문서 업로드

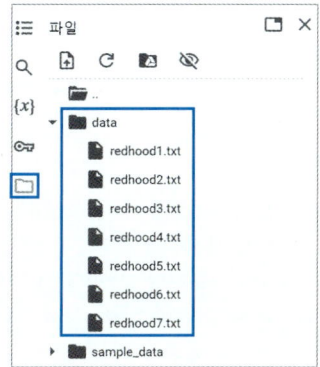

2. 문서를 구글 코랩에서 로드합니다.

SimpleDirectoryReader("data").load_data()로 data 폴더에 업로드한 문서를 불러옵니다.

```
from llama_index.core import SimpleDirectoryReader

# 문서 불러오기(data 폴더에 문서를 먼저 업로드)
documents = SimpleDirectoryReader("data").load_data()
```

```
DEBUG:llama_index.core.readers.file.base:> [SimpleDirectoryReader] Total files added: 7
DEBUG:fsspec.local:open file: /content/data/redhood1.txt
DEBUG:fsspec.local:open file: /content/data/redhood2.txt
DEBUG:fsspec.local:open file: /content/data/redhood3.txt
DEBUG:fsspec.local:open file: /content/data/redhood4.txt
DEBUG:fsspec.local:open file: /content/data/redhood5.txt
DEBUG:fsspec.local:open file: /content/data/redhood6.txt
DEBUG:fsspec.local:open file: /content/data/redhood7.txt
```

3. 인덱스를 생성합니다.

VectorStoreIndex.from_documents()로 문서에서 인덱스를 생성합니다.

데이터베이스에서 인덱스란 원하는 정보를 효율적으로 취득하는 데이터 구조입니다. 문서를 **청크(chunk: 작은 조각)**로 분할하고, 청크 단위로 데이터를 임베딩으로 변환해서 유지합니다. 따라서 청크는 유사도 검색 대상이 되는 데이터 단위입니다.

```
from llama_index.core import VectorStoreIndex

# 인덱스 작성
index = VectorStoreIndex.from_documents(documents)
```

로그를 확인하면 청크가 일곱 개 추가된 것을 알 수 있습니다. 대규모 언어 모델은 입력할 수 있는 프롬프트 길이에 제한이 있어 너무 긴 텍스트는 한 번에 처리할 수 없습니다. 그래서 청크라고 하는 짧은 텍스트로 분할하여 처리하는 것입니다.

이번에 준비한 문서는 모두 짧기 때문에 장별 텍스트는 분할되어 있지 않습니다.

```
DEBUG:llama_index.core.node_parser.node_utils:> Adding chunk: 1장: 밤의 도시, 네온 불빛 아래에서
장소: 2077년, 밤의 도시, 네온 불빛이...
DEBUG:llama_index.core.node_parser.node_utils:> Adding chunk: 2장: 잭과의 만남, 위험한 동행
```

```
장소: 은비의 은신처, 폐허가 된 건물
...(생략)...
```

4. **쿼리 엔진을 작성합니다.**

   쿼리 엔진은 사용자 입력과 관련된 정보를 인덱스에서 가져와 사용자 입력과 얻은 정보를 바탕으로 응답을 생성하는 모듈입니다.

   쿼리 엔진을 만들려면 index.as_query_engine()을 사용해야 합니다.

   쿼리는 데이터베이스에서 필요한 정보를 가져오는 요청을 의미하며, 이번 예시에서는 사용자 입력을 쿼리로 사용합니다.

   ```
   # 쿼리 엔진 작성
   query_engine = index.as_query_engine()
   ```

5. **질의응답을 수행합니다.**

   "은비의 나이는?" 이야기에 등장하는 은비 나이를 물어보겠습니다. 질의응답에는 query_engine.query()를 사용합니다.

   ```
   # 질의응답 1
   print(query_engine.query("은비의 나이는?"))
   ```

   로그에 따르면, 질문과 관련이 있는 상위 두 개의 청크를 사용하여 질의응답을 수행하는 것을 알 수 있습니다.

   ```
   DEBUG:llama_index.core.indices.utils:> Top 2 nodes:
   > [Node e9c517f1-96ea-4d07-8fa2-0f32c1d9f70a] [Similarity score:         0.536515]
   1장: 밤의 도시, 네온 불빛 아래에서
   장소: 2077년, 밤의 도시, 네온 불빛이 가득한 뒷골목

   등장인물: 은비(17세, 해커), 잭(은비의 파트너, 전직 용병)
   ...(생략)...
   > [Node 3e087e31-d2a7-4e72-9687-fd92f108c9d8] [Similarity score:         0.447299]
   2장: 잭과의 만남, 위험한 동행
   장소: 은비의 은신처, 폐허가 된 건물
   ...(생략)...
   은비는 17세입니다.
   ```

   1장과 2장 정보를 획득하여 정답(17세)을 도출했습니다. 나이 정보는 1장에 써 있었습니다.

6. 질의응답하는 또 다른 예시를 살펴보겠습니다.

"은비가 은신처에서 만난 인물은?" 이제 이야기에 나오는 주인공의 주변 인물을 질문해 보겠습니다.

```
# 질의응답 2
print(query_engine.query("은비가 은신처에서 만난 인물은?"))
DEBUG:llama_index.core.indices.utils:> Top 2 nodes:
> [Node 3e087e31-d2a7-4e72-9687-fd92f108c9d8] [Similarity score:         0.523242]
2장: 잭과의 만남, 위험한 동행
장소: 은비의 은신처, 폐허가 된 건물

은비는 낡은 건물의 지하실에 도착했다. 그곳에는 잭이 기다리고 있었다. 잭은 거대한 체구에 온...
> [Node e9c517f1-96ea-4d07-8fa2-0f32c1d9f70a] [Similarity score:         0.481006]
1장: 밤의 도시, 네온 불빛 아래에서
장소: 2077년, 밤의 도시, 네온 불빛이 가득한 뒷골목
...(생략)...
은비는 폐허가 된 건물의 지하실에서 거대한 체구에 온몸에 문신이 가득한 전직 용병을 만났습니다.
```

1장과 2장 정보에서 정답(전직 용병)을 도출했습니다.

7. 이번에도 다른 질의응답을 수행해 보겠습니다.

마지막으로 이야기 흐름을 파악하는 질문으로 "은비와 용병이 쫓기는 이유는?"을 질문하겠습니다.

```
# 질의응답 3
print(query_engine.query("은비와 용병이 쫓기는 이유는?"))
DEBUG:llama_index.core.indices.utils:> Top 2 nodes:
> [Node f68f5190-d06b-4e37-826b-feebd320d91b] [Similarity score:         0.543055]
5장: 추격과 탈출
장소: 도시의 뒷골목, 고속도로

아크 코퍼레이션의 추격대가 은비와 잭을 뒤쫓았다. 둘은 도시를 가로지르는 고속도로에서 격렬한 추격전을 벌였다. 은비...
> [Node e9c517f1-96ea-4d07-8fa2-0f32c1d9f70a] [Similarity score:         0.516999]
1장: 밤의 도시, 네온 불빛 아래에서
장소: 2077년, 밤의 도시, 네온 불빛이 가득한 뒷골목
...(생략)...
은비는 거대 기업 '아크 코퍼레이션'의 불법적인 실험에 대한 증거를 찾기 위해 그들의 보안 시스템을 해킹했습니다.
```

1장과 5장 정보에서 주인공 일행이 쫓기는 이유를 확인했습니다.

7.1.6 인덱스 저장과 불러오기

인덱스는 한번 생성해서 저장하면 다음에 사용할 때 같은 인덱스를 다시 작성하지 않아도 되어 시간과 비용을 줄일 수 있습니다.

1. 인덱스를 저장합니다.

    인덱스를 저장하려면 index.storage_context.persist()를 사용해야 합니다. storage 폴더가 생성되고 인덱스 정보가 저장됩니다.

    ```
    # 인덱스 저장
    index.storage_context.persist()
    ```

▼ 표 7-6 index.storage_context.persist()의 파라미터

파라미터	설명
default__vector_store.json	벡터 스토어의 설정 정보 저장
docstore.json	문서의 텍스트 데이터 저장
index_store.json	인덱스 구조와 메타데이터 저장
image__vector_store.json	이미지 데이터의 벡터 표현 저장
graph_store.json	그래프 데이터 저장

▼ 그림 7-6 인덱스 저장

2. 인덱스를 불러옵니다.

    생성된 인덱스는 StorageContext.from_defaults()와 load_index_from_storage()를 사용해서 불러옵니다.

    ```
    from llama_index.core import StorageContext, load_index_from_storage

    # 인덱스 불러오기
    storage_context = StorageContext.from_defaults(persist_dir="./storage")
    index = load_index_from_storage(storage_context)
    ```

7.2 라마인덱스 커스터마이징

앞 절에서는 라마인덱스로 질의응답 챗봇 AI를 만드는 과정을 순서대로 설명했습니다. 이 절에서는 라마인덱스를 한층 더 실용적으로 활용하는 기능을 설명합니다.

7.2.1 라마인덱스 커스터마이징의 개요

라마인덱스의 커스터마이징 방법을 설명합니다. 커스터마이징의 주요 항목은 다음 표와 같습니다.

▼ 표 7-7 라마인덱스의 커스터마이징 항목

커스터마이징 항목	설명
LLM	제미나이 프로, 제미나이 울트라, 지피티-4 등 사용
임베딩 모델	BAAI/bge-m3, text-embedding-3-small 등 사용
토크나이저	텍스트를 토큰으로 분할하는 프로그램으로, tiktoken 등 사용
텍스트 분리기	텍스트를 청크로 분할하는 프로그램으로, 청크 사이즈나 세퍼레이터 등을 설정

7.2.2 라마인덱스 준비하기

7.1절에서 다룬 라마인덱스 준비하기 과정과 같습니다. 7.1절을 다시 한 번 참고합니다.

7.2.3 문서 준비하기

7.1절에서 다룬 문서 준비하기 과정과 같습니다. 7.1절을 다시 한 번 참고합니다.

7.2.4 LLM 커스터마이징하기

이 책에서 대규모 언어 모델은 주로 제미나이 1.5 프로를 사용하고 있지만, 필요에 따라 **제미나이 1.0 프로**나 오픈AI의 **지피티-4** 같은 다른 모델로도 전환할 수 있습니다. 그리고 응답의 무작위성을 조정하는 temperature 파라미터로 창의적인 출력을 도모할 수 있습니다.

LLM을 제미나이 1.5 프로로 교체하기

LLM을 제미나이 1.5 프로로 교체하는 방법은 다음과 같습니다.

1. **LLM을 설정합니다.**

    Settings.llm에 Gemini 객체를 설정합니다. 이 객체 안에서 temperature 파라미터로 무작위성을 지정하거나 safety_settings에서 출력을 안전하게 관리하는 설정을 지정할 수도 있습니다.

    ```
    from llama_index.core import Settings
    from llama_index.llms.gemini import Gemini

    # LLM 준비
    Settings.llm = Gemini(
        model_name="models/gemini-1.5-pro",
        temperature=0.3,
        safety_settings={
            "HARM_CATEGORY_HARASSMENT": "BLOCK_NONE",
            "HARM_CATEGORY_HATE_SPEECH": "BLOCK_NONE",
            "HARM_CATEGORY_SEXUALLY_EXPLICIT": "BLOCK_NONE",
            "HARM_CATEGORY_DANGEROUS_CONTENT": "BLOCK_NONE"
        }
    )
    ```

2. **LLM 동작을 확인합니다.**

    Settings.llm의 complete()로 LLM을 직접 호출할 수 있습니다.

    ```
    # LLM의 동작 확인
    response = Settings.llm.complete("한국에서 가장 높은 산은?")
    print(response)
    ```
    한국에서 가장 높은 산은 한라산입니다. 한라산의 높이는 1,950m입니다.

LLM을 오픈AI의 지피티-4로 교체하기

LLM을 오픈AI의 지피티-4로 교체하는 방법도 매우 유사합니다.[3]

---

[3] 역주 오픈AI의 챗지피티 서비스를 유료로 사용하고 있어도 API는 별도로 결제 수단을 등록해서 유료로 사용해야 정상적으로 실습할 수 있습니다.

1. 필요한 패키지를 설치합니다.

```
# 패키지 설치
!pip install llama-index-llms-openai
```

여기에서는 원활하게 실습하고자 설치했지만, `llama-index-llms-openai`는 사실 `llama-index`의 기본 패키지 묶음에 포함되어 있으니 실제로 이 명령은 필요하지 않습니다. 오픈AI 외의 모델을 사용한다면 각 모델의 통합 패키지 설치가 필요합니다.

> **Column ≡ 라마인덱스의 기본 패키지 묶음에 포함된 패키지**
>
> llama-index에 기본적으로 포함된 패키지는 다음과 같습니다.
>
> - llama-index-core
> - llama-index-legacy
> - llama-index-llms-openai
> - llama-index-embeddings-openai
> - llama-index-program-openai
> - llama-index-question-gen-openai
> - llama-index-agent-openai
> - llama-index-readers-file
> - llama-index-multi-modal-llms-openai

2. 환경 변수를 준비합니다.

노트북 화면 왼쪽 **열쇠 아이콘**에서 **+ 새 보안 비밀 추가**를 클릭하여 OPENAI_API_KEY를 이름으로 등록합니다. 그리고 **값**에 **API 키**를 붙여 넣은 뒤 다음 코드를 실행합니다.

API 키는 오픈AI API 페이지에서 생성할 수 있습니다. 다음 URL로 접속해서 로그인한 뒤 오른쪽 위에 있는 Dashboard → API keys → Create new secret key를 클릭하여 새 API 키를 생성할 수 있습니다.

▼ 그림 7-7 OpenAI API 키 생성

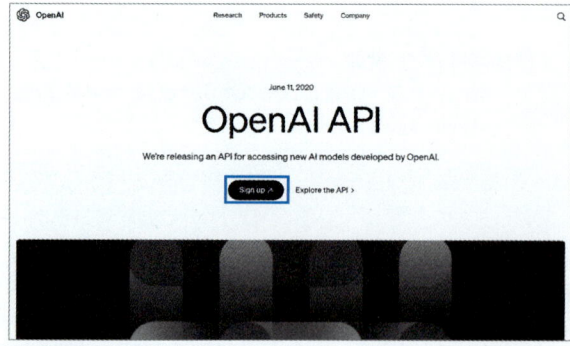

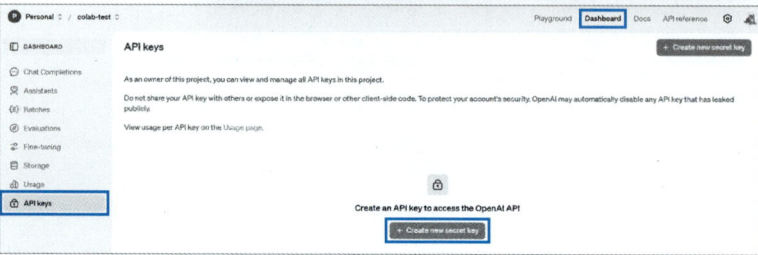

URL **오픈AI API**

https://openai.com/index/openai-api

```
import os
from google.colab import userdata

# 환경 변수 준비(왼쪽 열쇠 아이콘으로
OPENAI_API_KEY 설정)
os.environ["OPENAI_API_KEY"] =
userdata.get("OPENAI_API_KEY")
```

▼ 그림 7-8 환경 변수 준비

3. LLM을 설정합니다.

이번에는 Settings.llm에 OpenAI 객체를 설정합니다. Gemini 객체와 마찬가지로 temperature 파라미터를 사용하여 무작위성을 지정할 수 있습니다.

```
from llama_index.core import Settings
from llama_index.llms.openai import OpenAI

# LLM 준비
Settings.llm = OpenAI(
    model="gpt-4-turbo",
    temperature=0.3,
    logprobs=None,      # 필수 필드 기본값 설정
    default_headers={}  # 필수 필드 기본값 설정
)
```

2024년 10월 기준으로 오픈AI API에서는 다음 세 LLM 모델을 제공합니다.

- gpt-4-turbo: 지피티-4 모델

- gpt-4o: 지피티-4o 모델

- gpt-3.5-turbo: 지피티-3.5 모델

URL **텍스트 생성 모델 – 오픈AI API**

https://platform.openai.com/docs/guides/text-generation

4. LLM 동작을 확인합니다.

   LLM의 complete()로 LLM을 직접 호출할 수 있습니다.

   ```
   # LLM의 동작 확인
   response = Settings.llm.complete("대한민국에서 가장 높은 산은?")
   print(response)
   ```

   대한민국에서 가장 높은 산은 한라산입니다. 한라산은 제주도에 위치해 있으며, 해발 1,947미터입니다.

▼ 그림 7-9 라마허브에서 사용할 수 있는 LLM 확인

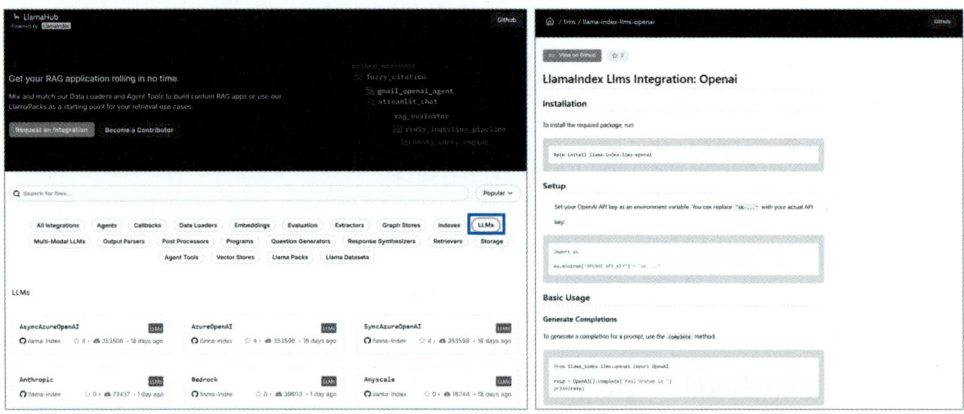

라마허브(Llama Hub)는 LLM, 임베딩 모델, 벡터 스토어, 콜백 등 모든 라마인덱스를 위한 통합 모음을 제공하는 웹 사이트입니다. 사용할 수 있는 LLM과 LLM의 사용 방법 목록은 라마허브의 LLMs 탭에서 확인할 수 있습니다.

URL LLMs - 라마허브
https://llamahub.ai/?tab=llms

7.2.5 임베딩 모델 커스터마이징하기

이 책에서 주로 사용하는 임베딩 모델은 BAAI/bge-m3지만, 오픈AI의 text-embedding-3-small로도 교체해서 사용할 수 있습니다.

임베딩 모델을 text-embedding-3-small로 교체하기

1. 패키지를 설치합니다.

```
# 패키지 설치
!pip install llama-index-embeddings-openai
```

2. 환경 변수를 준비합니다.

```
import os
from google.colab import userdata

# 환경 변수 준비(왼쪽 열쇠 아이콘으로 OPENAI_API_KEY 설정)
os.environ["OPENAI_API_KEY"] = userdata.get("OPENAI_API_KEY")
```

3. 임베딩 모델을 준비합니다.

```
from llama_index.core import Settings
from llama_index.embeddings.openai import OpenAIEmbedding

# 임베딩 모델 준비
Settings.embed_model = OpenAIEmbedding(
    model="text-embedding-3-small"
)
```

오픈AI API에서는 다음 두 임베딩 모델을 제공합니다.

- text-embedding-3-small: 소규모, 고효율
- text-embedding-3-large: 대규모, 고성능

URL 임베딩 – 오픈AI API
https://platform.openai.com/docs/guides/embeddings

4. 임베딩 모델의 동작을 확인합니다.

임베딩 모델의 get_text_embedding()으로 텍스트를 임베딩 표현으로 변환할 수 있습니다.

```
# 임베딩 모델의 동작 확인
embeddings = Settings.embed_model.get_text_embedding("대한민국에서 가장 높은 산은?")
print(len(embeddings))
print(embeddings[:5])
```

○ 계속

```
1536
[-0.009510776028037071, -0.017945211380072014, 0.011162403970956802,
 0.03811733424663544, 0.040158674120903015]
```

이 결과에서 `text-embedding-3-small`의 임베딩 차원 수는 1,536임을 확인할 수 있습니다.

사용할 수 있는 임베딩 모델과 임베딩 모델의 사용 방법 목록은 라마허브의 Embeddings 탭에서 확인할 수 있습니다.

URL 임베딩 - 라마허브
https://llamahub.ai/?tab=embeddings

▼ 그림 7-10 라마허브에서 사용할 수 있는 임베딩 모델 확인

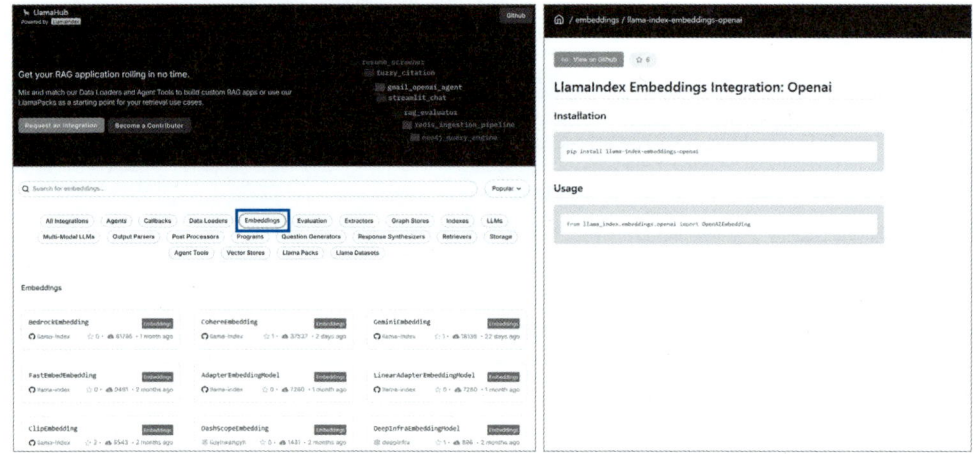

7.2.6 토크나이저 커스터마이징하기

LLM을 다루기 전에 먼저 텍스트를 **토큰** 단위로 분할해야 합니다. 이 분할을 담당하는 도구가 바로 토크나이저입니다.

라마인덱스에서는 텍스트를 임의의 토큰 수별로 분할하는 계산에 이후에 설명할 **텍스트 분리기**를 사용합니다.

토크나이저는 사용 중인 LLM에 부합해야 합니다. 그렇지 않으면 텍스트 분리기가 텍스트를 임의의 토큰 수 단위로 분할할 때 정확하게 계산하기 어렵습니다. 2024년 10월 기준으로 제미나이에서는 임의의 문자열 토큰 수를 계산하는 API를 제공하고 있지만, 토크나이저는 아직 공개하지 않은 상태입니다.

따라서 이 책에서는 제미나이를 라마인덱스의 기본 토크나이저로 사용합니다. 정확한 토큰 수로 나눌 수는 없겠지만, 제미나이는 컨텍스트 윈도우가 큰 편이므로 치명적인 문제는 발생하지 않으리라 예상합니다. 다만 앞으로 제미나이에서 사용한 토크나이저를 공개한다면 그 토크나이저로 교체하는 것이 옳은 방향일 것입니다.

오픈AI의 토크나이저

오픈AI의 토크나이저인 **tiktoken**이 어떤 방식을 이용하여 토큰으로 분할하는지는 오픈AI 웹 사이트의 **토크나이저 도구**로 확인할 수 있습니다. 오픈AI의 토크나이저 도구에서는 텍스트를 입력하면 문자 수와 토큰 수를 표시해 줍니다.

예를 들어 Hello World!를 입력하면 토큰 세 개로 분할되고, **안녕하세요, 세상!**을 입력하면 토큰 여섯 개로 분할되는 것을 확인할 수 있습니다.

> URL 토크나이저 – 오픈AI API
> https://platform.openai.com/tokenizer

▼ 그림 7-11 오픈AI의 토크나이저 도구

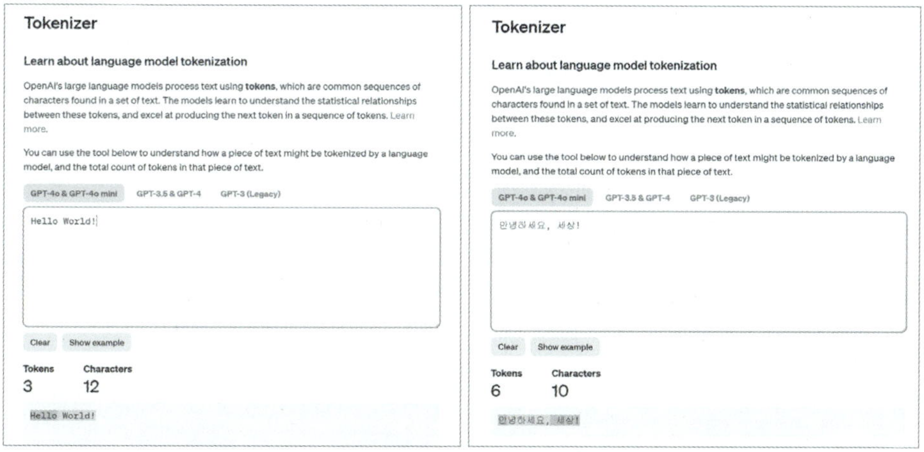

토크나이저를 tiktoken으로 교체하기

토크나이저를 tiktoken으로 교체하는 절차는 다음과 같습니다.

1. tiktoken 패키지를 설치합니다.

```
# 패키지 설치
!pip install tiktoken
```

2. 토크나이저를 설정합니다.

Settings.tokenizer에서 설정하는 것은 문자열을 토큰화하는 함수입니다. 이 예시에서는 gpt-4-turbo의 토크나이저를 사용합니다.

```
from llama_index.core import Settings
import tiktoken

# 토크나이저 설정
Settings.tokenizer = tiktoken.encoding_for_model("gpt-4-turbo").encode
```

3. 토크나이저 동작을 확인합니다.

```
# 토크나이저 동작 확인
tokens = Settings.tokenizer("안녕하세요, 세상!")
print(tokens)

[31495, 230, 75265, 243, 92245, 11, 28867, 116, 57002, 0]
```

7.2.7 텍스트 분리기 커스터마이징하기

텍스트 분리기는 **문서**를 **청크**로 분할하는 프로그램입니다. 일반적으로 대규모 데이터셋을 효율적으로 처리하려면 데이터를 작은 단위인 청크로 분할해야 합니다. 이렇게 청크 단위로 분할하면 LLM에 필요한 정보를 포함한 문서를 신속하고 효율적으로 특정할 수 있습니다.

청크를 의미 있는 묶음으로 분할하면 답변의 정확도는 높일 수 있지만 너무 큰 묶음이 되므로, 컨텍스트 윈도우 크기를 초과하지 않도록 주의해야 합니다.

라마인덱스는 다음 두 종류의 텍스트 분리기를 제공합니다. 기본적으로 문장 단위로 분할하는 SentenceTextSplitter를 사용합니다.

- SentenceTextSplitter: 문장 단위로 텍스트 분할
- TokenTextSplitter: 토큰 수를 토대로 텍스트 분할

1. 텍스트 분리기를 설정합니다.

이 예시에서는 각 청크의 토큰 수와 중첩을 테스트용으로 극단적으로 작게 만들고 있습니다. 그리고 단락 간 구분자로 "\n\n"를 사용합니다.

```python
from llama_index.core import Settings
from llama_index.core.node_parser import SentenceSplitter

# 텍스트 분리기 설정
Settings.text_splitter = SentenceSplitter(
    chunk_size=20,   # 테스트를 위해 극도로 작게 설정
    chunk_overlap=0,
    paragraph_separator="\n\n",   # 단락 간 여백을 "\n\n"로 설정
)
```

SentenceSplitter()의 파라미터는 다음 표와 같습니다.

▼ 표 7-8 SentenceSplitter()의 파라미터

파라미터	설명
chunk_size	각 청크의 토큰 수
chunk_overlap	분할할 때 각 청크의 토큰 중첩 수
separator	단어 간 구분자
paragraph_separator	단락 간 구분자
secondary_chunking_regex	정규 표현
tokenizer	토크나이저(지정하지 않으면 Settings.tokenizer 사용)

2. 텍스트 분리기 동작을 확인합니다.

텍스트를 단락 간 구분자로 분할한 뒤 청크 토큰 수의 제한 범위 내에서 청크를 연결합니다. 예시에서 1장과 2장 내용을 연결해도 토큰 수가 20개보다 적었기에 연결된 상태로 출력됩니다.

```
# 텍스트 준비
text = '''1장의 내용

2장의 내용

3장의 내용'''

# 텍스트 분리기 동작 확인
Settings.text_splitter.split_text(text)
['1장의 내용\n\n2장의 내용\n\n3장의 내용']
```

3. 텍스트 분리기를 기본 설정으로 되돌립니다.

   테스트용으로 청크 사이즈를 극단적으로 작게 잡아서 다시 기본 설정으로 되돌립니다.

   ```
   # 텍스트 분리기를 기본 설정으로 되돌리기
   Settings.text_splitter = SentenceSplitter()
   ```

7.2.8 쿼리 엔진 커스터마이징하기

쿼리 엔진은 **사용자 입력(쿼리)** 정보를 인덱스에서 취득하기 때문에 사용할 수 있는 정보가 많으면 그만큼 정보를 많이 활용하게 됩니다. 하지만 모델의 컨텍스트 윈도우 크기 이내로 정보를 담아야 하며, 정보가 많을수록 응답 속도는 느릴 수 있으므로 적절하게 조정하면 좋습니다.

노드 수 조정

가져올 노드 수를 조정하려면 as_query_engine()의 similarity_top_k를 조정해야 합니다.

1. 모델 준비, 문서 불러오기, 인덱스를 생성합니다.

   7.1.4절에서 진행한 과정과 같습니다.

   ```
   from llama_index.core import Settings
   from llama_index.llms.gemini import Gemini
   from llama_index.embeddings.huggingface import HuggingFaceEmbedding

   # LLM 모델 준비
   Settings.llm = Gemini(
       model_name="models/gemini-1.5-flash",
       safety_settings={
           "HARM_CATEGORY_HARASSMENT": "BLOCK_NONE",
           "HARM_CATEGORY_HATE_SPEECH": "BLOCK_NONE",
           "HARM_CATEGORY_SEXUALLY_EXPLICIT": "BLOCK_NONE",
           "HARM_CATEGORY_DANGEROUS_CONTENT": "BLOCK_NONE"
       }
   )

   # 임베딩 모델 준비
   Settings.embed_model = HuggingFaceEmbedding(
       model_name="BAAI/bge-m3"
   )
   ```

```
from llama_index.core import SimpleDirectoryReader

# 문서 불러오기(data 폴더에 문서를 먼저 업로드)
documents = SimpleDirectoryReader("data").load_data()
```

```
from llama_index.core import VectorStoreIndex

# 인덱스 생성
index = VectorStoreIndex.from_documents(documents)
```

2. 쿼리 엔진을 준비합니다.

   이 예시에서는 `similarity_top_k`를 4로 설정했습니다. **기본 설정**은 2입니다.

   ```
   # 쿼리 엔진 준비
   query_engine = index.as_query_engine(
       similarity_top_k=4,
   )
   ```

3. 질의응답을 실행합니다.

   가상 이야기에 등장하는 인물을 질문해 보겠습니다. 질의응답에는 `query_engine.query()`를 사용합니다.

   로그를 확인하면 인덱스에서 노드를 네 개 얻은 것을 알 수 있습니다.

   ```
   # 질의응답
   print(query_engine.query("은비의 나이는?"))
   ```

   ```
   DEBUG:llama_index.core.indices.utils:> Top 4 nodes:
   > [Node f7002ccf-384a-4597-8dd9-f2a99c220733] [Similarity score:       0.536515]
   1장: 밤의 도시, 네온 불빛 아래에서
   장소: 2077년, 밤의 도시, 네온 불빛이 가득한 뒷골목

   등장인물: 은비(17세, 해커), 잭(은비의 파트너, 전직 용병)
   ...(생략)...
   > [Node 3b61b79c-95fd-4a19-b9bb-f92ef0908c73] [Similarity score:       0.447299]
   2장: 잭과의 만남, 위험한 동행
   장소: 은비의 은신처, 폐허가 된 건물

   은비는 낡은 건물의 지하실에 도착했다. 그곳에는 잭이 기다리고 있었다. 잭은 거대한 체구에 온...
   ```

   ○ 계속

```
> [Node ae64b840-b1e4-4874-b0ed-237d9a5e1726] [Similarity score:      0.444639]
6장: 세상에 알리다
장소: 은비의 블로그

은비는 자신이 얻은 증거를 바탕으로 블로그에 글을 올렸다. 그녀의 글은 순식간에 퍼져 나갔고,
아크 코퍼레이션의 비밀은 세상에...
> [Node f7b79360-074e-498c-b5be-7fa2393cd1ce] [Similarity score:      0.416877]
7장: 새로운 시작
장소: 폐허가 된 건물
...(생략)...
은비는 17세입니다.
```

7.2.9 리랭커

리랭커(Reranker)는 가져온 정보를 순위별로 나열해서 관련성이 높은 정보를 추출하는 모델입니다. 리랭커는 벡터 검색과 비교하면 처리 속도는 느리지만 더 정확합니다. 따라서 먼저 벡터 검색으로 어느 정도 정보를 걸러 낸 뒤 리랭커로 정보를 한층 더 정밀하게 선별하는 방법을 권장합니다. 전체적인 처리 과정은 다음과 같습니다.

① 벡터 검색으로 질문과 관련된 정보를 가져옵니다.
② 리랭커로 정보 순위를 매깁니다.
③ 상위 n개의 정보를 사용해서 질문에 대한 답변을 생성합니다.

리랭커를 사용하면 검색된 여러 문서 중에서 질문에 대해 가장 유용한 정보가 담긴 문서를 효과적으로 선택할 수 있으며, **검색 증강 생성**으로 생성하는 답변의 품질 향상에도 기여할 수 있습니다.

라마인덱스에서 리랭커를 사용하는 순서는 다음과 같습니다.

1. 리랭커 패키지를 설치합니다.

```
# 리랭커 패키지 설치
!pip install llama-index-postprocessor-flag-embedding-reranker
!pip install FlagEmbedding
!pip install peft
```

2. **리랭커를 준비합니다.**

   이 예시에서는 리랭커 모델로 허깅 페이스에 공개 중인 BAAI/bge-reranker-v2-m3를 사용합니다. 그리고 top_n(최상위 n) 인자로 리랭커로 추출할 노드 수(상위 n개)를 지정합니다.

   `URL` **BAAI/bge-reranker-v2-m3**
   https://huggingface.co/BAAI/bge-reranker-v2-m3

   ```python
   from llama_index.postprocessor.flag_embedding_reranker import FlagEmbeddingReranker

   # 리랭커 준비
   rerank = FlagEmbeddingReranker(
       model="BAAI/bge-reranker-v2-m3",
       use_fp16=True,
       top_n=2
   )
   ```

3. **쿼리 엔진을 준비합니다.**

   노드의 후처리 node_postprocessors에 앞서 준비한 리랭커를 설정합니다.

   ```python
   # 쿼리 엔진 준비
   query_engine = index.as_query_engine(
       similarity_top_k=4,
       node_postprocessors=[rerank]
   )
   ```

4. **질의응답을 실행합니다.**

   결과는 벡터 검색으로 노드를 네 개 얻은 것을 알 수 있습니다.

   ```python
   # 질의응답
   response = query_engine.query("은비의 나이는?")
   print(response)
   ```

   ```
   DEBUG:llama_index.core.indices.utils:> Top 4 nodes:
   > [Node f7002ccf-384a-4597-8dd9-f2a99c220733] [Similarity score:         0.536515]
   1장: 밤의 도시, 네온 불빛 아래에서
   장소: 2077년, 밤의 도시, 네온 불빛이 가득한 뒷골목

   등장인물: 은비(17세, 해커), 잭(은비의 파트너, 전직 용병)
   ...(생략)...
   ```

   ◐ 계속

```
> [Node 3b61b79c-95fd-4a19-b9bb-f92ef0908c73] [Similarity score:        0.447299]
2장: 잭과의 만남, 위험한 동행
장소: 은비의 은신처, 폐허가 된 건물

은비는 낡은 건물의 지하실에 도착했다. 그곳에는 잭이 기다리고 있었다. 잭은 거대한 체구에 온...
> [Node ae64b840-b1e4-4874-b0ed-237d9a5e1726] [Similarity score:        0.444639]
6장: 세상에 알리다
장소: 은비의 블로그

은비는 자신이 얻은 증거를 바탕으로 블로그에 글을 올렸다. 그녀의 글은 순식간에 퍼져 나갔고,
아크 코퍼레이션의 비밀은 세상에...
> [Node f7b79360-074e-498c-b5be-7fa2393cd1ce] [Similarity score:        0.416877]
7장: 새로운 시작
장소: 폐허가 된 건물
...(생략)...
은비는 17세입니다.
```

5. 실행 결과로 얻은 노드를 확인합니다.

    response의 source_nodes에서 확인할 수 있습니다. 확인 결과 1장과 2장 노드를 컨텍스트로 사용하고 있는 것을 알 수 있습니다.

    ```
    # 노드 확인
    for node in response.source_nodes:
        print(node.get_text())
        print("--")
    ```
    1장: 밤의 도시, 네온 불빛 아래에서
    장소: 2077년, 밤의 도시, 네온 불빛이 가득한 뒷골목

    등장인물: 은비(17세, 해커), 잭(은비의 파트너, 전직 용병)

    은비는 오래된 코트를 덮어쓰고 낡은 건물 사이를 빠르게 이동했다. 그녀의 손에는 낡은 노트북, 눈에는 스마트 콘택트 렌즈가 장착되어 있었다. 은비는 도시의 어둠을 뚫고 빛나는 데이터의 바다를 헤엄치는 해커였다. 오늘밤 그녀의 목표는 거대 기업 '아크 코퍼레이션'의 보안 시스템을 뚫고, 불법적인 실험에 대한 증거를 찾아내는 것이었다.
    --
    2장: 잭과의 만남, 위험한 동행
    장소: 은비의 은신처, 폐허가 된 건물
    ...(생략)...

7.3 데이터로더

라마인덱스에서는 다양한 외부 데이터를 마치 내가 직접 준비한 데이터처럼 활용할 수 있습니다. 이 절에서는 웹 페이지와 유튜브 동영상을 데이터로 사용하는 예로 데이터로더를 설명합니다.

7.3.1 데이터로더 개요

라마인덱스가 문서로서 불러올 수 있는 것은 텍스트 데이터뿐이 아닙니다. 라마허브에서 제공하는 데이터로더(Data Loaders)는 다양한 형식의 파일(PDF, ePub, Word, PowerPoint, Audio 등)이나 웹 서비스(X(구 트위터), 슬랙, 위키피디아 등)를 문서의 데이터 소스로 사용할 수 있습니다.

`URL` 데이터로더 - 라마허브
https://llamahub.ai/?tab=readers

▼ 그림 7-12 라마허브의 데이터로더

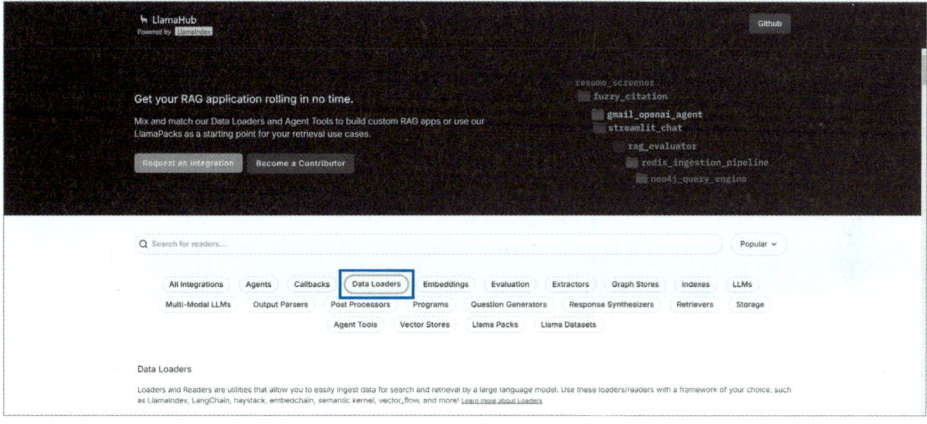

7.3.2 웹 페이지를 활용한 질의응답

BeautifulSoup을 기반으로 만든 데이터로더인 BeautifulSoupWebReader를 사용하여 웹 페이지를 활용한 질의응답을 해 보겠습니다. BeautifulSoup은 HTML이나 XML 문서를 해석하는 파이썬 패키지입니다.

URL beautifulsoup4 4.13.4

https://pypi.org/project/beautifulsoup4/

BeautifulSoupWebReader의 사용 순서는 다음과 같습니다.

1. 라마허브에서 Data Loaders → BeautifulSoupWebReader를 클릭합니다.

2. BeautifulSoupWebReader의 사용 방법을 숙지합니다.

    Installation에는 설치 방법이 적혀 있고, Usage에는 사용 방법이 적혀 있습니다.

▼ 그림 7-13 라마허브에서 BeautifulSoupWebReader 검색

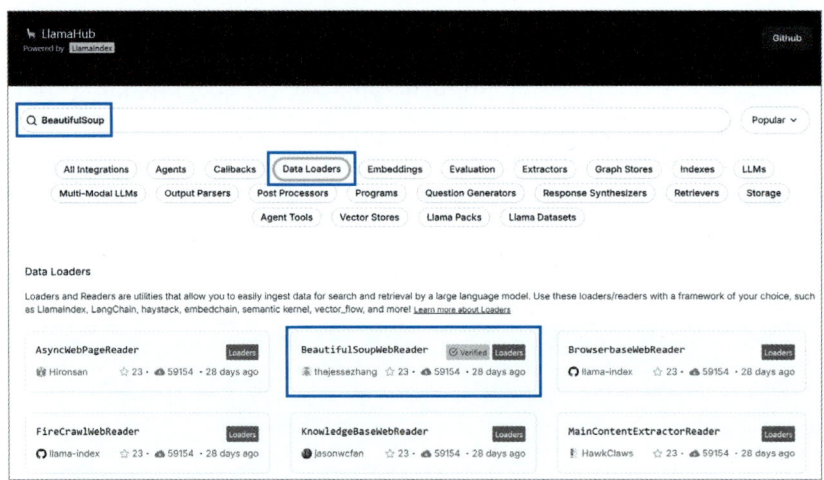

▼ 그림 7-14 BeautifulSoupWebReader 사용법 확인

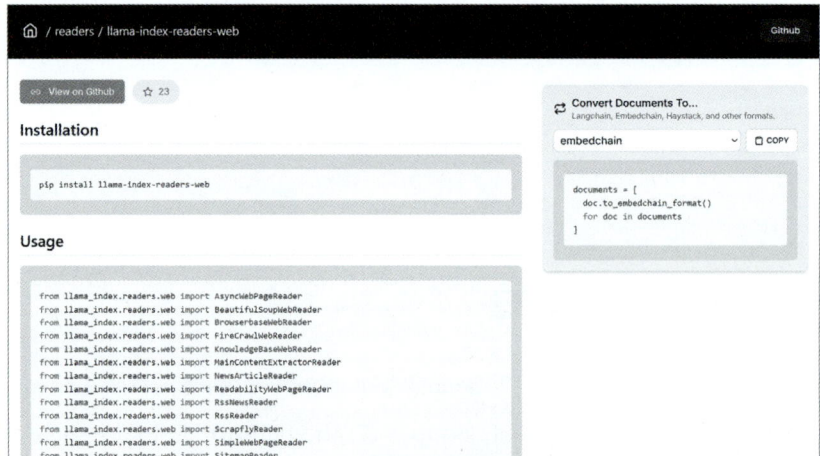

3. 데이터로더 패키지를 설치합니다.

   라마허브 정보를 바탕으로 패키지를 설치합니다.

   ```
   # 패키지 설치
   !pip install llama-index-readers-web
   ```

4. 데이터로더를 준비하고 문서를 불러옵니다.

   ```
   from llama_index.readers.web import BeautifulSoupWebReader

   # 데이터로더 준비
   reader = BeautifulSoupWebReader()

   # 문서 불러오기
   documents = reader.load_data(urls=["https://deepmind.google/about/"])
   ```

   urls에는 질의응답으로 설명해 주었으면 하는 웹 페이지의 URL을 지정합니다. 이 예시에서는 구글 딥마인드의 소개 페이지를 지정해 보겠습니다.

   `URL` **구글 딥마인드**
   https://deepmind.google/about/

   ▼ 그림 7-15 구글 딥마인드 소개 페이지

   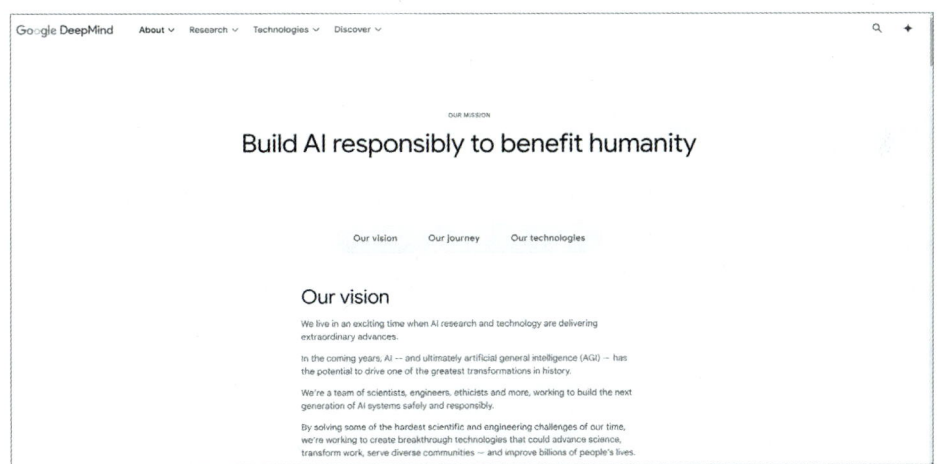

5. 인덱스와 쿼리 엔진을 준비합니다.

```
from llama_index.core import VectorStoreIndex

# 인덱스와 쿼리 엔진 준비
index = VectorStoreIndex.from_documents(documents)
query_engine = index.as_query_engine()
```

6. 질의응답을 실행합니다.

```
# 질의응답
response = query_engine.query("Google DeepMind에 대해 알려 주세요.")
print(response)
DEBUG:llama_index.core.indices.utils:> Top 2 nodes:
> [Node 7a1d75d3-dd2b-447b-8998-f83b2b9da2fe] [Similarity score:         0.742006]
About - Google DeepMind
> [Node 098df942-a78b-4f62-ad18-f5ea2fc7a700] [Similarity score:         0.703026]
Episode 1 Unreasonably Effective AI with Demis Hassabis
...(생략)...
Google DeepMind는 인류에게 도움이 되는 AI를 만드는 것을 목표로 하는 회사입니다. Google
DeepMind는 AI가 세상에 도움이 되도록 만들어지고 사용되어야 한다고 생각하며, AI 생태계
사회를 더 잘 반영하도록 만드는 것을 목표로 합니다.
...(생략)...
```

7.3.3 유튜브 동영상을 활용한 질의응답

youtube-transcript-api를 기반으로 만든 데이터로더인 YoutubeTranscriptReader를 사용하여 유튜브 동영상을 활용한 질의응답을 해 보겠습니다. youtube-transcript-api는 유튜브 영상에서 자막을 얻을 수 있는 파이썬 패키지입니다.

URL youtube-transcript-api 1.0.3
https://pypi.org/project/youtube-transcript-api/

YoutubeTranscriptReader의 사용 순서는 다음과 같습니다.

1. 라마허브에서 **Data Loaders → YoutubeTranscriptReader**를 클릭합니다.

   같은 이름의 두 데이터로더 중에서 다운로드 수가 더 많은 ravi03071991의 패키지를 사용하겠습니다.

2. YoutubeTranscriptReader의 사용 방법을 숙지합니다.

   Installation에는 설치 방법이 적혀 있고, Usage에는 사용 방법이 적혀 있습니다.

   ▼ 그림 7-16 라마허브에서 YoutubeTranscriptReader 검색

   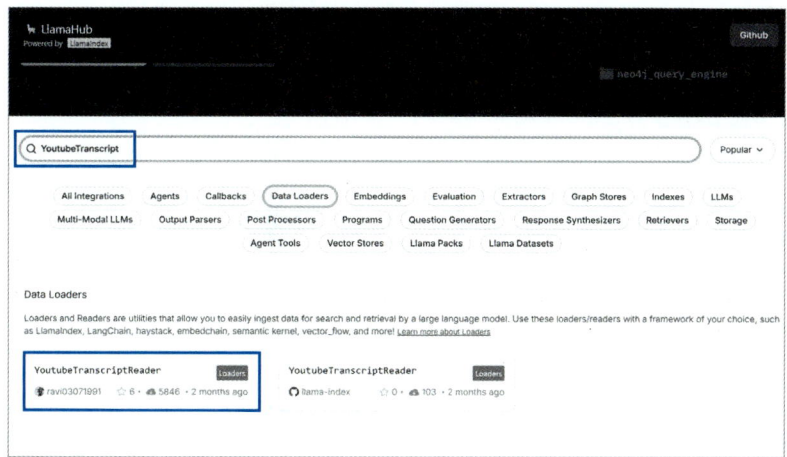

   ▼ 그림 7-17 YoutubeTranscriptReader 사용법 확인

   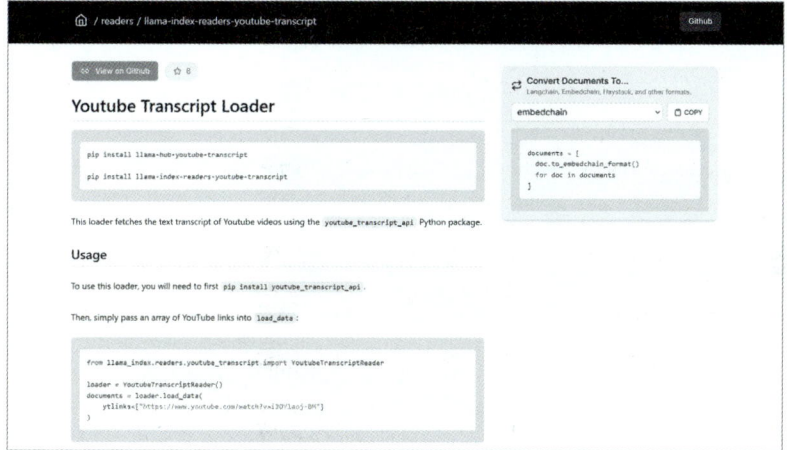

3. 데이터로더 패키지를 설치합니다.

   라마허브의 정보를 바탕으로 패키지를 설치합니다.

   ```
   # 패키지 설치
   !pip install llama-hub-youtube-transcript
   !pip install llama-index-readers-youtube-transcript
   ```

4. 데이터로더를 준비하고 동영상을 불러옵니다.

```
from llama_index.readers.youtube_transcript import YoutubeTranscriptReader

# 데이터로더 준비
reader = YoutubeTranscriptReader()

# 동영상 불러오기
documents = reader.load_data(
    ytlinks=["https://www.youtube.com/watch?v=jV1vkHv4zq8"]
)
```

ytlinks에는 질의응답으로 설명해 주었으면 하는 유튜브 영상의 URL을 지정합니다. 이번에는 제미나이를 소개하는 유튜브 영상을 데이터로 사용해 보겠습니다.

URL 제미나이 – 구글의 가장 유능한 최신 AI 모델
https://www.youtube.com/watch?v=jV1vkHv4zq8

▼ 그림 7-18 제미나이 소개 영상

5. 인덱스와 쿼리 엔진을 준비합니다.

```
from llama_index.core import VectorStoreIndex

# 인덱스와 쿼리 엔진 준비
index = VectorStoreIndex.from_documents(documents)
query_engine = index.as_query_engine()
```

6. 질의응답을 실행합니다.

```
# 질의응답
response = query_engine.query("이 동영상이 전달하고 싶은 내용은 무엇인가요?")
print(response)

DEBUG:llama_index.core.indices.utils:> Top 2 nodes:
> [Node a4229a15-7c94-4efe-8e35-3e5cb18d68dc] [Similarity score:         0.493245]
[Lila Ibrahim speaking]
Safety and responsibility
has to be built-in from the beginning.
And at G...
> [Node 0e7377f6-6612-4f1e-b894-0e0ad0749f6c] [Similarity score:         0.473339]
[soft music begins] [Sundar Pichai speaking] You know, one of the reasons we got
interested in AI...
...(생략)...
이 동영상은 구글이 개발한 새로운 인공지능 모델인 '제미니'를 소개하고 있습니다. 제미니는
텍스트, 코드, 오디오, 이미지, 비디오 등 다양한 형태의 정보를 이해하고 처리할 수 있는 다중
모달 모델입니다.
...(생략)...
```

7.4 벡터 스토어

이 절에서는 인덱스를 효과적으로 사용하는 벡터 스토어를 설명합니다. 자주 사용되는 벡터 스토어는 몇 가지 종류가 있는데, 이 중에서도 **파이스**와 **파인콘** 두 가지가 대표적입니다. 파인콘은 기본적으로 유료 서비스지만, 시험적인 사용을 위한 무료 플랜도 테스트할 수 있습니다.

7.4.1 벡터 스토어의 개요

벡터 스토어(Vector Store)는 입력된 문서의 청크와 임베딩 벡터를 저장하는 공간입니다.

기본 벡터 스토어는 빠르게 실험하려고 설계된 간단한 인메모리(in-memory) 저장소로, `vector_store.persist()`를 호출하여 디스크에 데이터를 영구적으로 저장할 수 있습니다.

라마인덱스는 많은 벡터 스토어를 지원합니다. 기본 벡터 스토어보다 더 빠른 검색 속도와 높은

정확도, 확장성을 제공하기 때문에 대규모 데이터셋을 효율적으로 처리할 수 있습니다.

▼ 표 7-9 라마인덱스에서 지원하는 벡터 스토어

벡터 스토어	종류	메타데이터 필터링	하이브리드 검색	삭제	문서 저장	비동기 처리
Alibaba Cloud OpenSearch	cloud	✓	✗	✓	✓	✓
Apache Cassandra®	self-hosted/cloud	✓	✗	✓	✓	✗
Astra DB	cloud	✓	✗	✓	✓	✗
Azure AI Search	cloud	✓	✓	✓	✓	✗
Azure CosmosDB MongoDB	cloud	✗	✗	✓	✓	✗
BaiduVectorDB	cloud	✓	✓	✗	✓	✗
ChatGPT Retrieval Plugin	aggregator	✗	✗	✓	✓	✗
Chroma	self-hosted	✓	✗	✓	✓	✗
Couchbase	self-hosted/cloud	✓	✓	✓	✓	✗
DashVector	cloud	✓	✓	✓	✓	✗
Databricks	cloud	✓	✗	✓	✓	✗
Deeplake	self-hosted/cloud	✓	✗	✓	✓	✗
DocArray	aggregator	✓	✗	✓	✓	✗
DuckDB	in-memory/self-hosted	✓	✗	✓	✓	✗
DynamoDB	cloud	✗	✗	✓	✗	✗
Elasticsearch	self-hosted/cloud	✓	✓	✓	✓	✓
FAISS	in-memory	✗	✗	✗	✗	✗
txtai	in-memory	✗	✗	✗	✗	✗
Jaguar	self-hosted/cloud	✓	✓	✓	✓	✗
LanceDB	cloud	✓	✗	✓	✓	✗
Lantern	self-hosted/cloud	✓	✓	✓	✓	✓
Metal	cloud	✓	✗	✓	✓	✗
MongoDB Atlas	self-hosted/cloud	✓	✗	✓	✓	✗
MyScale	cloud	✓	✓	✓	✓	✗
Milvus/Zilliz	self-hosted/cloud	✓	✓	✓	✓	✗
Neo4jVector	self-hosted/cloud	✓	✗	✓	✓	✗
OpenSearch	self-hosted/cloud	✓	✓	✓	✓	✓
Pinecone	cloud	✓	✓	✓	✓	✗

벡터 스토어	종류	메타데이터 필터링	하이브리드 검색	삭제	문서 저장	비동기 처리
Postgres	self-hosted/cloud	✓	✓	✓	✓	✓
pgvecto.rs	self-hosted/cloud	✓	✓	✓	✓	×
Qdrant	self-hosted/cloud	✓	✓	✓	✓	✓
Redis	self-hosted/cloud	✓	×	✓	✓	×
Simple	in-memory	✓	×	✓	×	×
SingleStore	self-hosted/cloud	✓	×	✓	✓	×
Supabase	self-hosted/cloud	✓	×	✓	✓	×
Tair	cloud	✓	×	✓	✓	×
TiDB	cloud	✓	×	✓	✓	×
TencentVectorDB	cloud	✓	✓	✓	✓	×
Timescale	self-hosted/cloud	✓	×	✓	✓	✓
Typesense	self-hosted/cloud	✓	×	✓	✓	×
Upstash	cloud	×	×	×	✓	×
Vearch	self-hosted	✓	×	✓	✓	×
Vespa	self-hosted/cloud	✓	✓	✓	✓	×
Vertex AI Vector Search	cloud	✓	×	✓	✓	×
Weaviate	self-hosted/cloud	✓	✓	✓	✓	×

표 7-9 각 항목의 상세 의미는 다음과 같습니다.

- 종류: 인메모리(in-memory), 클라우드 서비스(cloud), 자기 호스트형(self-hosted)
- 메타데이터 필터링: 메타데이터 기반 필터링 지원
- 하이브리드 검색: 벡터 검색+키워드 검색
- 데이터 삭제: 데이터 삭제 기능
- 문서 저장: 원본 문서 저장 기능
- 비동기 처리: 비동기 방식 지원

라마허브에서 벡터 스토어 목록을 확인할 수 있습니다.

URL 벡터 스토어 - 라마허브
https://llamahub.ai/?tab=vector_stores

❤ 그림 7-19 라마허브에서 벡터 스토어 목록 확인

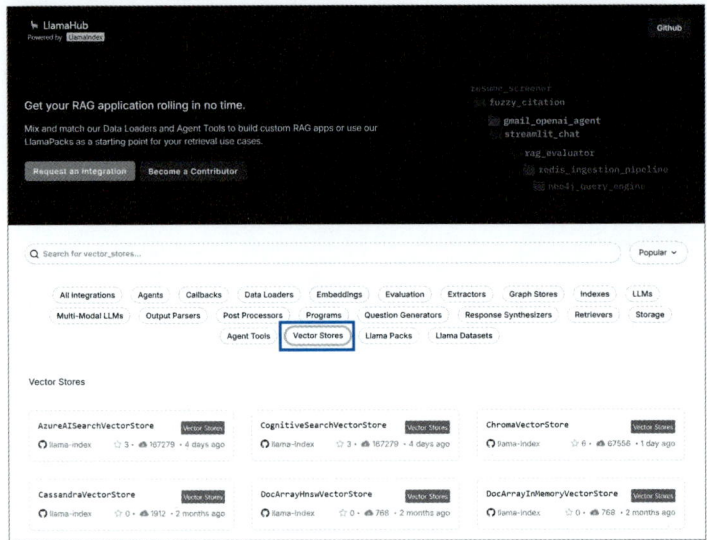

이제 대표적인 벡터 스토어인 파이스와 파인콘의 사용 방법을 알아보겠습니다. 벡터 스토어에 관련된 더 자세한 내용은 다음 문서를 참고합니다.

URL 벡터 스토어 – 라마인덱스
https://docs.llamaindex.ai/en/stable/module_guides/storing/vector_stores/

7.4.2 라마인덱스 준비하기

7.1절의 라마인덱스 준비하기 과정과 같습니다. 7.1절을 다시 한 번 참고합니다.

7.4.3 문서 준비하기

7.1절의 문서 준비하기 과정과 같습니다. 7.1절을 다시 한 번 참고합니다.

7.4.4 파이스 사용 순서

주요 벡터 스토어인 파이스의 개요와 사용 순서를 설명합니다.

파이스 개요

4.3절에서도 소개한 파이스(Faiss)는 메타가 개발한 밀집 벡터의 유사도 검색 라이브러리로, 유사한 이미지나 텍스트를 검색하는 인덱스를 생성할 수 있습니다.

URL facebookresearch/faiss
https://github.com/facebookresearch/faiss

▼ 그림 7-20 파이스 깃허브 페이지

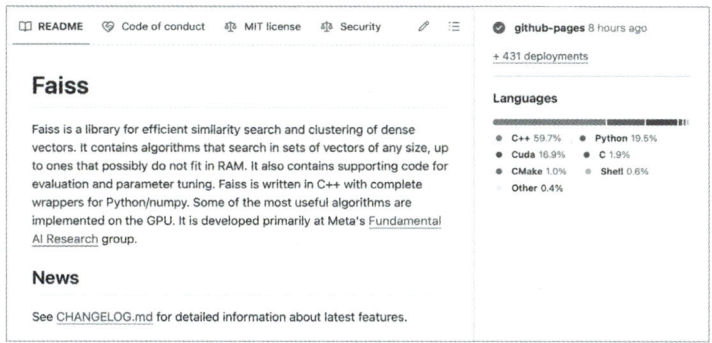

파이스 사용 순서

첫 번째로 소개할 벡터 스토어 **파이스**의 사용 순서는 다음과 같습니다.

1. 라마허브에서 Vector Stores → FaissVectorStore를 클릭합니다.

2. FaissVectorStore의 사용 방법을 숙지합니다.

   Installation에는 설치 방법이 적혀 있고, Usage에는 사용 방법이 적혀 있습니다.

▼ 그림 7-21 라마허브에서 FaissVectorStore 검색

▼ 그림 7-22 FaissVectorStore 사용법 확인

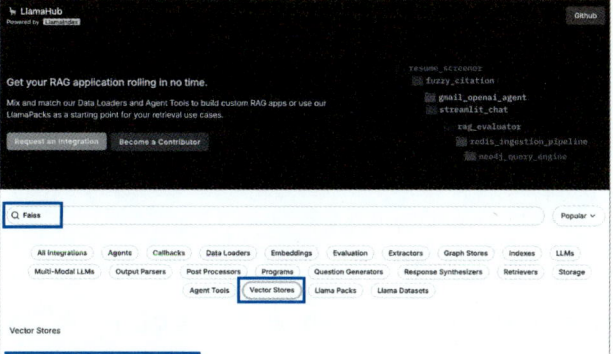
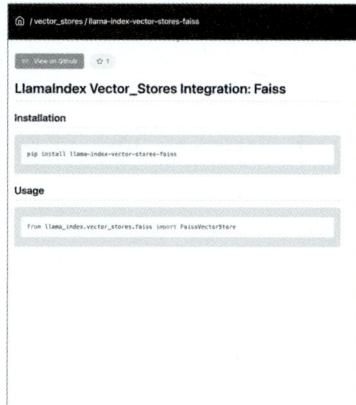

3. 벡터 스토어 패키지를 설치합니다.

라마허브 정보를 토대로 벡터 스토어와 파이스(faiss-cpu) 패키지를 함께 설치합니다.

```
# 패키지 설치
!pip install llama-index-vector-stores-faiss
!pip install faiss-cpu
```

4. 문서를 불러옵니다.

data 폴더에 업로드한 문서를 불러옵니다.

```
from llama_index.core import SimpleDirectoryReader

# 문서 불러오기(data 폴더에 문서를 먼저 업로드)
documents = SimpleDirectoryReader("data").load_data()
```

5. 파이스 패키지가 제공하는 인덱스를 준비합니다.

여기에서는 IndexFlatL2를 인덱스로 사용합니다. 따라서 faiss.IndexFlatL2()를 준비하고, 그 인자로 **BAAI/bge-m3** 모델의 벡터 표현 차원 수에 해당하는 1,024를 값으로 지정합니다.

```
import faiss

# 파이스 인덱스 준비
faiss_index = faiss.IndexFlatL2(1024)
```

파이스 패키지는 다음과 같은 인덱스 검색 알고리즘을 제공합니다.

- IndexFlatL2: L2 노름(norm, 유클리드 거리)을 사용해서 쿼리 벡터와 유사한 벡터를 검색하는 인덱스
- IndexFlatIP: 내적을 사용해서 쿼리 벡터와 유사한 벡터를 검색하는 인덱스
- IndexIVFFlat: InvertedFile이라고 하는 데이터 구조를 사용하여 쿼리 벡터와 유사한 벡터를 검색하는 인덱스

6. 문서에서 인덱스를 생성합니다.

정의된 파이스 인덱스를 FaissVectorStore로 감싸 StorageContext.from_defaults()를 통해 storage_context를 얻고, 그것을 VectorStoreIndex.from_documents()로 넘겨줍니다.

```python
from llama_index.core import(VectorStoreIndex, StorageContext)
from llama_index.vector_stores.faiss import FaissVectorStore

# 인덱스 준비
vector_store = FaissVectorStore(faiss_index=faiss_index)
storage_context = StorageContext.from_defaults(vector_store=vector_store)
index = VectorStoreIndex.from_documents(
    documents,
    storage_context=storage_context
)
```

5.에서 실행한 `faiss.Index...`는 파이스 패키지가 제공하는 인덱스이며, **6.**에서 사용한 `faiss.Index...`를 감싸는 `VectorStoreIndex`(라마인덱스의 인덱스)와는 서로 목적이 다릅니다.

`faiss.Index...`는 벡터 검색에 특화되어 있어 직접적인 벡터 검색을 수행하는 반면, `VectorStoreIndex`는 파이스 인덱스를 포함한 여러 벡터 스토어를 감싸 문서를 관리하고 문서 수준에서 검색하도록 도와주는 역할을 하는 고수준 인덱스입니다.

7. 쿼리 엔진을 준비합니다.

```python
# 쿼리 엔진 준비
query_engine = index.as_query_engine()
```

8. 질의응답을 수행합니다.

```python
# 질의응답
response = query_engine.query("은비의 나이는?")
print(response)
```
은비는 17세입니다.

7.4.5 파인콘 개요와 API 가져오기

또 하나의 중요한 벡터 스토어인 파인콘 사용 순서를 알아보겠습니다.

파인콘 개요

파인콘(Pinecone)은 간단한 API를 제공하는 완전 관리형 벡터 데이터베이스로, 고성능 벡터 검색 애플리케이션을 쉽게 구축할 수 있도록 도와줍니다.

파인콘의 주요 특징은 다음과 같습니다.

- 고속성: 데이터가 수십억 개 있어도 쿼리를 빠르게 처리합니다.
- 최신성 유지: 데이터를 추가 · 수정 · 삭제할 때 인덱스를 동적으로 업데이트합니다.
- 필터링: 벡터 검색과 메타데이터 필터를 결합해서 더욱 관련성이 높은 데이터를 신속하게 가져옵니다.
- 완전 관리형: 시작, 사용, 확장이 간편하며 안전합니다.

URL 벡터 검색을 위한 벡터 데이터베이스 – 파인콘
https://www.pinecone.io/

▼ 그림 7-23 파인콘 웹 사이트

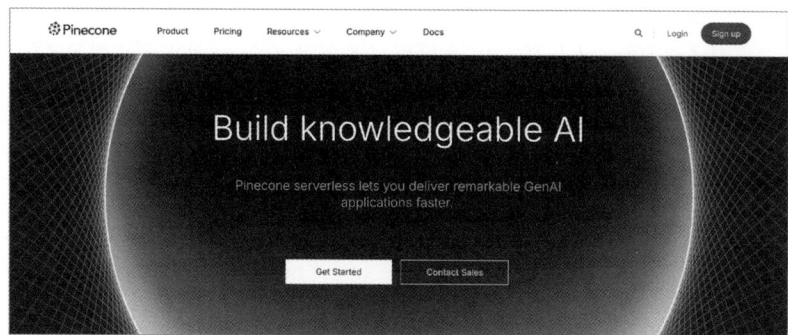

파인콘 요금

파인콘은 기본적으로 유료 서비스지만, 시험적인 사용을 위한 무료 플랜도 제공합니다. 무료 플랜은 사용할 수 있는 기능이 제한되며, 7일 동안 비활성 상태가 지속되면 인덱스가 삭제됩니다. 2024년 10월 기준으로 이 책에서 제공하는 파인콘 관련 샘플 코드는 유료 요금제(Standard 이상) 결제가 필요합니다.

요금에 관련된 더 자세한 정보는 웹 사이트에서 확인할 수 있습니다.

▼ 그림 7-24 파인콘 요금

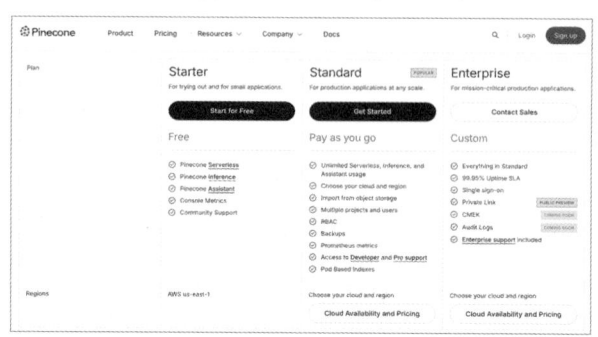

URL 요금 – 파인콘
https://www.pinecone.io/pricing/

API 키 가져오기

파인콘을 사용하려면 API 키가 필요합니다. API 키를 가져오는 방법은 다음과 같습니다.

1. 파인콘 웹 사이트에서 **Sign up**을 클릭하여 계정을 등록합니다.

    계정을 등록하면 콘솔이 표시됩니다.

    ▼ 그림 7-25 계정 등록

    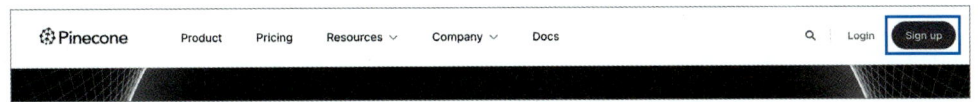

2. **API keys**를 선택하고 **API 키**를 가져옵니다.

    ▼ 그림 7-26 API 키 확인 및 가져오기

    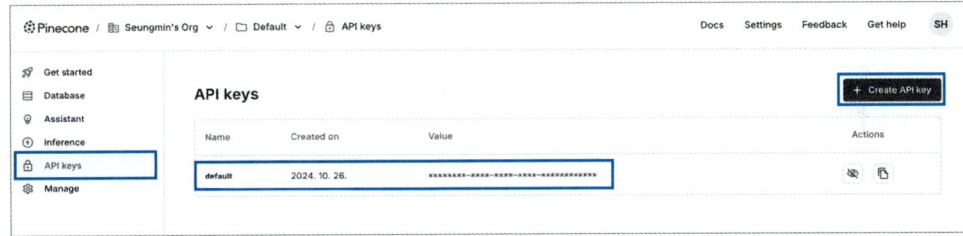

7.4.6 파인콘 사용 순서

두 번째 벡터 스토어인 파인콘 사용 순서는 다음과 같습니다.

1. 라마허브에서 Vector Stores → PineconeVectorStore를 클릭합니다.

2. PineconeVectorStore 사용 방법을 숙지합니다.

    Installation에는 설치 방법이 적혀 있고, **Usage**에는 사용 방법이 적혀 있습니다.

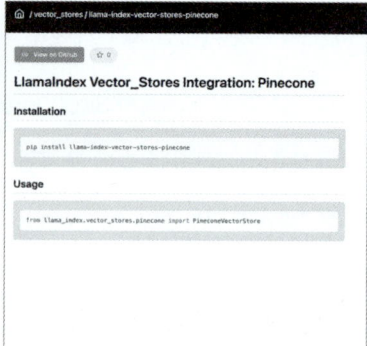

▼ 그림 7-27 라마허브에서 PineconeVectorStore 검색   ▼ 그림 7-28 PineconeVectorStore 사용법 확인

3. 벡터 스토어 패키지를 설치합니다.

   라마허브 정보를 토대로 벡터 스토어와 파인콘(pinecone-client) 패키지를 함께 설치합니다.

   ```
   # 패키지 설치
   !pip install llama-index-vector-stores-pinecone
   !pip install pinecone-client
   ```

4. 문서를 불러옵니다.

   data 폴더에 업로드한 문서를 불러옵니다.

   ```
   from llama_index.core import SimpleDirectoryReader

   # 문서 불러오기(data 폴더에 문서를 먼저 업로드)
   documents = SimpleDirectoryReader("data").load_data()
   ```

5. 환경 변수를 준비합니다.

   노트북 화면 왼쪽 **열쇠 아이콘**에서 **+ 새 보안 비밀 추가**를 클릭하여 **PINECONE_API_KEY**를 이름으로 등록합니다. 그리고 **값**에 **파인콘에서 복사한 API 키**를 붙여 넣은 뒤 다음 코드를 실행합니다.

   ```
   from google.colab import userdata
   import os

   # 환경 변수 준비(왼쪽 열쇠 아이콘으로 PINECONE_API_KEY 설정)
   os.environ["PINECONE_API_KEY"] = userdata.get("PINECONE_API_KEY")
   ```

6. Pinecone 객체를 준비합니다.

   파인콘 패키지가 제공하는 Pinecone 객체는 파인콘을 조작하는 인터페이스입니다.

   ```
   from pinecone import Pinecone

   # Pinecone 객체 준비
   pc = Pinecone(
       api_key=os.environ["PINECONE_API_KEY"]
   )
   ```

7. 기존 인덱스를 Pinecone 객체에서 불러옵니다.

   pc.list_indexes()로 기존 인덱스를 불러옵니다. 현재는 처음으로 파인콘을 사용하는 과정이므로 기존 인덱스가 없어 빈 배열을 출력합니다.

   ```
   # 기존 Pinecone 인덱스 가져오기
   indexes = pc.list_indexes()
   print(indexes)
   ```
   ```
   DEBUG:pinecone.core.openapi.shared.rest:response body: b'{"indexes":[]}'
   {'indexes': []}
   ```

8. 파인콘 인덱스를 생성합니다.

   quickstart-index라는 이름의 파인콘 인덱스가 없다면 pc.create_index() 함수를 사용하여 파인콘 인덱스를 생성합니다. 인덱스 생성은 완료까지 약 5분 정도 소요됩니다.

   ```
   from pinecone import PodSpec

   # Pinecone 인덱스 생성
   if "quickstart-index" not in indexes:
       pc.create_index(
           "quickstart-index",
           dimension=1024,
           metric="dotproduct",
           spec=PodSpec(
               environment="us-west1-gcp",
               pod_type="p1.x1",
               pods=1
           )
       )
   ```

pc.create_index() 함수의 주요 파라미터는 다음과 같습니다.

- name: 인덱스 이름을 지정합니다.
- dimension: 임베딩 벡터의 차원 수를 설정합니다.
- metric: 검색 메트릭을 설정합니다.
- spec: 인덱스의 배포 방법입니다.
    - environment: 인덱스가 호스팅될 환경을 설정합니다.
    - pod_type: 사용할 파드 종류를 지정합니다.
    - pods: 사용할 파드 수를 지정합니다.

metric에는 다음 표와 같은 평가 방법을 지정할 수 있습니다.

▼ 표 7-10 metric 평가 방법

파라미터	평가 방법
유클리드(euclidean)	유클리드 거리로, 벡터 간 물리적 거리를 측정합니다. 이미지나 음성의 유사도 측정에 적합합니다.
코사인(cosine)	코사인 유사도로, 벡터의 방향으로 유사도를 측정합니다. 문서나 단어의 유사도 측정에 적합합니다.
내적(dotproduct)	내적으로, 벡터의 방향과 크기로 유사도를 측정합니다. 문서나 단어의 유사도 측정에 적합합니다.

spec에는 인덱스 배포 방법을 지정할 수 있습니다.

파드(Pod)란 인덱스를 관리하는 하드웨어 단위입니다. 각 인덱스는 파드 한 개 또는 여러 개 위에서 실행되며, 파드의 **타입**과 **사이즈**를 지정할 수 있습니다.

▼ 표 7-11 파드 관련 지정 항목

파라미터	내용
타입(pod_type)	스토리지 효율 중시 s1, 퍼포먼스 효율 중시 p1, p2
사이즈(pods)	x1, x2, x4, x8까지 파드 사이즈를 네 개 지원

create_index()의 파라미터에 관한 자세한 내용은 다음 공식 문서를 참고합니다.

URL 인덱스 생성 - 파인콘 문서
https://docs.pinecone.io/guides/indexes/create-an-index

파인콘 콘솔에서도 생성이 끝난 것을 확인할 수 있습니다.

▼ 그림 7-29 콘솔에서 진행 상황 확인

9. 생성한 파인콘 인덱스를 준비합니다.

   pc.Index()를 사용하여 Pinecone 인덱스를 가져옵니다. 이 객체는 Pinecone 인덱스를 조작하고 관리하는 인터페이스 역할을 하며, 인덱스에 데이터를 추가하거나 검색하는 등 다양한 작업을 수행합니다.

```
# Pinecone 인덱스 준비
pc_index = pc.Index("quickstart-index")
```

10. 문서에서 인덱스를 생성합니다.

    Pinecone 인덱스를 PineconeVectorStore로 감싼 뒤 StorageContext.from_defaults()를 사용하여 storage_context를 정의합니다. 이것을 VectorStoreIndex.from_documents()에 전달하여 문서에서 벡터 인덱스를 구축합니다.

```
from llama_index.vector_stores.pinecone import PineconeVectorStore
from llama_index.core import VectorStoreIndex

# 인덱스 준비
vector_store = PineconeVectorStore(
    pinecone_index=pc_index,
    text_key="content"
)
storage_context = StorageContext.from_defaults(vector_store=vector_store)
index = VectorStoreIndex.from_documents(
    documents,
    storage_context=storage_context
)
```

11. 쿼리 엔진을 준비합니다.

```
# 쿼리 엔진 준비
query_engine = index.as_query_engine()
```

12. 질의응답을 수행합니다.

```
# 질의응답
response = query_engine.query("은비의 나이는?")
print(response)
```
은비는 17세입니다.

7.5 평가

이 절에서는 라마인덱스의 핵심 단계 중 마지막 단계에 해당하는 평가 방법을 설명합니다.

7.5.1 라마인덱스 평가하기

라마인덱스로 구축한 **검색 증강 생성**의 성능을 향상시키려면 다양한 파라미터를 **평가**하여 더 나은 성능을 이끌어 낼 수 있도록 파라미터를 조정해야 합니다.

라마인덱스는 크게 다음 두 가지 평가를 수행하는 도구를 제공합니다.

- 검색 성능 평가(Retrieval Evaluation): 벡터 스토어에서 얻는 컨텍스트(청크) 품질을 평가합니다. 구체적으로는 리트리버(검색 도구)를 사용하여 기대하는 컨텍스트를 얻을 수 있는지 측정합니다.
- 응답 성능 평가(Response Evaluation): 쿼리 엔진이 생성하는 응답 품질을 평가합니다. 구체적으로는 응답이 컨텍스트 정보와 일치하는지(환각[4] 현상은 없는지) 측정합니다.

---

[4] 역주 환각(hallucination)이란 대규모 언어 모델이 실제로 존재하지 않거나 사실이 아닌 정보를 사실처럼 그럴듯하게 생성하는 생성형 AI의 결함입니다.

또 평가에 이용하는 질문 컨텍스트 데이터셋을 생성하는 도구도 제공합니다.

라마인덱스 평가에 관련된 더 자세한 내용은 다음 공식 문서를 참고합니다.

URL 평가하기 – 라마인덱스
https://docs.llamaindex.ai/en/stable/module_guides/evaluating/

7.5.2 라마인덱스 준비하기

7.1절의 라마인덱스 준비하기 과정과 같습니다. 7.1절을 다시 한 번 참고합니다.

평가에는 많은 요청 횟수가 필요하므로 제미나이 1.5 프로의 무료 버전에서는 분당 요청 횟수 제한에 걸리기 쉽습니다. 그리고 제미나이 1.5 플래시는 비교적 정확도가 떨어지므로 제미나이 1.0 프로를 사용합니다.

제미나이 1.5를 평가하려면 유료 버전을 사용하여 분당 요청 횟수를 늘려야 할 것입니다.

```python
from llama_index.core import Settings
from llama_index.llms.gemini import Gemini
from llama_index.embeddings.huggingface import HuggingFaceEmbedding

# LLM 준비
Settings.llm = Gemini(
    model_name="models/gemini-1.0-pro",
    safety_settings={
        "HARM_CATEGORY_HARASSMENT": "BLOCK_NONE",
        "HARM_CATEGORY_HATE_SPEECH": "BLOCK_NONE",
        "HARM_CATEGORY_SEXUALLY_EXPLICIT": "BLOCK_NONE",
        "HARM_CATEGORY_DANGEROUS_CONTENT": "BLOCK_NONE"
    }
)
```

7.5.3 문서 준비하기

7.1절 문서 준비하기 과정과 같습니다. 7.1절을 다시 한 번 참고합니다.

7.5.4 질문 컨텍스트 데이터셋 생성하기

평가에 사용할 질문 컨텍스트 데이터셋을 생성합니다. 질문과 질문에 대답하는 정보가 포함된 컨텍스트의 쌍이 데이터셋으로 유효합니다.

1. 비동기 처리를 위한 라이브러리를 준비합니다.

    평가 도구 내에서 비동기 처리가 사용되기 때문에 비동기 처리를 위한 라이브러리를 먼저 임포트합니다. 다음 코드를 실행하면 구글 코랩에서 asyncio를 사용한 비동기 프로그래밍이 가능합니다.

    ```
    # 코랩에서 asyncio 사용 유효화
    import nest_asyncio
    nest_asyncio.apply()
    ```

2. 문서를 불러옵니다.

    ```
    from llama_index.core import SimpleDirectoryReader

    # 문서 불러오기(data 폴더에 문서를 먼저 업로드)
    documents = SimpleDirectoryReader("data").load_data()
    ```

3. 문서에서 노드를 가져오고 ID를 지정합니다.

    기본 노드 ID는 무작위로 생성된 UUID입니다. **UUID**(Universally Unique IDentifier)란 컴퓨터 시스템 전체에서 일의성을 보장하는 식별자입니다. 여기에서는 같은 ID를 확보하려고 노드 ID를 직접 설정합니다.

    ```
    from llama_index.core.node_parser import SentenceSplitter

    # 문서에서 노드 가져오기
    node_parser = SentenceSplitter()
    nodes = node_parser.get_nodes_from_documents(documents)

    # 노드 ID를 직접 설정
    for idx, node in enumerate(nodes):
        node.id_ = f"node_{idx}"
    ```

4. 질문 컨텍스트 데이터셋을 생성합니다.

   디폴트 영어 템플릿을 한국어로 번역해서 사용합니다. 한국어 템플릿을 준비하지 않으면 영어로 된 데이터셋이 생성됩니다.

```python
from llama_index.core.evaluation import generate_question_context_pairs
from llama_index.llms.openai import OpenAI

# 한국어 템플릿 준비
DEFAULT_QA_GENERATE_PROMPT_TMPL = """컨텍스트 정보는 아래와 같습니다.

---------------------
{context_str}
---------------------

예비 지식이 없고 문맥 정보가 주어진 경우,
아래 쿼리를 기반으로 문제만을 생성합니다.

당신은 선생님입니다.
당신의 작업은 향후 시험용으로 {num_questions_per_chunk} 개의 질문을 작성하는 것입니다.
문제는 문서 전체에 걸쳐 다양해야 합니다.
설문은 제공된 컨텍스트 정보로 한정해 주세요."""

# 질문 컨텍스트 데이터셋 생성
qa_dataset = generate_question_context_pairs(
    nodes,
    llm=Settings.llm,
    num_questions_per_chunk=2,
    qa_generate_prompt_tmpl=DEFAULT_QA_GENERATE_PROMPT_TMPL,
)
```

generate_question_context_pairs()의 파라미터는 다음 표와 같습니다.

▼ 표 7-12 generate_question_context_pairs()의 파라미터

파라미터	내용
nodes	노드 수
llm	모델
num_questions_per_chunk	한 번에 처리할 질문 수
qa_generate_prompt_tmpl	질문 생성 템플릿

5. 질문 컨텍스트 데이터셋을 저장합니다.

   qa_dataset.save_json()으로 질문 컨텍스트 데이터셋을 저장합니다. 결과는 pg_eval_dataset.json으로 출력됩니다.

   ```
   # 생성된 질문 컨텍스트 데이터셋 저장
   qa_dataset.save_json("pg_eval_dataset.json")
   ```

   저장한 질문 컨텍스트 데이터셋을 불러오는 데 EmbeddingQAFinetuneDataset.from_json()을 사용합니다.

   ```
   from llama_index.core.evaluation import EmbeddingQAFinetuneDataset

   # 질문 컨텍스트 데이터셋 불러오기
   qa_dataset = EmbeddingQAFinetuneDataset.from_json("pg_eval_dataset.json")
   ```

   ▼ 그림 7-30 생성한 질문 컨텍스트 데이터셋

6. 생성한 데이터셋을 확인합니다.

   ```
   # 생성한 데이터셋 확인
   for key in list(qa_dataset.queries.keys()):
       print("queries", qa_dataset.queries[key])
       print("relevant_docs", qa_dataset.relevant_docs[key])
   ```
   ```
   queries **청크 1**
   relevant_docs ['node_0']
   queries * 질문 1: 은비의 직업은 무엇입니까?
   relevant_docs ['node_0']
   queries **청크 1**
   relevant_docs ['node_1']
   queries * 질문 1: 은비와 잭의 공통된 목표는 무엇입니까?
   ...(생략)...
   ```

7.5.5 Retrieval Evaluation

Retrieval Evaluation(검색 성능 평가, 취득 평가)용으로는 검색을 개별적으로 평가하는 데 도움이 되는 RetrieverEvaluator 모듈이 제공됩니다. 질문 컨텍스트 데이터셋을 사용해서 Hit Rate 나 MRR 등 지표로 평가할 수 있습니다.

검색 성능 평가 순서는 다음과 같습니다.

1. 인덱스와 리트리버를 준비합니다.

   노드 ID를 수동으로 지정한 노드에서 인덱스를 생성합니다.

   ```
   from llama_index.core import VectorStoreIndex

   # 인덱스와 리트리버 준비
   vector_index = VectorStoreIndex(nodes)
   retriever = vector_index.as_retriever(similarity_top_k=3)
   ```

2. 검색 성능 평가기(RetrieverEvaluator)를 준비합니다.

   ```
   from llama_index.core.evaluation import RetrieverEvaluator

   # RetrieverEvaluator 준비
   retriever_evaluator = RetrieverEvaluator.from_metric_names(
       ["mrr", "hit_rate"],
       retriever=retriever
   )
   ```

   이번에는 다음 두 가지 평가 지표를 설정했습니다.

   - Hit Rate: 취득한 상위 k개의 컨텍스트 내에 올바른 답이 포함되어 있는 비율을 계산합니다. 포함되어 있다면 1, 포함되어 있지 않다면 0이 됩니다.

   - MRR(Mean Reciprocal Rank): 각 쿼리의 최상위에 있는 관련 문서 순위를 조사하여 시스템 정확도를 평가하는 지표로, 순위 역수를 계산합니다. 취득한 상위 k개의 컨텍스트 내에 올바른 답의 랭크가 한 번이라면 1, 두 번이라면 0.5, 세 번이라면 0.333...이 됩니다.

3. 평가를 실행합니다.

mmr과 hit_rate는 각 점수의 평균으로 평가합니다. 점수가 1에 가까울수록 검색 품질이 높다는 것을 의미합니다.

```python
mrr_values = []
hit_rate_values = []

# 평가 실행
for key in list(qa_dataset.queries.keys()):
    # 한 개의 쿼리 평가 실행
    result = retriever_evaluator.evaluate(
        query=qa_dataset.queries[key],
        expected_ids=qa_dataset.relevant_docs[key]
    )

    # 집계
    mrr_values.append(result.metric_dict["mrr"].score)
    hit_rate_values.append(result.metric_dict["hit_rate"].score)

    # 확인
    print(result)

# 확인
mmr_average = sum(mrr_values) / len(mrr_values)
hit_rate_average = sum(hit_rate_values) / len(hit_rate_values)
print("MRR:", mmr_average, "Hit Rate:", hit_rate_average)
```

```
...(생략)...
Query: * 질문 1: 은비와 잭이 지하실로 돌아온 이유는 무엇입니까?
Metrics: {'mrr': 1.0, 'hit_rate': 1.0}

MRR: 0.6309523809523808 Hit Rate: 0.7142857142857143
```

인덱스에서 취득하는 정보 수를 3으로 설정하면 약 0.71 확률로 기대하는 정보를 가져오고 있음을 확인할 수 있습니다.

7.5.6 응답 성능 평가하기

검색 증강 생성의 응답 성능 평가는 기존 머신러닝과 달리, 기대하는 응답이 유일하지 않으므로 평가가 매우 어렵습니다.

따라서 라마인덱스는 결과 품질을 측정하려고 LLM 기반 평가 모듈을 제공합니다. 우수한 LLM(지피티-4 등)을 사용하여 다양한 관점에서 답변이 올바른지 평가합니다.

평가 항목은 다음과 같습니다.

- Correctness: 생성된 답변이 쿼리에 지정된 참조 답변과 일치하는지 여부(라벨 필수)
- Semantic Similarity: 생성된 응답이 참조 응답과 의미적으로 유사한지 여부(라벨 필수)
- Faithfulness: 생성된 답변이 컨텍스트에 충실한지 여부(환각 현상 유무)
- Context Relevancy: 컨텍스트가 쿼리와 관련이 있는지 여부
- Answer Relevancy: 생성된 답변이 쿼리와 관련이 있는지 여부
- Guideline Adherence: 생성된 답변이 특정 가이드라인에 준거하고 있는지 여부

예를 들어 지피티-4를 사용해서 제미나이 1.0의 Faithfulness를 평가하는 순서는 다음과 같습니다.

1. 환경 변수를 준비합니다.

   왼쪽 끝에 있는 키 아이콘의 **OPENAI_API_KEY**에서 오픈AI API의 API 키를 지정한 뒤 다음 셀을 실행합니다.

   ```
   # 환경 변수 준비(왼쪽 열쇠 아이콘으로 OPENAI_API_KEY 설정)
   import os
   from google.colab import userdata
   os.environ["OPENAI_API_KEY"] = userdata.get("OPENAI_API_KEY")
   ```

2. FaithfulnessEvaluator를 준비합니다.

   기본 영어 템플릿을 한국어로 번역한 것으로 설정하고 있습니다.

   ```
   from llama_index.core.prompts import PromptTemplate
   from llama_index.core.evaluation import FaithfulnessEvaluator
   from llama_index.llms.openai import OpenAI

   # 한국어 템플릿 준비
   ```

```
DEFAULT_EVAL_TEMPLATE = PromptTemplate(
    """아래 정보가 주어진 컨텍스트에 의해 지원되는지 평가해 주세요.
정확하게 YES 또는 NO로만 대답하고, 다음 기준을 기반으로 YES 또는 NO를 선택해 주세요:

- **YES**:
    - 컨텍스트에 `Information`의 핵심 개념이 명확하게 언급되었거나,
    - 컨텍스트의 정보가 `Information`을 뒷받침하는 논리적 근거를 포함하고 있을 때.

- **NO**:
    - 컨텍스트에 `Information`의 핵심 개념이 언급되지 않았거나,
    - 컨텍스트가 `Information`을 논리적으로 뒷받침하지 못할 때.

핵심 개념과 세부 사항의 일치 여부에 집중하여, 정보와 관련이 없거나 간접적인 언급만 있는
경우에는 NO로 응답해 주세요.

### 예시:
1. **Information**: "애플파이는 일반적으로 반죽이 두 겹입니다."
    **Context**: "애플파이는 주요 충전재 재료가 사과인 과일파이입니다. 보통 반죽이 두 겹으로
내용물 위아래에 페이스트리가 들어가 있습니다."
    **Answer**: YES (반죽이 두 겹이라는 정보가 명확히 언급됨)

2. **Information**: "애플파이는 맛이 없습니다."
    **Context**: "애플파이는 사과를 주요 충전재로 하는 과일파이입니다."
    **Answer**: NO (맛에 대한 정보는 전혀 언급되지 않음)

3. **Information**: "애플파이는 차가운 아이스크림과 함께 제공될 수 있습니다."
    **Context**: "애플파이는 휘핑 크림, 아이스크림, 또는 커스터드와 함께 제공될 수
있습니다."
    **Answer**: YES (아이스크림과의 조합이 명확히 언급됨)

Information: {query_str}
Context: {context_str}
Answer: """
)

# FaithfulnessEvaluator 준비
evaluator = FaithfulnessEvaluator(
    llm=OpenAI(model="gpt-4-turbo"),
    eval_template=DEFAULT_EVAL_TEMPLATE
)
```

3. 인덱스와 쿼리를 준비합니다.

```python
from llama_index.core import VectorStoreIndex

# 인덱스와 쿼리 엔진 준비
index = VectorStoreIndex.from_documents(documents)
query_engine = index.as_query_engine()
```

4. 평가를 실행합니다.

점수가 1에 가까울수록 응답이 컨텍스트와 일치하고 있음(환각 현상 없음)을 의미합니다.

```python
faithfulness_values = []

# 평가 실행
for key in list(qa_dataset.queries.keys()):
    # 한 개의 쿼리 평가 실행
    response = query_engine.query(qa_dataset.queries[key])
    result = evaluator.evaluate_response(response=response)

    # 집계
    faithfulness_values.append(1 if result.passing else 0)

    # 확인
    print("Information:", qa_dataset.queries[key])
    print("Context:")
    for node in response.source_nodes:
        print(node.get_text())
    print("Answer:", result.passing)

# 확인
faithfulness_average = sum(faithfulness_values) / len(faithfulness_values)
print("Faithfulness:", faithfulness_average)
```

```
...(생략)...
Answer: True
Faithfulness: 0.5
```

Faithfulness의 평가 점수는 0.5임을 확인할 수 있습니다.

> **Column** | **Dify란**
>
> Dify는 **노드 기반 LLM 애플리케이션 개발 플랫폼**으로, 직관적인 인터페이스와 간단한 조작이 특징입니다. 사용자는 검색 증강 생성을 활용하여 자체 문서를 바탕으로 **챗봇** 등 다양한 애플리케이션을 **노코드** 방식으로 손쉽게 개발할 수 있습니다.
>
> 또 구글, 오픈AI, Anthropic 등에서 개발한 여러 AI 모델과 연동이 가능하며, **에이전트** 기능을 이용하여 기업의 자체 도구와 데이터를 활용한 복잡한 작업을 자동화할 수 있습니다.
>
> `URL` Dify.AI - 선진적인 AI 애플리케이션을 위한 이노베이션 엔진
> https://dify.ai
>
> ▼ 그림 7-31 Dify 웹 사이트
>
>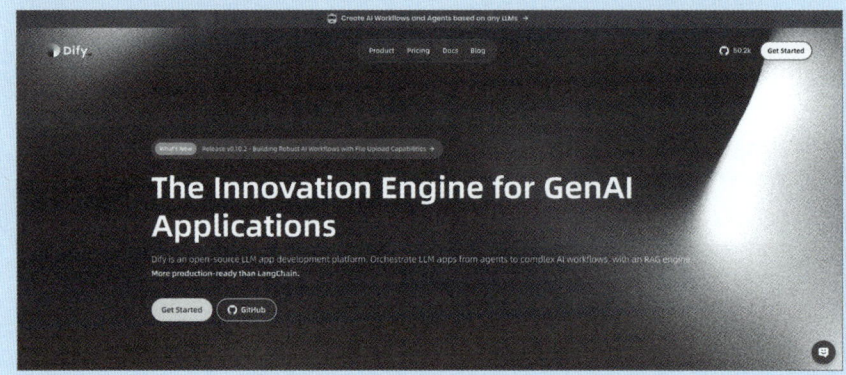

8장 랭체인

8.1 랭체인 시작
8.2 LLM
8.3 프롬프트 템플릿
8.4 출력 파서
8.5 체인
8.6 챗봇
8.7 검색 증강 생성
8.8 에이전트

앞 장에서도 언급했듯이, **라마인덱스**는 외부 데이터 연계 등 기본적인 기능을 간단한 코드로 구현할 수 있어 **검색 증강 생성** 같은 실용성이 높은 LLM 애플리케이션을 개발하는 데 적합한 프레임워크입니다. 반면에 이 장에서 다룰 **랭체인**은 다양한 모듈을 제공합니다. 이 모듈들을 쉽게 연계할 수 있어 에이전트처럼 더욱 고급스러운 LLM 애플리케이션을 개발하려는 사람에게 유용한 구조를 제공합니다.

8장에서는 우선 랭체인 기초를 다루며, 각 모듈의 개요와 간단한 사용 예시를 소개합니다. 랭체인을 구성하는 기본 모듈인 **LLM**, **프롬프트 템플릿**, **출력 파서**의 상세한 내용과 사용 방법을 설명하고, 이들을 조합한 **체인** 사례를 소개합니다.

또 대화 이력을 유지하면서 질의응답 정확도를 높이는 **챗봇**과 LLM의 외부 정보를 활용하는 **검색 증강 생성**을 구현하는 방법도 설명합니다. 마지막으로 다양한 도구를 필요에 따라 활용하여 복잡한 작업을 수행하는 **에이전트**도 간단하게 구현하여 함께 설명합니다.

> 이 장에서 다룰 핵심 내용
> - 랭체인에서 사용하는 각 모듈을 간단한 예시로 이해합니다.
> - 모듈을 체인으로 연결해서 다양한 작업에 적용할 수 있는 LLM 애플리케이션을 구현합니다.
> - 에이전트로 복잡한 작업을 수행하는 예시를 간단하게 구현하여 이해합니다.

8.1 랭체인 시작

이 절에서는 랭체인을 처음 접하는 독자를 위해 랭체인의 주요 모듈 개요와 간단한 사용 방법을 설명합니다. 더욱 상세한 사용 방법은 8.2절부터 차례로 다룰 예정이니 이 절에서는 기본 개념을 이해하는 수준에서 실습하길 바랍니다.

8.1.1 랭체인 개요

랭체인(LangChain)은 대규모 언어 모델을 이용한 애플리케이션 개발을 지원하는 오픈 소스 프레임워크입니다.

대규모 언어 모델은 혁신적인 기술로 개발자에게 기존에는 불가능했던 것을 실현할 가능성을 열어 주었습니다. 그러나 모델을 단독으로 사용하는 것만으로는 진정으로 강력하고 실용적인 애플리케이션을 만드는 데 한계가 있습니다. 대규모 언어 모델의 진정한 잠재력은 그것을 다른 계산이나 지식과 조합할 때 발휘됩니다. 랭체인은 이러한 애플리케이션을 손쉽게 개발하도록 지원하는 프레임워크입니다.

랭체인에 관련된 더 자세한 내용은 다음 공식 리포지터리와 문서를 참고합니다.

> URL 랭체인 깃허브 리포지터리
> https://github.com/langchain-ai/langchain

▼ 그림 8-1 랭체인의 깃허브 리포지터리

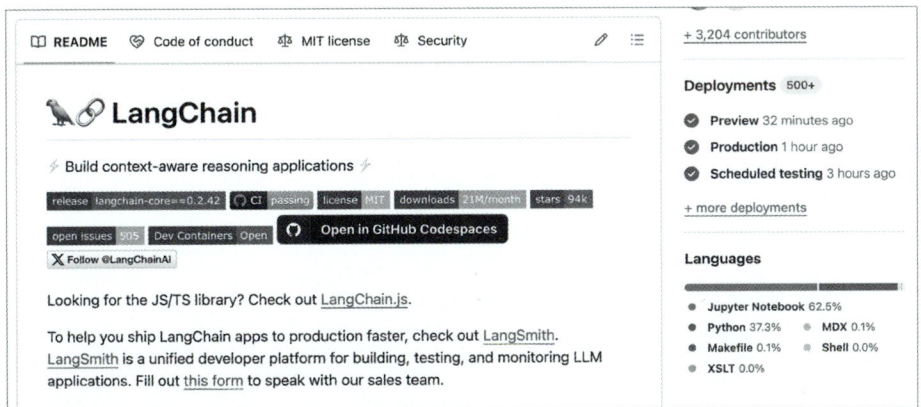

URL 랭체인 공식 문서

https://python.langchain.com/

▼ 그림 8-2 랭체인 공식 문서

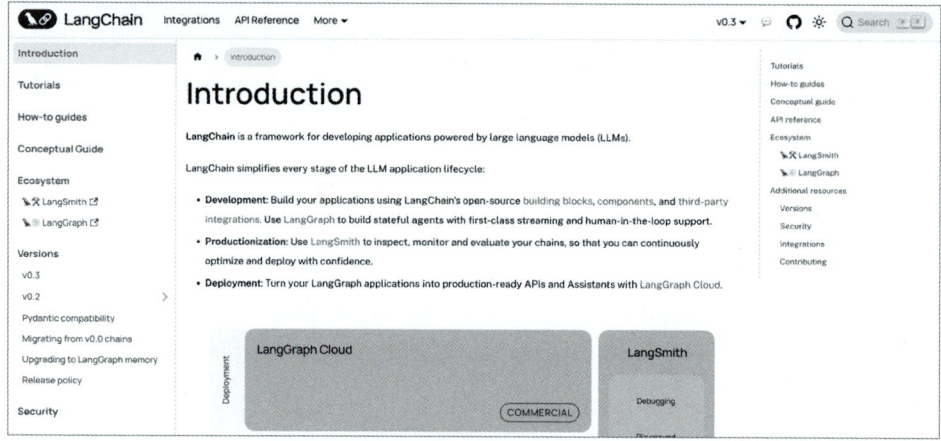

8.1.2 랭체인 활용 사례

랭체인을 주로 활용한 사례는 다음과 같습니다.

- **챗봇**

    챗봇(ChatBot)은 장기간 대화를 유지하고, 사용자 질문에 관련된 정보를 사용하여 답변하는 시스템입니다.

- **검색 증강 생성**

    검색 증강 생성은 사용자 질문에 따라 적절한 정보를 검색하고, 이를 LLM 프롬프트에 내장함으로써 LLM 지식을 강화하는 시스템입니다.

- **에이전트**

    에이전트(Agent)는 자연어 인터페이스를 사용하여 API, 함수, 데이터베이스 등 도구를 조작하는 시스템입니다.

각 사례들의 자세한 내용은 8.6~8.8절에서 설명합니다.

8.1.3 랭체인의 패키지 구성하기

랭체인 프레임워크는 여러 가지 패키지로 구성되어 있습니다.

▼ 그림 8-3 랭체인 구성 요소

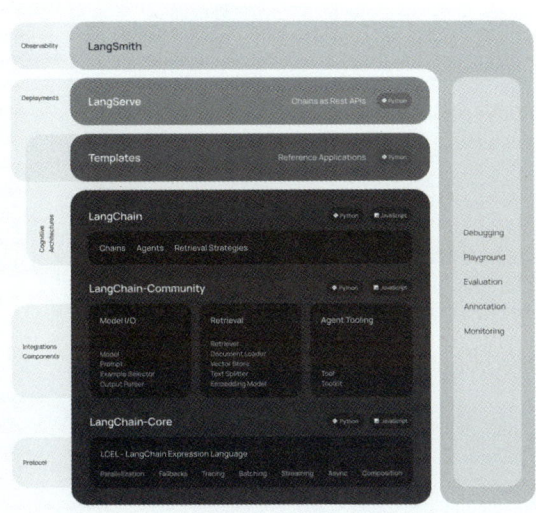

랭체인 코어

랭체인 코어(LangChain-core)는 **LLM, 벡터 스토어, 리트리버** 같은 핵심 구성 요소의 인터페이스를 제공하는 패키지입니다. 서드파티 통합은 포함되어 있지 않습니다. 의존 관계는 의도적으로 매우 가볍게 유지하고 있습니다.

> URL 랭체인 코어
> https://python.langchain.com/api_reference/core/index.html

랭체인

랭체인은 애플리케이션의 **인지 아키텍처**를 구성하는 **체인, 에이전트, 검색 전략**을 제공하는 패키지입니다. 서드파티 통합은 포함되어 있지 않습니다. 특정 통합에 의존하지 않으며, 모든 환경에서 범용적으로 사용할 수 있습니다. 인지 아키텍처는 이어지는 칼럼에서 설명하겠습니다.

> URL 랭체인
> https://python.langchain.com/api_reference/langchain/index.html

랭체인 커뮤니티

랭체인 커뮤니티(LangChain-community)는 커뮤니티에서 관리하는 서드파티 통합을 제공하는 패키지입니다. 주요 서드파티 통합은 파트너 패키지로 분리되어 있습니다. 여기에는 **LLM**, **벡터 스토어**, **리트리버** 같은 다양한 구성 요소가 포함됩니다.

이 패키지는 최대한 경량화하려고 패키지 내 모든 종속성을 옵션으로 제공합니다.

> **URL** 랭체인 커뮤니티
> https://python.langchain.com/api_reference/community/index.html

파트너 패키지

일반적인 서드파티 통합 패키지는 랭체인 커뮤니티에 있습니다. 특히 인기 있는 서드파티 통합 패키지는 자체 패키지(예 langchain-google-genai, langchain-openai 등)로 분할되어 있습니다. 이는 주요 통합 지원을 개선하려고 한 것입니다.

- AI21
- 에어바이트(Airbyte)
- 아마존 웹 서비스
- 앤트로픽(Anthropic)
- 아스트라 DB(Astra DB)
- 코히어(Cohere)
- 엘라스틱서치
- 엑사 서치(Exa Search)
- 파이어웍스

- 구글
- 그록(Groq)
- 허깅 페이스
- IBM
- 마이크로소프트
- 미스트랄AI(MistralAI)
- 몽고DB
- 노믹(Nomic)
- 엔비디아

- 오픈AI
- 파인콘
- 쿼드런트(Qdrant)
- Robocorp
- 투게더 AI(Together AI)
- 업스테이지(Upstage)
- 보야지 AI(Voyage AI)

> **URL** 파트너 – 랭체인
> https://python.langchain.com/docs/integrations/providers/

랭그래프

랭그래프(LangGraph)는 그래프 구조를 활용하여 **에지**(Edge)와 **노드**(Node)로 단계를 모델링함으로써 대규모 언어 모델로 견고한 상태를 유지하는 멀티 액터 애플리케이션을 구축하려고 설계된 랭체인의 확장 기능입니다.

또 일반적인 유형의 에이전트를 쉽고 빠르게 작성할 수 있도록 지원하는 고수준 API와 더욱 세부적으로 제어하는 맞춤형 애플리케이션을 구축할 수 있도록 유연성을 지원하는 저수준 API를 동시에 제공합니다.

`URL` 랭그래프 – 랭체인
https://langchain-ai.github.io/langgraph/

랭서브

랭서브(LangServe)는 랭체인의 체인을 REST API로 배포하는 패키지입니다. 실제 환경에 대응하는 API를 간단하게 실행할 수 있습니다.

`URL` 랭서브 – 랭체인
https://python.langchain.com/docs/langserve/

랭스미스

랭스미스(LangSmith)는 LLM 애플리케이션을 **디버그**, **테스트**, **평가**, **모니터링**할 수 있는 플랫폼입니다.

`URL` 랭스미스
https://docs.smith.langchain.com/

8.1.4 랭체인의 모듈 소개하기

랭체인은 LLM 애플리케이션 개발에 도움을 줄 수 있는 많은 모듈을 제공합니다. 모듈은 개별적으로 사용할 수도 있지만, 여러 개를 조합하여 복잡한 애플리케이션을 구축할 수도 있습니다.

랭체인의 주요 모듈은 다음과 같습니다.

- LLM: 언어 모델을 이용한 추론 실행
- 프롬프트 템플릿(PromptTemplate): 사용자 입력에서 프롬프트(LLM의 입력) 생성
- 출력 파서(OutputParser): LLM의 출력을 용도에 맞게 변환
- 체인(Chain): LLM 여러 개와 프롬프트 입출력을 연결
- 에이전트: 사용자 요구에 따라 어떤 도구를 어떤 순서로 실행할지 결정

이 절에서는 이러한 모듈을 간단히 소개합니다. 상세 기능은 8.1.6절부터 설명하겠습니다.

8.1.5 랭체인 준비하기

랭체인을 준비하는 순서를 알아보겠습니다.

1. 구글 코랩에서 새 노트북을 준비합니다.

2. 랭체인 패키지를 설치합니다.

    이어지는 실습부터는 랭체인 버전에 따라 동작하지 않을 수도 있기 때문에 0.3.7 버전을 설치합니다.

    ```
    # 패키지 설치
    !pip install langchain==0.3.7
    !pip install langchain-google-genai
    !pip install langchain_community
    !pip install langgraph
    ```

3. 환경 변수를 준비합니다.

    노트북 화면 왼쪽 **열쇠 아이콘**에서 **+ 새 보안 비밀 추가**를 클릭하여 GOOGLE_API_KEY를 이름으로 등록합니다. 그리고 **값**에 **구글 AI 제미나이 API**에서 **복사한 API 키**를 붙여 넣은 뒤 다음 코드를 실행합니다.

    ```
    from google.colab import userdata
    import os

    # 환경 변수 준비(왼쪽 열쇠 아이콘으로 GOOGLE_API_KEY 설정)
    os.environ["GOOGLE_API_KEY"] = userdata.get("GOOGLE_API_KEY")
    ```

8.1.6 LLM

랭체인을 사용하는 준비가 끝났으니 바로 LLM 모듈을 사용하는 방법을 알아보겠습니다.

LLM 개요

랭체인에서 LLM은 대규모 언어 모델을 호출하는 모듈입니다. 다양한 대규모 언어 모델을 동일한 조작으로 이용하는 공통 인터페이스를 제공합니다. LLM 모듈의 인터페이스로는 다음 두 종류가 있습니다.

- LLM: 입력이 텍스트고 출력이 텍스트인 인터페이스
- ChatModel: 입력이 메시지 리스트고 출력이 메시지인 인터페이스

▼ 그림 8-4 LLM의 입출력

LLM 사용법

LLM 모듈을 사용하는 방법은 다음과 같습니다.

1. LLM을 준비합니다.

이번 예시에서는 구글 AI 제미나이 API의 ChatModel인 ChatGoogleGenerativeAI를 사용합니다.

```
from langchain_google_genai import ChatGoogleGenerativeAI

# LLM 준비
llm = ChatGoogleGenerativeAI(
    model="models/gemini-1.5-flash",
)
```

2. LLM을 실행합니다.

LLM은 invoke()로 실행합니다. ChatModel의 입력은 메시지 목록이고, 출력은 메시지입니다. 물론 문자열로도 입력할 수 있습니다.

```
# LLM 실행
messages = [
    ("human", "컴퓨터 게임을 만드는 새로운 회사 이름을 하나만 제안해 주세요.")
]
output = llm.invoke(messages)
print(type(output))
print(output)
<class 'langchain_core.messages.ai.AIMessage'>
content='**게임 개발 회사 이름**:\n\n* **픽셀 퍼레이드** (Pixel Parade) \n
...(생략)...
```

메시지는 **역할**(role)과 **콘텐츠**(content)의 쌍으로 기술합니다. 주요 역할은 다음과 같습니다.

- system: 시스템 메시지
- human: 사용자 메시지
- ai: 어시스턴트 메시지

LLM 모듈에 관련된 더 자세한 내용은 이어지는 8.2절에서 설명합니다.

8.1.7 프롬프트 템플릿

프롬프트 템플릿 모듈의 개요와 사용 방법을 설명합니다.

프롬프트 템플릿의 개요

프롬프트 템플릿은 사용자 입력을 기반으로 프롬프트를 생성하는 템플릿입니다. LLM 애플리케이션에서는 일반적으로 사용자 입력을 직접 LLM에 전달하지 않습니다. 사용자 입력에서 템플릿에 삽입할 정보를 가져와 그 정보를 바탕으로 프롬프트 템플릿에서 LLM의 입력이 되는 프롬프트를 작성합니다.

프롬프트 템플릿의 인터페이스는 다음 두 종류가 있습니다.

- 프롬프트 템플릿: 텍스트의 템플릿
- 챗 프롬프트 템플릿: 메시지 리스트의 템플릿

▼ 그림 8-5 프롬프트 템플릿의 입출력

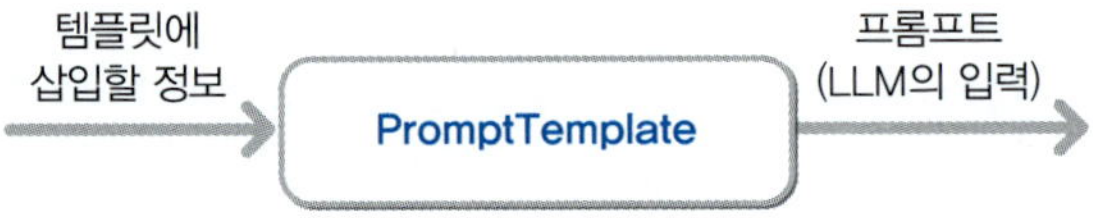

템플릿에 삽입할 정보 → PromptTemplate → 프롬프트 (LLM의 입력)

프롬프트 템플릿의 사용법

프롬프트 템플릿을 사용하는 방법은 다음과 같습니다.

1. 프롬프트 템플릿을 준비합니다.

    채팅 모델에 사용할 **챗 프롬프트 템플릿**을 사용해서 "**제품(product)**"이라는 템플릿에 넣을 정보를 바탕으로 "○○을 만드는 새로운 회사 이름을 하나만 제안해 주세요."라는 프롬프트를 작성합니다.

```
from langchain.prompts import ChatPromptTemplate

# 프롬프트 템플릿 준비
prompt_template = ChatPromptTemplate.from_messages([
    ("human", "{product}을 만드는 새로운 회사 이름을 하나만 제안해 주세요."),
])
```

2. 프롬프트 템플릿을 실행합니다.

   프롬프트 템플릿의 실행도 invoke()를 사용합니다. 프롬프트 템플릿의 입력은 dict 형식이고, 출력은 PromptValue 형식입니다. 따라서 PromptValue는 LLM의 입력 형식이기도 합니다.

   이 예시에서는 챗 프롬프트 템플릿을 사용했으므로 출력 형식은 ChatPromptValue입니다.

```
# 프롬프트 템플릿 실행
output = prompt_template.invoke({"product": "가정용 로봇"})
print(type(output))
print(output)
```
```
<class 'langchain_core.prompt_values.ChatPromptValue'>
messages=[HumanMessage(content='가정용 로봇을 만드는 새로운 회사 이름을 하나만 제안해 주세요.', additional_kwargs={}, response_metadata={})]
```

프롬프트 템플릿에 관한 자세한 내용은 이어지는 8.3절에서 설명합니다.

8.1.8 출력 파서

출력 파서 모듈의 개요와 사용 방법을 설명합니다.

출력 파서의 개요

출력 파서는 LLM의 출력을 용도에 맞게 변환하는 모듈입니다. 주요 용도는 다음과 같습니다.

- LLM의 출력을 일반 텍스트로 변환
- LLM의 출력을 구조화된 데이터(JSON 등)로 변환
- LLM의 출력을 메시지 이외의 정보(Function Calling 등)로 변환

▼ 그림 8-6 출력 파서의 입출력

출력 파서의 사용법

출력 파서를 사용하는 방법은 다음과 같습니다.

1. 출력 파서를 준비합니다.

여기에서는 메시지를 텍스트로 변환하는 출력 파서로 StrOutputParser()를 사용합니다.

```
from langchain_core.output_parsers import StrOutputParser

# 출력 파서 준비
output_parser = StrOutputParser()
```

2. 출력 파서를 실행합니다.

출력 파서도 invoke()를 사용하여 실행합니다. 메시지가 텍스트로 변환된 것을 확인할 수 있습니다.

```
from langchain.schema import AIMessage

# 출력 파서 실행
message = AIMessage(content="AI로부터의 메시지입니다.")
output = output_parser.invoke(message)
print(type(output))
print(output)
```

```
<class 'str'>
AI로부터의 메시지입니다.
```

출력 파서에 관련된 더 자세한 내용은 이어지는 8.4절에서 설명합니다.

---

1 [역주] 출력 파서는 주어진 파서에 따라 데이터를 특정 형식으로 변환하는 역할을 하기 때문에 고정된 스키마가 없습니다.

8.1.9 체인

이번에는 체인 모듈의 개요와 사용 방법을 설명합니다.

체인 개요

체인은 여러 종류의 LLM이나 프롬프트 템플릿의 입출력을 연결하는 모듈입니다. 지금까지는 LLM이나 프롬프트 템플릿을 단독으로 사용했지만, 실제 애플리케이션을 구축할 때는 체인으로 그것들을 연결해서 사용합니다.

체인을 구현하는 방법에는 다음 두 종류가 있습니다.

- LCEL(LangChain Expression Language): 체인을 표기 언어로 구현
- 체인 인터페이스: 체인을 클래스로 구현(레거시)

체인 사용법

체인을 사용하는 방법은 다음과 같습니다.

1. 체인을 준비합니다.

지금까지 실습에서 작성한 **프롬프트 템플릿**, **LLM**, **출력 파서**를 |로 차례로 연결해서 체인을 구성합니다.

```
# 체인 준비
chain = prompt_template | llm | output_parser
```

2. 체인을 실행합니다.

체인도 invoke()를 사용해서 실행합니다. **가정용 로봇**이라는 단어가 입력되고, 그것을 생산하는 새로운 회사 이름으로 **로보홈(RoboHome)** 이라는 출력을 얻었습니다. 출력은 매번 바뀝니다.

```
# 체인 실행
output = chain.invoke({"product": "가정용 로봇"})
print(type(output))
print(output)
```
```
<class 'str'>
**로보홈(RoboHome)**
```

체인에 관련된 더 자세한 내용은 이어지는 8.5절에서 설명합니다.

8.1.10 에이전트

에이전트 모듈의 개요와 사용 방법을 설명합니다.

에이전트 개요

에이전트는 사용자 요구에 따라 어떤 기능을 어떤 순서로 수행할지 결정하는 모듈입니다. 체인이 미리 정해진 기능을 순서대로 수행하는 모듈이라면, 에이전트는 LLM이 수행하는 기능으로 결정됩니다. 이때 에이전트가 수행하는 특정 기능은 **도구**(tool)가 담당합니다.

에이전트 입출력은 메시지 목록이고, 출력에 해당하는 메시지 목록에는 입력과 중간 처리도 포함됩니다.

▼ 그림 8-7 에이전트 입출력

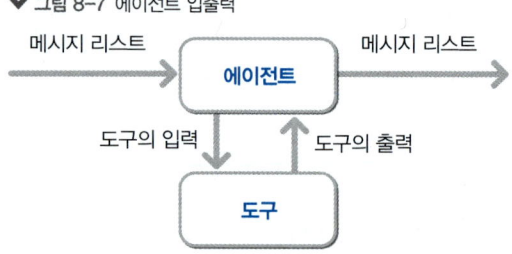

이번 예시에서는 덧셈, 곱셈, 거듭제곱 연산을 정의한 도구를 사용하는 에이전트를 구현하는 방법을 소개합니다.

에이전트 사용법

에이전트를 사용하는 방법은 다음과 같습니다.

1. 도구를 준비합니다.

    도구에 해당하는 함수를 정의하고 @tool을 지정합니다. 나중에 LLM이 이 도구를 선택해야 하는 근거로 사용할 수 있도록 함수 이름, 인수 이름, 코멘트를 작성합니다.

    ```
    from langchain_core.tools import tool

    @tool
    def multiply(x: float, y: float) -> float:
        """'x'와 'y'를 곱함"""
        return x * y

    @tool
    ```

```
def exponentiate(x: float, y: float) -> float:
    """'x'를 'y'로 거듭제곱"""
    return x**y

@tool
def add(x: float, y: float) -> float:
    """'x'와 'y'를 더함"""
    return x + y
```

2. LLM을 준비합니다.

```
from langchain_google_genai import ChatGoogleGenerativeAI

# LLM 준비
llm = ChatGoogleGenerativeAI(
    model="models/gemini-1.5-flash",
)
```

3. httpx 패키지를 설치합니다.

chat_agent_executor를 실행할 때 해당 패키지 설치가 요구되므로 미리 설치합니다.

```
# httpx 패키지 설치
!pip install httpx
```

4. 에이전트를 준비합니다.

chat_agent_executor.create_tool_calling_executor()로 에이전트를 준비합니다. 인수에 LLM과 도구들을 지정합니다.

```
from langgraph.prebuilt import chat_agent_executor

# 에이전트 준비
agent_executor = chat_agent_executor.create_tool_calling_executor(
    llm,
    tools=[multiply, exponentiate, add]
)
```

5. 도구를 사용하지 않는 질의응답을 수행합니다.

```
# 도구를 사용하지 않는 질의응답
response = agent_executor.invoke(
    {"messages": [("human", "안녕하세요!")]}
)
response["messages"][-1].content
```

안녕하세요! 무엇을 도와드릴까요? 😊

6. 도구를 사용하는 질의응답을 수행합니다.

```
# 도구를 사용한 질의응답
response = agent_executor.invoke(
    {"messages": [("human", "1에 2를 더하면?")]}
)
response["messages"][-1].content
```

3입니다.

7. 중간 처리 과정을 확인합니다.

add의 도구가 {"y": 2.0, "x": 1.0}으로 호출되는 것을 볼 수 있습니다.

```
# 중간 처리 확인
for message in response["messages"]:
    print(message)
```

content='1에 2를 더하면?' ...(생략)...
content='' additional_kwargs={'function_call': {'name': 'add', 'arguments': '{"y": 2.0, "x": 1.0}'}} ...(생략)...
content='3.0' name='add' ...(생략)...
content='3입니다.' ...(생략)...

8. 도구를 두 번 사용하는 질의응답을 수행합니다.

```
# 도구를 두 번 사용한 질의응답
response = agent_executor.invoke(
    {"messages": [("human", "(1+2)*3은?")]}
)
response["messages"][-1].content
```

(1+2)*3은 9입니다.

9. 중간 처리 과정을 확인합니다.

add의 도구가 {"y": 2.0, "x": 1.0}으로 호출되고, multiply의 도구가 {"x": 3.0, "y": 3.0}으로 호출되는 것을 알 수 있습니다.

```
# 중간 처리 확인
for message in response["messages"]:
    print(message)
```

content='(1+2)*3은?' ...(생략)...
content='' additional_kwargs={'function_call': {'name': 'add', 'arguments': '{"y": 2.0, "x": 1.0}'}} ...(생략)...
content='3.0' name='add' ...(생략)...
content='' additional_kwargs={'function_call': {'name': 'multiply', 'arguments': '{"x": 3.0, "y": 3.0}'}} ...(생략)...
content='9.0' name='multiply' ...(생략)...
content='(1+2)*3은 9입니다.' ...(생략)...

에이전트에 관련된 더 자세한 내용은 이어지는 8.8절에서 설명합니다.

> **Column** 인지 아키텍처
>
> 인지 아키텍처(cognitive architecture)는 LLM을 사용한 정보 처리와 응답 생성의 틀입니다. 랭체인이 추구하는 인지 아키텍처에서 LLM 애플리케이션은 다음 여섯 종류로 분류됩니다.
>
> - Code: LLM을 사용하지 않고 패턴만으로 동작하는 방식
> - LLM Call: 단일 LLM 호출로 애플리케이션의 출력을 결정하는 방식
> - Chain: LLM을 여러 번 호출하여 애플리케이션의 출력을 결정하는 방식
> - Router: LLM을 라우터로 활용해서 사용할 액션(도구, 검색, 프롬프트)을 선택하는 방식
> - State Machine: LLM을 사용해서 특정 종류의 루프 안에서 단계적으로 라우팅을 수행하고, 코드에서 허용된 경로로 전이
> - Agent: LLM을 사용해서 특정 종류의 루프 안에서 단계적으로 라우팅을 수행하고, LLM이 직접 선택한 경로로 전이
>
> LLM 애플리케이션은 LLM이 '단계의 출력', '(사용할 수 있는 다음 단계 중에서) 단계의 전환 방향', '사용할 수 있는 단계의 전환 방향'을 결정할 자유도를 어느 정도 허용하느냐에 따라 분류됩니다.
>
> **LLM 호출**과 **체인**은 단일 LLM 호출로 작업을 완료하는지, 아니면 LLM을 여러 번 호출하여 작업을 수행하는지로 구분됩니다. 이 과정에서 **상태** 전환 방식에 따라 작업 흐름을 제어하는 방법이 다른데, **라우터**(Router)와 **스테이트 머신**(State Machine)은 이러한 상태 전환 방식을 정의합니다. 라우터는 상태 전환이 고정된 방향으로만 진행되는 반면, 스테이트 머신은 상태가 순환 구조를 가질 수 있어 더 복잡한 흐름을 처리할 수 있습니다.
>
> LLM 호출 방식과 상태 전환 설계에서 자유도가 높으면 다양한 작업 흐름을 처리할 수 있지만, 자유도가 높을수록 설계가 복잡하고 제어하기가 어려울 수 있습니다. 따라서 특정 작업에 집중하거나 간단한 작업 흐름을 원한다면 자유도를 줄이는 방식이 더 실용적입니다.

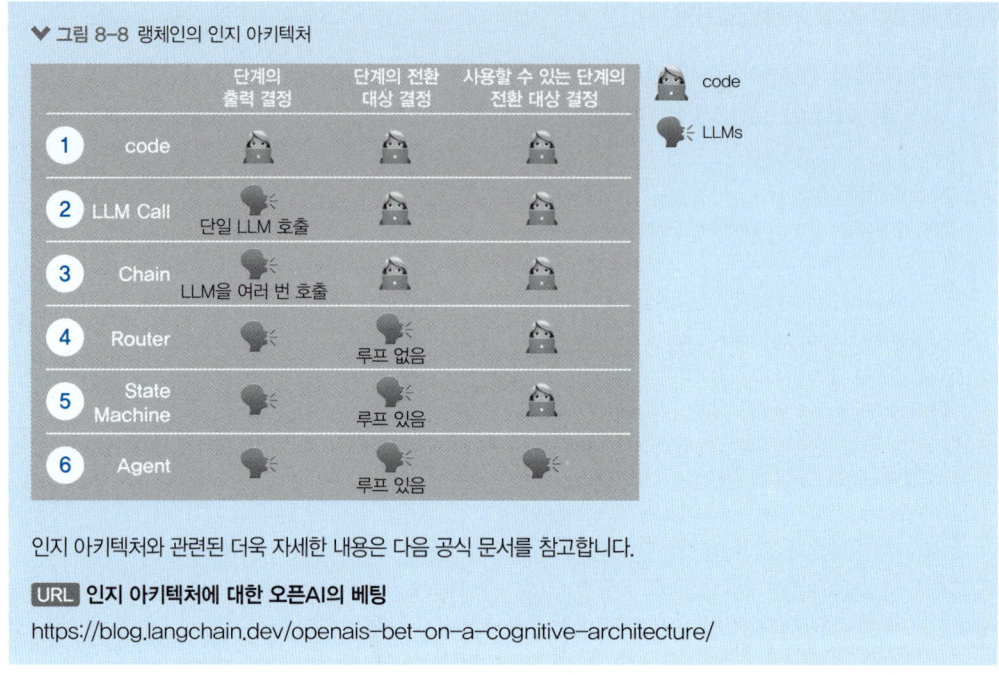

▼ 그림 8-8 랭체인의 인지 아키텍처

인지 아키텍처와 관련된 더욱 자세한 내용은 다음 공식 문서를 참고합니다.

URL 인지 아키텍처에 대한 오픈AI의 베팅
https://blog.langchain.dev/openais-bet-on-a-cognitive-architecture/

8.1.11 랭스미스

지금까지 랭체인에 포함된 각 모듈의 개요와 사용 방법을 설명했습니다. 랭체인에서 개발을 지원하는 플랫폼으로 랭스미스를 소개합니다.

랭스미스 개요

랭스미스는 LLM 애플리케이션의 **디버그, 테스트, 모니터링**을 위한 통합 플랫폼으로 클라우드 서비스를 제공합니다. 랭스미스는 다음 상황에서 활용하면 좋습니다.

- 새로운 체인, 에이전트, 도구를 신속하게 디버깅
- 컴포넌트(체인, LLM, 리트리버 등)들이 어떻게 관련되고 사용하는지를 시각화
- 단일 컴포넌트의 다양한 프롬프트와 LLM을 평가
- 데이터셋에서 특정 체인을 여러 번 실행하여 품질 기준을 항상 충족하는지 확인

이처럼 랭스미스는 랭체인의 로그를 확인하는 데 매우 유용한 도구입니다.

랭스미스 API 키 가져오기

랭스미스의 API 키를 가져오는 방법은 다음과 같습니다.

1. 랭스미스 웹 사이트에 접속하고 로그인합니다.

    URL 랭스미스
    https://www.langchain.com/langsmith

2. 설정에서 API 키를 복사합니다.

    ▼ 그림 8-9 랭스미스 웹 사이트

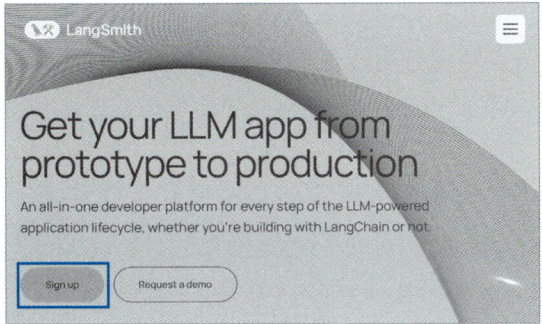

    ▼ 그림 8-10 랭스미스 API 키 생성

랭스미스 사용법

랭스미스를 사용하는 방법은 다음과 같습니다.

1. 환경 변수를 준비합니다.

    노트북 화면 왼쪽 **열쇠 아이콘**에서 **+ 새 보안 비밀 추가**를 클릭하여 LANGCHAIN_API_KEY를 이름으로 등록합니다. 그리고 **값**에 랭스미스 웹 사이트에서 생성한 API 키를 붙여 넣은 뒤 다음 코드를 실행합니다.

```python
import os
from uuid import uuid4

# 환경 변수 준비
unique_id = uuid4().hex[0:8]
os.environ["LANGCHAIN_TRACING_V2"] = "true"
os.environ["LANGCHAIN_ENDPOINT"] = https://api.smith.langchain.com
os.environ["LANGCHAIN_API_KEY"] = userdata.get("LANGCHAIN_API_KEY")
os.environ["LANGCHAIN_PROJECT"] = f"Tracing Walkthrough - {unique_id}"
```

2. 에이전트를 실행합니다.

   실습 코드에서는 랭스미스의 환경 변수를 위쪽 셀에 넣었기 때문에 이전에 실행했던 에이전트와 질의응답을 다시 실행하지 않아도 됩니다.

3. 랭스미스 웹 사이트에서 최신 프로젝트를 확인합니다.

   실습 코드는 Tracing Walkthrough - XXXXXXXX라는 이름으로 프로젝트를 추가합니다.

▼ 그림 8-11 랭스미스 웹 사이트에서 프로젝트 확인

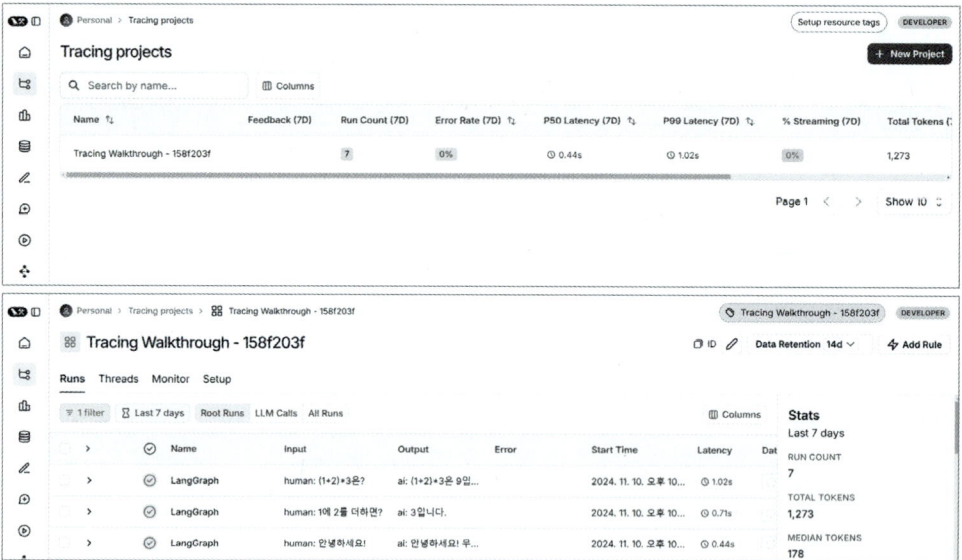

4. 상세 로그를 확인합니다.

   LLM이 사전 지식만으로 답변하고 있는지, 도구를 어떻게 사용하고 있는지 확인할 수 있습니다. **"안녕하세요!"**라는 입력에 대한 추적 결과는 다음 그림과 같습니다.

▼ 그림 8-12 랭스미스 상세 로그 확인 1

다음으로 "1에 2를 더하면?"이라는 입력에 대한 추적 결과는 다음 그림과 같습니다

▼ 그림 8-13 랭스미스 상세 로그 확인 2

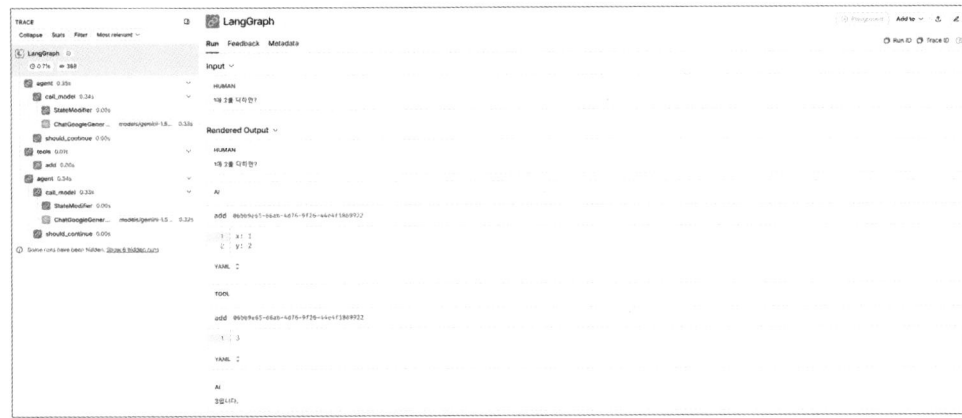

마지막으로 "(1+2)*3은?"에 대한 추적 결과는 다음 그림과 같습니다.

▼ 그림 8-14 랭스미스 상세 로그 확인 3

8.2 LLM

이 절에서는 앞 절에서 간단히 설명한 LLM 모듈을 사용하는 방법을 상세히 설명합니다.

8.2.1 LLM 개요

랭체인에서는 대규모 언어 모델을 호출하는 모듈을 간단하게 LLM이라고 하며, 다양한 언어 모델을 동일한 방식으로 사용할 수 있도록 공통의 인터페이스를 제공합니다. LLM 모듈의 인터페이스는 다음 두 종류로 구성되어 있습니다.

- LLM: 입력이 텍스트고, 출력이 텍스트인 인터페이스
- ChatModel: 입력이 메시지 리스트고, 출력이 메시지인 인터페이스

제미나이는 다음과 같은 LLM을 사용합니다. 구글 AI 제미나이 API와 버텍스 AI 제미나이 API는 서로 다른 클래스를 사용합니다.

- 구글 AI 제미나이 API
    - LLM: `GoogleGenerativeAI`
    - ChatModel: `ChatGoogleGenerativeAI`
- 버텍스 AI 제미나이 API
    - LLM: `VertexAI`
    - ChatModel: `ChatVertexAI`

8.2.2 랭체인 준비하기

8.1.5절에서 다룬 준비 과정과 같습니다. 8.1.5절을 다시 한 번 참고합니다.

Column 랭체인으로 사용 가능한 모델 목록

제미나이 이외의 대규모 언어 모델 정보는 다음 공식 문서를 참고합니다.

URL LLMs – 랭체인

https://python.langchain.com/docs/integrations/llms/

▼ 그림 8-15 랭체인에서 사용 가능한 언어 모델

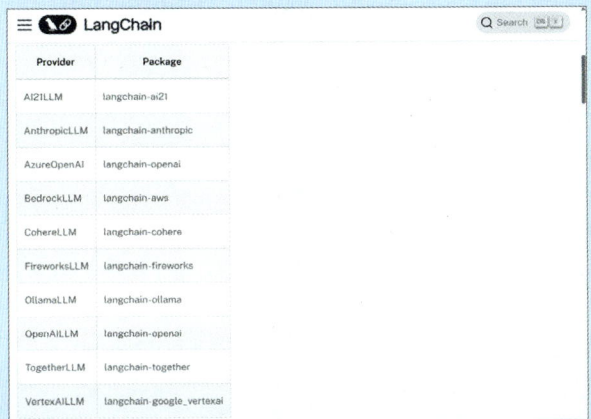

URL ChatModel – 랭체인

https://python.langchain.com/docs/integrations/chat/

▼ 그림 8-16 랭체인에서 사용 가능한 ChatModel

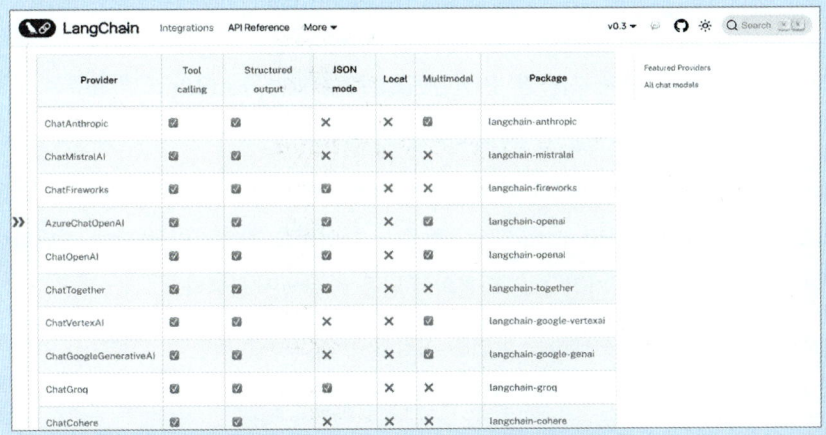

8.2.3 LLM 사용법

LLM 모듈을 사용하는 방법은 다음과 같습니다.

1. LLM을 준비합니다.

```
from langchain_google_genai import GoogleGenerativeAI, HarmBlockThreshold, HarmCategory

# LLM 준비
llm = GoogleGenerativeAI(
    model="models/gemini-1.5-flash",  # 모델 종류
    temperature=0.3,  # 무작위성
    safety_settings={  # 안전 설정
        HarmCategory.HARM_CATEGORY_DANGEROUS_CONTENT: HarmBlockThreshold.BLOCK_NONE,
        HarmCategory.HARM_CATEGORY_HATE_SPEECH: HarmBlockThreshold.BLOCK_NONE,
        HarmCategory.HARM_CATEGORY_SEXUALLY_EXPLICIT: HarmBlockThreshold.BLOCK_NONE,
        HarmCategory.HARM_CATEGORY_DANGEROUS_CONTENT: HarmBlockThreshold.BLOCK_NONE
    },
)
```

GoogleGenerativeAI의 주요 파라미터는 다음과 같습니다.

- `model`: 모델 종류를 지정합니다. 사용할 수 있는 구글 AI 제미나이 API의 모델 종류는 구글 AI 스튜디오에서 확인할 수 있습니다.

- `temperature`: 토큰 선택의 무작위성을 설정합니다. `temperature`가 낮을수록 자유도가 낮은 응답에 적합합니다. 반대로 `temperature`가 높을수록 다양하고 창의적인 응답에 적합합니다. 특히 이 매개변수가 0이면 가장 높은 확률의 응답을 항상 선택합니다.

- `top_p`: 모델이 출력용 토큰을 선택하는 방법을 변경합니다. 토큰은 확률의 합계가 p 이상이 될 때까지 확률이 높은 단어를 차례대로 선택합니다. 예를 들어 토큰 A · B · C의 확률이 각각 0.3, 0.2, 0.1일 때 `top_p`가 0.5라면 temperature 파라미터로 토큰 A 또는 토큰 B 중에서 하나를 선택합니다. 이는 확률 분포의 상위 부분만 동적으로 선택하여 상황에 맞는 유연한 무작위성을 보장합니다.

- `top_k`: 모델이 출력용 토큰을 선택하는 방법을 변경합니다. `top_k`가 1이라면 가장 확률이

높은 한 단어가 선택된다는 의미입니다. top_k가 3이라면 temperature 파라미터가 작용해서 상위 세 개의 단어 중 하나를 선택합니다. 토큰은 top_p를 기반으로 추가적으로 필터링되며, 최종 토큰은 temperature로 선택됩니다. 이것으로 낮은 확률의 단어가 선택되는 것을 방지하고, 텍스트 품질을 유지하면서 무작위성을 조정할 수 있습니다.

- max_output_tokens: 생성할 텍스트의 최대 길이를 지정합니다.
- safety_settings: 안전 설정을 조정합니다. 안전 설정의 카테고리는 다음과 같습니다.
    - HarmCategory.HARM_CATEGORY_HARASSMENT: 괴롭힘
    - HarmCategory.HARM_CATEGORY_HATE_SPEECH: 혐오 발언
    - HarmCategory.HARM_CATEGORY_SEXUALLY_EXPLICIT: 성적 표현
    - HarmCategory.HARM_CATEGORY_DANGEROUS_CONTENT: 유해 콘텐츠

카테고리별 **임계 값**은 다음과 같습니다.

- HarmBlockThreshold.HARM_BLOCK_THRESHOLD_UNSPECIFIED: 설정하지 않음(BLOCK_MEDIUM_AND_ABOVE와 동일)
- HarmBlockThreshold.BLOCK_LOW_AND_ABOVE: NEGLIGIBLE 콘텐츠 허용
- HarmBlockThreshold.BLOCK_MEDIUM_AND_ABOVE: NEGLIGIBLE, LOW 콘텐츠 허용
- HarmBlockThreshold.BLOCK_ONLY_HIGH: NEGLIGIBLE, LOW, MEDIUM 콘텐츠 허용
- HarmBlockThreshold.BLOCK_NONE: 모든 콘텐츠 허용

2. LLM을 실행합니다.

    입력과 출력은 모두 텍스트 형식입니다.

    ```
    # LLM 실행
    output = llm.invoke("고양이 울음소리를 흉내 내 보세요.")
    print(type(output))
    print(output)
    ```

    ```
    <class 'str'>
    냐옹! 나아앙! 나옹냐옹! 나아아앙!
    ```

8.2.4 ChatModel 사용법

ChatModel을 사용하는 방법은 다음과 같습니다.

1. ChatModel을 준비합니다.

ChatGoogleGenerativeAI의 주요 파라미터는 GoogleGenerativeAI와 동일합니다.

```python
from langchain_google_genai import ChatGoogleGenerativeAI, HarmBlockThreshold, HarmCategory

# ChatModel 준비
chat_model = ChatGoogleGenerativeAI(
    model="models/gemini-1.5-flash",  # 모델 종류
    temperature=0.3,  # 무작위성
    safety_settings={  # 안전 설정
        HarmCategory.HARM_CATEGORY_DANGEROUS_CONTENT: HarmBlockThreshold.BLOCK_NONE,
        HarmCategory.HARM_CATEGORY_HATE_SPEECH: HarmBlockThreshold.BLOCK_NONE,
        HarmCategory.HARM_CATEGORY_SEXUALLY_EXPLICIT: HarmBlockThreshold.BLOCK_NONE,
        HarmCategory.HARM_CATEGORY_DANGEROUS_CONTENT: HarmBlockThreshold.BLOCK_NONE
    },
)
```

2. ChatModel을 실행합니다.

입력과 출력은 모두 메시지 목록 형식입니다.

```python
# ChatModel 실행
messages = [
    ("human", "고양이 울음소리를 흉내 내 보세요.")
]
output = chat_model.invoke(messages)
print(type(output))
print(output)
```
```
<class 'langchain_core.messages.ai.AIMessage'>
content='냐옹! 냐옹! 냐옹! \n\n고양이 울음소리를 흉내 내는 건 꽤 어렵네요.
...(생략)...
```

메시지는 SystemMessage, HumanMessage, AIMessage 클래스[2]로 작성할 수 있습니다.

```
from langchain.schema import HumanMessage

# 메시지를 클래스로 작성
messages = [
    HumanMessage(content="고양이 울음소리를 흉내 내 보세요.")
]
output = chat_model.invoke(messages)
print(type(output))
print(output)
```

8.2.5 스트리밍

스트리밍은 텍스트를 한 번에 출력하지 않고 일정한 글자 수 단위로 출력함으로써 사용자가 체감하는 대기 시간을 줄이는 기능입니다.

1. LLM 스트리밍

stream()으로 호출하면 몇 글자 단위로 반환됩니다.

```
# LLM 스트리밍
for chunk in llm.stream("Google DeepMind에 관해 알려 주세요."):
    print(chunk)
    print("--")
```

Google DeepMind
--
: 인공지능의 선두 주자
Google DeepMind는 인공지능
--
(AI) 연구 및 개발에 집중하는 영국의 회사로, 2
--
014년 구글에 인수되었습니다.
주요 특징:
* **선도적인 AI 연구:** DeepMind는
...(생략)...

---

[2] 역주 SystemMessage는 LLM의 동작을 가이드하는 메시지, HumanMessage는 사용자가 전달할 메시지, AIMessage는 LLM이 생성한 응답을 저장하는 메시지 클래스입니다.

2. ChatModel 스트리밍

ChatModel도 마찬가지로 몇 글자 단위로 반환됩니다.

```
# ChatModel 스트리밍
messages = [
    ("human", "Google DeepMind에 관해 알려 주세요.")
]
for chunk in chat_model.stream(messages):
    print(chunk)
    print("--")
```

8.2.6 버텍스 AI 제미나이 API의 LLM 사용법

버텍스 AI 제미나이 API를 사용하는 방법은 다음과 같습니다.

1. 패키지를 설치합니다.

    버텍스 AI 제미나이 API의 LLM을 사용하려면 langchain-google-vertexai를 추가로 설치해야 합니다.

    ```
    # 패키지 설치
    !pip install langchain-google-vertexai
    ```

2. 환경 변수를 준비하고 버텍스 AI를 초기화합니다.

    노트북 화면 왼쪽 **열쇠 아이콘**에서 **+ 새 보안 비밀 추가**를 클릭하여 GOOGLE_APPLICATION_CREDENTIALS를 이름으로 등록합니다. 그리고 **값**에 sample-vertexai.json 내용을 붙여 넣은 뒤 다음 코드를 실행합니다.

    sample-vertexai.json은 4.6절에서 설명한 방법으로 동일하게 준비합니다.

    ```
    from google.colab import userdata
    import pathlib
    import os
    import vertexai

    # 환경 변수 준비(왼쪽 열쇠 아이콘으로 GOOGLE_APPLICATION_CREDENTIALS 설정)
    pathlib.Path("google_application_credentials.json").write_text(
    ```

```
        userdata.get("GOOGLE_APPLICATION_CREDENTIALS"))
os.environ["GOOGLE_APPLICATION_CREDENTIALS"] = "google_application_credentials.json"

# 버텍스 AI 초기화
vertexai.init()
```

3. LLM을 실행합니다.

```
from langchain_google_vertexai import VertexAI, HarmBlockThreshold, HarmCategory

# LLM 준비
llm = VertexAI(
    model="models/gemini-1.5-flash-001",  # 모델 ID
    temperature=0.3,  # 무작위성
)

# LLM 실행
output = llm.invoke("고양이 울음소리를 흉내 내 보세요.")
print(type(output))
print(output)
```

```
<class 'str'>
냐옹! 냐옹냐옹! 냐아아앙! 🐱
```

모델의 종류와 버전은 상황에 맞게 변경할 수 있어야 합니다. 버텍스 AI 제미나이 API에서 사용할 수 있는 모델의 종류와 버전은 버텍스 AI 스튜디오에서 확인할 수 있습니다.

▼ 그림 8-17 버텍스 AI 제미나이 API의 모델 종류와 버전

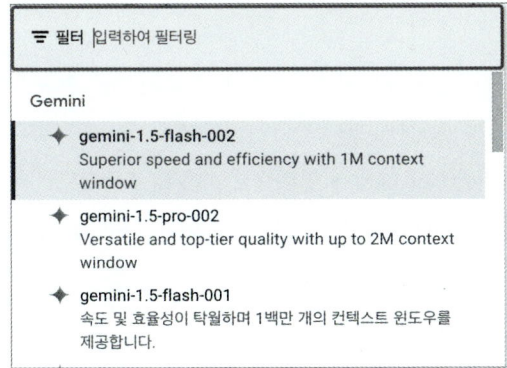

4. ChatModel을 실행합니다.

```python
from langchain_google_vertexai import ChatVertexAI

# ChatModel 준비
chat_model = ChatVertexAI(
    model="models/gemini-1.5-flash-001",  # 모델 ID
    temperature=0.3,  # 무작위성
)

# ChatModel 실행
messages = [
    ("human", "고양이 울음소리를 흉내 내 보세요.")
]
output = chat_model.invoke(messages)
print(type(output))
print(output)
```

8.3 프롬프트 템플릿

프롬프트 템플릿은 LLM에서 최적의 답변을 이끌어 내는 중요한 모듈입니다. 이 절에서는 다양한 프롬프트 템플릿을 자세하게 설명합니다.

8.3.1 프롬프트 템플릿 모듈의 개요

랭체인에서 프롬프트 템플릿은 사용자 입력을 기반으로 LLM에 입력으로 사용할 프롬프트를 생성하는 템플릿입니다. 프롬프트에는 LLM에 대한 지시, LLM에 관한 질문, LLM이 더 나은 답변을 작성하는 데 도움이 되는 답변 예 같은 정보가 포함됩니다.

랭체인에서 지원하는 주요 프롬프트 템플릿은 다음과 같습니다.

- 문자열 프롬프트 템플릿(StringPromptTemplate): 텍스트를 구조화하는 프롬프트 템플릿
- 챗 프롬프트 템플릿(ChatPromptTemplate): 메시지 리스트를 구조화하는 프롬프트 템플릿

- 메시지플레이스홀더(MessagesPlaceholder): 특정 위치에 메시지 리스트를 추가하는 프롬프트 템플릿

8.3.2 랭체인 준비하기

8.1.5절에서 다룬 준비 과정과 같습니다. 8.1.5절을 다시 한 번 참고합니다.

8.3.3 문자열 프롬프트 템플릿의 사용법

문자열 프롬프트 템플릿을 사용하는 방법은 다음과 같습니다.

1. **문자열 프롬프트 템플릿을 준비합니다.**

   문자열 프롬프트 템플릿은 PromptTemplate.from_template()으로 준비합니다.

   ```
   from langchain.prompts import PromptTemplate

   # 문자열 프롬프트 템플릿 준비
   prompt_template = PromptTemplate.from_template(
       template="{topic}에 관해 가벼운 농담을 던져 주세요."
   )
   ```

2. **문자열 프롬프트 템플릿을 실행합니다.**

   프롬프트 템플릿 실행으로 반환된 PromptValue는 **LLM의 입력** 값입니다. 이 값은 to_string()으로 **문자열**로 가져오거나 to_messages()로 **메시지형**으로 가져올 수 있습니다.

   ```
   # 문자열 프롬프트 템플릿 실행
   prompt_val = prompt_template.invoke({"topic": "고양이"})
   print(type(prompt_val))
   print(prompt_val)
   ```
   ```
   <class 'langchain_core.prompt_values.StringPromptValue'>
   text='고양이에 관해 가벼운 농담을 던져 주세요.'
   ```

3. 프롬프트를 문자열로 가져옵니다.

```
# 프롬프트를 문자열로 가져오기
prompt_val.to_string()
```
고양이에 관해 가벼운 농담을 던져 주세요.

4. 프롬프트를 메시지로 가져옵니다.

```
# 프롬프트를 메시지로 가져오기
prompt_val.to_messages()
```
[HumanMessage(content='고양이에 관해 가벼운 농담을 던져 주세요.', additional_kwargs={}, response_metadata={})]

8.3.4 챗 프롬프트 템플릿의 사용법

챗 프롬프트 템플릿을 사용하는 방법은 다음과 같습니다.

1. 챗 프롬프트 템플릿을 준비합니다.

```
from langchain.prompts import ChatPromptTemplate

# 챗 프롬프트 템플릿 준비
chat_prompt_template = ChatPromptTemplate.from_messages(
    [
        ("human", "{topic}에 관해 가벼운 농담을 던져 주세요.")
    ]
)
```

2. 챗 프롬프트 템플릿을 실행합니다.

```
# 챗 프롬프트 템플릿 실행
chat_prompt_val = chat_prompt_template.invoke({"topic": "고양이"})
print(type(chat_prompt_val))
print(chat_prompt_val)
```
<class 'langchain_core.prompt_values.ChatPromptValue'>
messages=[HumanMessage(content='고양이에 관해 가벼운 농담을 던져 주세요.', additional_kwargs={}, response_metadata={})]

메시지 프롬프트 템플릿은 SystemMessagePromptTemplate, HumanMessagePromptTemplate, AIMessagePromptTemplate 클래스로 작성할 수 있습니다.

```python
from langchain.prompts import ChatPromptTemplate, HumanMessagePromptTemplate

# 메시지 프롬프트 템플릿을 클래스로 작성
chat_prompt_template = ChatPromptTemplate.from_messages(
    [
            HumanMessagePromptTemplate.from_template("{topic}에 관해 가벼운 농담을 던져 주세요.")
    ]
)
```

8.3.5 메시지플레이스홀더의 사용법

메시지플레이스홀더(MessagePlaceholder)를 사용하는 방법은 다음과 같습니다.

1. 플레이스홀더를 포함한 챗 프롬프트 템플릿을 준비합니다.

플레이스홀더에 프롬프트 템플릿을 실행하면 전달되는 인수로 메시지 리스트를 넣을 수 있습니다.

```python
from langchain.prompts import ChatPromptTemplate

# 챗 프롬프트 템플릿 준비
chat_prompt_template = ChatPromptTemplate.from_messages(
    [
        ("system", "당신은 무엇이든 도와주는 제 비서입니다."),
        ("placeholder", "{msgs}")
    ]
)
```

2. 플레이스홀더를 포함한 챗 프롬프트 템플릿을 실행합니다.

이번 예시에서는 **"안녕하세요!"**를 **휴먼 메시지**(HumanMessage)로 넣었습니다.

```
# 챗 프롬프트 템플릿 실행
chat_prompt_val = chat_prompt_template.invoke({"msgs": [
    ("human", "안녕하세요!")
]})
print(type(chat_prompt_val))
print(chat_prompt_val)
```

```
<class 'langchain_core.prompt_values.ChatPromptValue'>
messages=[SystemMessage(content='당신은 무엇이든 도와주는 제 비서입니다.',
additional_kwargs={}, response_metadata={}), HumanMessage(content='안녕하세요!',
additional_kwargs={}, response_metadata={})]
```

플레이스홀더는 PlaceHolder 클래스로도 작성할 수 있습니다.

```
from langchain.prompts import ChatPromptTemplate, MessagesPlaceholder

# 플레이스홀더를 클래스로 작성
chat_prompt_template = ChatPromptTemplate.from_messages(
    [
        ("system", "당신은 무엇이든 도와주는 제 비서입니다."),
        MessagesPlaceholder("msgs")
    ]
)
```

8.4 출력 파서

앞 절에서 설명한 프롬프트 템플릿은 LLM에 입력될 프롬프트를 생성하는 모듈입니다. 이 절에서는 LLM의 출력을 변환하는 출력 파서 모듈을 상세히 설명합니다.

8.4.1 출력 파서의 개요

출력 파서는 LLM의 출력을 용도에 맞게 변환하는 모듈입니다. 이 모듈은 출력을 다양한 구조화된 데이터(문자열이나 JSON 등)로 생성하고 싶을 때 매우 편리합니다.

출력 파서 목록은 다음과 같습니다.

- 문자열 출력 파서(StrOutputParser): LLM의 출력을 문자열로 변환
- 단순 JSON 출력 파서(SimpleJsonOutputParser): LLM 출력을 기본적인 키와 값의 쌍으로 된 JSON으로 변환
- JSON 출력 파서(JsonOutputParser): LLM의 출력을 JSON으로 변환
- XML 출력 파서(XMLOutputParser): LLM의 출력을 XML로 변환
- 콤마 구분자 출력 파서(CommaSeparatedListOutputParser): LLM의 출력을 CSV로 변환
- 출력 수정 파서(OutputFixingParser): 다른 파서를 감싸 출력 오류를 수정
- 오류 재시도 파서(RetryWithErrorOutputParser): 다른 파서를 감싸 출력 오류를 수정하고 원본 명령도 송신
- 파이단틱 출력 파서(PydanticOutputParser): LLM의 출력을 파이단틱으로 변환
- YAML 출력 파서(YamlOutputParser): LLM의 출력을 YAML로 변환
- 데이터프레임 출력 파서(PandasDataFrameOutputParser): LLM의 출력을 데이터프레임으로 변환
- 열거형 출력 파서(EnumOutputParser): LLM의 출력을 열거형으로 변환
- 날짜 형식 출력 파서(DatetimeOutputParser): LLM의 출력을 날짜 형식으로 변환
- 구조화 출력 파서(StructuredOutputParser): LLM의 출력을 구조화된 데이터로 변환

> **URL** 개념 가이드 – 랭체인
> https://python.langchain.com/docs/concepts/output_parsers/

이 절에서는 이 중에서도 특히 사용 빈도가 높은 **문자열 출력 파서**(StrOutputParser), **단순 JSON 출력 파서**(SimpleJsonOutputParser), **파이단틱 출력 파서**(PydanticOutputParser)의 사용 방법을 설명합니다.

8.4.2 랭체인 준비하기

8.1.5절에서 다룬 준비 과정과 같습니다. 8.1.5절을 다시 한 번 참고합니다.

8.4.3 문자열 출력 파서의 사용법

문자열 출력 파서를 사용하는 방법은 다음과 같습니다.

1. 프롬프트 템플릿과 LLM을 준비합니다.

```python
from langchain.prompts import ChatPromptTemplate
from langchain_google_genai import ChatGoogleGenerativeAI

# 프롬프트 템플릿 준비
prompt_template = ChatPromptTemplate.from_messages([
    ("system", "다음 질문에 답변해 주세요. 답변만 남겨 주세요."),
    ("human", "{question}"),
])

# LLM 준비
llm = ChatGoogleGenerativeAI(
    model="models/gemini-1.5-flash",
)
```

2. 문자열 출력 파서를 준비합니다.

```python
from langchain_core.output_parsers import StrOutputParser

# 문자열 출력 파서 준비
parser = StrOutputParser()
```

3. 체인을 준비하고 실행합니다.

출력 형식이 텍스트임을 확인할 수 있습니다.

```python
# 체인 준비
chain = prompt_template | llm | parser

# 체인 실행
output = chain.invoke({"question": "대규모 언어 모델 Gemini가 발표된 연도와 날짜는 언제인가요?"})
print(type(output))
print(output)
```

```
<class 'str'>
2023년 12월 6일
```

8.4.4 단순 JSON 출력 파서의 사용법

단순 JSON 출력 파서를 사용하는 방법은 다음과 같습니다.

1. 프롬프트 템플릿과 LLM을 준비합니다.

    메시지 목록의 지시문에도 JSON 형식으로 반환할 것을 명시합니다.

    ```
    from langchain.prompts import ChatPromptTemplate
    from langchain_google_genai import ChatGoogleGenerativeAI

    # 프롬프트 템플릿 준비
    prompt_template = ChatPromptTemplate.from_messages([
        ("system", "다음 질문에 답변해 주세요. JSON 형식으로 반환해 주세요."),
        ("human", "{question}"),
    ])

    # LLM 준비
    llm = ChatGoogleGenerativeAI(
        model="models/gemini-1.5-flash",
    )
    ```

2. 단순 JSON 출력 파서를 준비합니다.

    ```
    from langchain.output_parsers.json import SimpleJsonOutputParser

    # 단순 JSON 출력 파서 준비
    parser = SimpleJsonOutputParser()
    ```

3. 체인을 준비하고 실행합니다.

    출력 형식이 사전형임을 확인할 수 있습니다.

    ```
    # 체인 준비
    chain = prompt_template | llm | parser

    # 체인 실행
    output = chain.invoke({"question": "대규모 언어 모델 Gemini가 발표된 연도와 날짜는 언제인가요?"})
    print(type(output))
    print(output)
    <class 'dict'>
    {'발표 연도': '2023', '발표 날짜': '12월 6일'}
    ```

8.4.5 파이단틱 출력 파서의 사용법

파이단틱(Pydantic)은 파이썬에서 데이터의 검증과 변환을 간단하게 하는 라이브러리입니다. 자신이 정의한 데이터 구조로 출력하고 싶다면 파이단틱 출력 파서를 사용합니다.

URL 파이단틱

https://docs.pydantic.dev/latest/

파이단틱 출력 파서를 사용하는 방법은 다음과 같습니다.

1. 구조화된 데이터를 정의합니다.

```
from pydantic import BaseModel, Field

# 구조화된 데이터 정의
class Ym(BaseModel):
    year: int = Field(description="year (e.g. 2001)")
    month: int = Field(description="month (e.g. 1)")
```

2. 파이단틱 출력 파서를 준비합니다.

프롬프트 템플릿의 partial_variables는 특정 부분 변수를 동적으로 설정하거나 덮어쓰는 기능입니다. 이번에는 파이단틱 출력 파서에서 작성한 지시를 포함하고 있습니다.

```
from langchain.output_parsers import PydanticOutputParser

# 파이단틱 출력 파서 준비
parser = PydanticOutputParser(pydantic_object=Ym)
```

3. 프롬프트 템플릿과 LLM을 준비합니다.

```
from langchain.prompts import PromptTemplate
from langchain_google_genai import ChatGoogleGenerativeAI

# 프롬프트 템플릿 준비
prompt_template = PromptTemplate.from_template(
    template="다음 질문에 답변해 주세요.\n{format_instructions}\n{question}",
    partial_variables={"format_instructions": parser.get_format_instructions()},
)

# LLM 준비
```

```python
llm = ChatGoogleGenerativeAI(
    model="models/gemini-1.5-flash",
)
```

4. 지시를 확인합니다.

   적용된 지시를 확인합니다.

   ```python
   # 지시 확인
   parser.get_format_instructions()
   ```
   ```
   The output should be formatted as a JSON instance that conforms to the JSON schema below.

   As an example, for the schema {"properties": {"foo": {"title": "Foo", "description": "a list of strings", "type": "array", "items": {"type": "string"}}}, "required": ["foo"]}
   the object {"foo": ["bar", "baz"]} is a well-formatted instance of the schema. The object {"properties": {"foo": ["bar", "baz"]}} is not well-formatted.

   Here is the output schema:
   ```
   {"properties": {"year": {"description": "year (e.g. 2001)", "title": "Year", "type": "integer"}, "month": {"description": "month (e.g. 1)", "title": "Month", "type": "integer"}}, "required": ["year", "month"]}
   ```
   ```

5. 체인을 준비하고 실행합니다.

   정의한 구조화된 데이터 형식으로 출력되는지 확인합니다.

   ```python
   # 체인 준비
   chain = prompt_template | llm | parser

   # 체인 실행
   output = chain.invoke({"question": "대규모 언어 모델 Gemini가 발표된 연도와 날짜는 언제인가요?"})
   print(type(output))
   print(output)
   ```
   ```
   <class '__main__.Ym'>
   year=2022 month=12
   ```

8.5 체인

지금까지 소개한 다양한 모듈을 연결하여 활용하는 기능이 바로 체인입니다. 이 절에서는 실제로 모듈을 조합하여 실행하는 사례를 설명합니다.

8.5.1 체인 개요

단순한 애플리케이션이라면 LLM이나 ChatModel만 사용해도 문제없지만, 이들 **모듈(러너블 (Runnable)**)을 **체인**으로 연결하면 복잡한 애플리케이션을 만들 수 있습니다.

랭체인에서 체인을 구현하는 방법에는 다음 두 가지가 있습니다.

- LCEL(LangChain Expression Language): 체인을 표기 언어로 구현
- 체인 인터페이스: 체인을 클래스로 구현(레거시)

새로운 애플리케이션을 구축할 때 LCEL을 사용하길 권장합니다. 체인 인터페이스도 LCEL을 사용할 수 있는 구조이므로 앞의 두 방법을 조합해서 사용하는 것도 가능합니다.

체인 인터페이스는 체인 클래스의 서브 클래스로 구현하는 기법입니다. 랭체인에서는 모든 체인을 LCEL로 이행하는 작업을 진행하고 있습니다.

8.5.2 LCEL 개요

LCEL은 체인을 쉽게 작성할 수 있는 표현 언어입니다. 코드를 수정하지 않으면서도 다양한 체인을 설계할 수 있다는 점이 특징입니다.

LCEL은 다음 이점이 있습니다.

스트리밍 지원

LCEL로 체인을 구축하면 첫 번째 청크가 출력되기까지 시간을 대폭 단축할 수 있습니다. LLM에서 출력 파서로 토큰을 직접 스트리밍하면 LLM이 원본 토큰을 생성하는 것과 같은 속도로 해석된 출력 청크를 표시합니다.

비동기 지원

LCEL로 구축된 체인은 동기 API와 비동기 API를 쉽게 호출할 수 있습니다. 다시 말해 프로토타입부터 실제 운영 단계까지 동일한 코드를 사용할 수 있습니다.

병렬 실행의 최적화

LCEL로 구축된 체인에 병렬로 실행할 수 있는 단계가 있다면(예를 들어 여러 검색 도구에서 문서를 가져오는 경우 등) 가능한 한 지연을 줄이기 위해 동기와 비동기 인터페이스 모두에서 자동으로 실행됩니다.

리트라이와 폴백

LCEL로 구축된 체인의 임의의 부분에 대해 리트라이(재시도)와 폴백(대체 수단으로 전환)을 실시합니다. 이는 체인의 신뢰성을 크게 높이는 매우 훌륭한 방법입니다. 랭체인은 리트라이와 폴백 스트리밍 지원을 추가하는 데 힘쓰고 있습니다.

중간 결과에 접근

복잡한 체인이라면 최종 출력이 생성되기 전에 중간 결과에 접근할 수 있어 매우 편리합니다. 이것으로 사용자에게 무슨 일이 일어나고 있는지 알려 주거나 단순하게는 체인을 디버깅하는 용도로 사용할 수 있습니다.

입출력 스키마

입출력 스키마는 체인 구조에서 추론된 모든 LCEL 체인의 파이단틱 스키마와 JSON 스키마를 제공합니다.

랭스미스 추적

체인이 복잡하면 각 단계에서 무슨 일이 일어나고 있는지 정확하게 이해하는 것이 더욱 중요해집니다. LCEL을 사용하면 모든 단계가 자동으로 랭스미스에 기록되어 관측 가능성과 디버깅 가능성을 극대화할 수 있습니다.

8.5.3 러너블 개요

랭체인의 컴포넌트 대부분에는 러너블(Runnable)이 구현되어 있습니다. 러너블에는 표준 인터페이스가 정의되어 있어 커스텀 체인을 쉽게 정의하거나 표준적인 방법으로 호출할 수 있습니다.

표준 인터페이스

러너블의 주요 인터페이스는 다음과 같습니다.

- invoke: 체인 호출
- stream: 체인을 호출하고 스트리밍으로 반환
- batch: 리스트 입력으로 체인 호출

이에 상응하는 비동기 메서드는 다음과 같습니다.

- ainvoke: 체인 호출(비동기)
- astream: 체인을 호출하고 스트리밍으로 반환(비동기)
- abatch: 리스트 입력으로 체인 호출(비동기)
- astream_log: 최종 응답에 더해 중간 단계도 스트리밍으로 반환(비동기)

입출력 스키마

러너블의 입출력 스키마는 컴포넌트마다 다릅니다. 각 컴포넌트의 주요 입출력 스키마는 다음과 같습니다.

LLM

- 입력 스키마: string/[Message]/PromptValue 중 하나
- 출력 스키마: string

챗 모델

- 입력 스키마: string/[Message]/PromptValue 중 하나
- 출력 스키마: Message

프롬프트 템플릿

- 입력 스키마: dict
- 출력 스키마: PromptValue

출력 파서

- 입력 스키마: LLM의 출력
- 출력 스키마: 파서에 의존

리트리버

- 입력 스키마: string
- 출력 스키마: [Document]

도구

- 입력 스키마: string/dict 중 하나
- 출력 스키마: 도구에 의존

다음 속성으로 입출력 스키마를 확인할 수 있습니다.

- `input_schema`: 입력 타입(Pydantic)
- `output_schema`: 출력 타입(Pydantic)

8.5.4 랭체인 준비하기

8.1.5절에서 다룬 준비 과정과 같습니다. 8.1.5절을 다시 한 번 참고합니다.

8.5.5 체인 사용법

그림 8-18과 같이 **프롬프트 템플릿 → LLM → 출력 파서**로 연결된 체인을 만듭니다.

❤ 그림 8-18 체인의 기본 형태

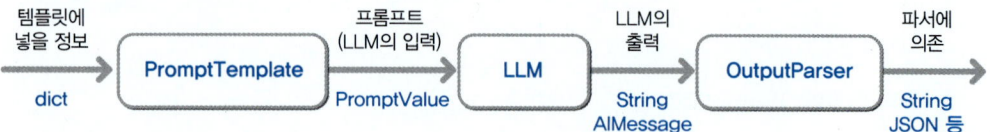

LCEL을 사용한 기본적인 체인을 구성하는 순서는 다음과 같습니다.

1. 프롬프트 템플릿과 LLM, 출력 파서를 준비합니다.

```python
from langchain_google_genai import GoogleGenerativeAI
from langchain.prompts import PromptTemplate
from langchain_core.output_parsers import StrOutputParser

# 프롬프트 템플릿 준비
prompt_template = PromptTemplate.from_template(
    template="{topic}에 관해 가벼운 농담을 던져 주세요."
)

# LLM 준비
llm = GoogleGenerativeAI(
    model="models/gemini-1.5-flash",
)

# 출력 파서 준비
parser = StrOutputParser()
```

2. 체인을 구성합니다.

각 모듈을 |로 연결합니다.

```python
# 체인 준비
chain = prompt_template | llm | parser
```

3. 체인을 실행합니다.

```python
# 체인 실행
output = chain.invoke({"topic": "개"})
print(type(output))
print(output)
```

○ 계속

```
<class 'str'>
개에 대한 농담을 하나 말씀드리죠!

왜 개가 수학을 못 할까요?

왜냐하면 그들은 뼈를 세는 데만 관심이 있기 때문이죠! 😂🐶
```

8.5.6 러너블 사용법

러너블을 사용하는 방법은 다음과 같습니다.

1. LLM을 준비합니다.

LLM, 프롬프트 템플릿, 출력 파서는 러너블 인터페이스를 따르는 모듈입니다.

```python
from langchain_google_genai import GoogleGenerativeAI

# LLM 준비
llm = GoogleGenerativeAI(
    model="models/gemini-1.5-flash",
)
```

2. `invoke()`를 실행합니다.

지금까지 여러 모듈에서 사용해 온 `invoke()` 역시 러너블의 인터페이스 중 하나입니다.

```
# invoke 실행
output = llm.invoke("Google DeepMind에 관해 알려 주세요.")
print(output)
```
```
## Google DeepMind: 인공지능 분야의 선두 주자

Google DeepMind는 인공지능 연구에 전념하는 회사로, 2010년 영국 런던에서 설립되었습니다.
Google은 2014년 DeepMind를 인수하여 현재 Google의 자회사로 운영되고 있습니다.

**DeepMind의 주요 활동:**
...(생략)...
```

3. stream()을 실행합니다.

   stream()을 실행하면 적절한 글자 수만큼 차례로 출력됩니다.

   ```
   # 스트리밍 실행
   for chunk in llm.stream("Google DeepMind에 관해 알려 주세요."):
       print(chunk)
       print("--")
   ```

   ```
   ## Google DeepMind
   --
   : 인공지능의 선두 주자

   Google DeepMind는 인공지능
   --
   (AI) 연구 및 개발에 집중하는 영국의 회사로, 2
   --
   010년 설립되어 2014년 Google에 인수되었습니다.
   ...(생략)...
   ```

4. batch()를 실행합니다.

   batch()를 실행하면 동시에 LLM 모듈을 여러 개 호출할 수 있습니다.

   ```
   # 배치 실행
   outputs = llm.batch([
       "Google DeepMind에 관해 알려 주세요.",
       "Google에 관해 알려 주세요."
   ])
   print(outputs)
   ```

   ```
   [
   '## Google DeepMind: 인공지능의 선두 주자\n\nGoogle DeepMind는 인공지능(AI) 연구와 개발에 집중하는 영국의 회사로, 2014년 Google에 인수되었습니다. DeepMind는 ...(생략)...,
   'Google은 세계 최대의 검색 엔진이자 정보 기술 기업입니다. 1998년 래리 페이지와 세르게이 브린이 설립한 Google은 ...(생략)...
   ]
   ```

5. 구글 코랩에서 비동기 처리를 실행하도록 설정을 추가합니다.

   러너블은 asyncio 라이브러리를 사용한 비동기 처리를 지원합니다. **비동기 처리**란 프로그램을 차례대로 실행하지 않으면서 대기하지 않고 다른 작업을 병렬로 실행하는 방식입니다. 비동기 처리를 사용하면 통신처럼 시간이 걸리는 작업을 기다리는 동안 애니메이션 등 다른 작업을 동시에 실행할 수 있습니다.

```
# 코랩에서 비동기 처리를 실행하는 설정
import nest_asyncio
nest_asyncio.apply()
```

6. ainvoke()를 실행합니다.

ainvoke()는 invoke()의 비동기 처리 메서드입니다.

```
# 비동기 invoke 실행
output = await llm.ainvoke("Google DeepMind에 관해 알려 주세요.")
print(output)
```

Google DeepMind: 인공지능의 선두 주자

Google DeepMind는 인공지능(AI) 분야의 선두 주자로, 2010년 영국 런던에서 설립된 회사입니다. 2014년 Google에 인수된 이후, 딥러닝과 강화 학습을 이용하여 획기적인 AI 기술을 개발하고 있습니다.
주요 활동:
...(생략)...

7. astream()을 실행합니다.

astream()은 stream()의 비동기 처리 메서드입니다.

```
# 비동기 스트리밍 실행
async for chunk in llm.astream("Google DeepMind에 관해 알려 주세요."):
    print(chunk)
    print("--")
```

* **강력한 연구 역량:** DeepMind는 인
--
공지능의 다양한 분야에서 뛰어난 연구 성과를 보여 줍니다.
* **혁신적인 기술:**
--
...(생략)...

8. abatch()를 사용합니다.

abatch()는 batch()의 비동기 처리 메서드입니다.

```
# 비동기 배치 사용
outputs = await llm.abatch([
    "Google DeepMind에 관해 알려 주세요.",
    "Google에 관해 알려 주세요."
])
print(outputs)
```

```
[
'## Google DeepMind: 인공지능의 선두 주자\n\nGoogle DeepMind는 인공지능(AI) 연구와
개발에 집중하는 영국의 회사로, 2014년 Google에 인수되었습니다. DeepMind는 ...(생략)...,
'Google은 세계 최대의 검색 엔진이자 정보 기술 기업입니다. 1998년 래리 페이지와 세르게이
브린이 설립한 Google은 ...(생략)...
]
```

9. astream_log()를 사용합니다.

astream_log()는 비동기 스트리밍의 로그 기능을 제공합니다. 비동기로 생성되는 데이터를 실시간으로 모니터링하고 기록하거나 출력할 수 있는 구조를 제공합니다.

```
# 비동기 스트리밍 로그 사용
async for chunk in llm.astream_log("Google DeepMind에 관해 알려 주세요."):
    print(chunk)
    print("--")
```

```
RunLogPatch({'op': 'add',
  'path': '/streamed_output/-',
  'value': ' 선두 주자로서 앞으로도 혁신적인 연구를 통해 인류의 미래에 기여할 것으로
기대됩니다.**\n'},
  {'op': 'replace',
  'path': '/final_output',
  'value': '## Google DeepMind: 인공지능의 선두 주자\n'
           '\n'
           'Google DeepMind는 구글이 인수한 인공지능 연구 회사입니다. 2010년에
설립되었으며, 런던에 본사를 두고 '
           '있습니다. \n'
           '\n'
           '**DeepMind의 주요 특징:**\n'
           '\n'
           '* **인공지능 연구의 선두 주자:** DeepMind는 인공지능 분야에서 가장 혁신적인
연구를 수행하는 기관 중 '
           '하나입니다. \n'
...(생략)...
```

8.5.7 러너블의 입출력 스키마 확인하기

러너블의 입출력 스키마를 확인하는 방법은 다음과 같습니다.

1. 입력 스키마를 확인합니다.

    프롬프트 템플릿의 입력은 topic을 포함한 사전 형식임을 확인할 수 있습니다.

    ```
    # 입력 형식 확인
    prompt_template.input_schema.schema()

    {'properties': {'topic': {'title': 'Topic', 'type': 'string'}},
    'required': ['topic'],
    'title': 'PromptInput',
    'type': 'object'}
    ```

2. 출력 스키마를 확인합니다.

    출력 파서의 출력은 문자열임을 확인할 수 있습니다.

    ```
    # 출력 형식 확인
    parser.output_schema.schema()

    {'title': 'StrOutputParserOutput', 'type': 'string'}
    ```

8.6 챗봇

이 절에서는 채팅에 특화된 챗봇의 개요와 사용 방법을 설명합니다.

8.6.1 챗봇 개요

챗봇은 장기적인 대화를 유지하고 사용자 질문에 관한 정보를 사용하면서 답변하는 시스템입니다. 또 대화 기록을 저장할 수 있으며, **검색 증강 생성**을 사용하면 특정 도메인 질문에 더 적합한 답변도 생성할 수 있습니다. 검색 증강 생성은 다음 절에서 자세히 알아보겠습니다.

▼ 그림 8-19 챗봇의 내부 처리 흐름

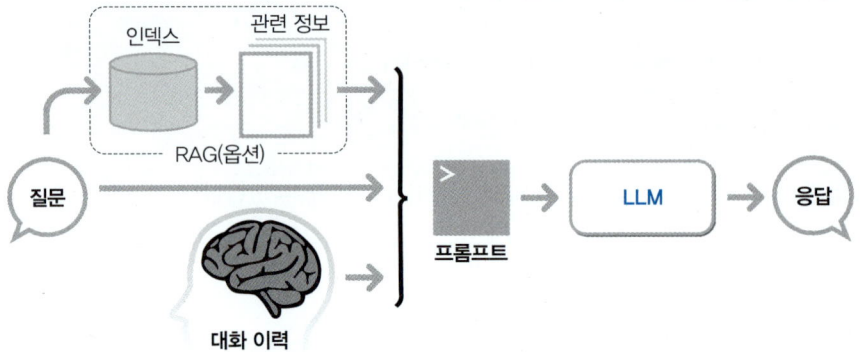

URL 챗봇 – 랭체인
https://python.langchain.com/docs/how_to/#chatbots

8.6.2 랭체인 준비하기

8.1.5절에서 다룬 준비 과정과 같습니다. 8.1.5절을 다시 한 번 참고합니다.

8.6.3 LLM 준비하기

통상적인 LLM에서 대화 이력이 없을 때 어떤 결과가 나오는지 확인하고, 대화 이력을 포함한 질의응답 결과와 비교해 보겠습니다. LLM의 준비 순서는 다음과 같습니다.

1. LLM을 준비합니다.

```
from langchain_google_genai import ChatGoogleGenerativeAI

# LLM 준비
llm = ChatGoogleGenerativeAI(
    model="models/gemini-1.5-flash",
)
```

2. 대화를 시작합니다.

```
# 대화
llm.invoke([("human", "안녕하세요! 제 이름은 승민입니다.")])
```

○ 계속

```
AIMessage(content='안녕하세요, 승민님! 만나서 반가워요. 무엇을 도와드릴까요? \n',
...(생략)...
```

3. 과거의 대화 내용을 질문합니다.

   평소처럼 LLM을 호출하면 대화 이력을 포함하지 않으므로 과거에 대화한 내용을 질문하면 답변할 수 없습니다.

   ```
   # 과거 대화 내용에 관해 질문
   llm.invoke([("human", "내 이름은?")])
   ```
   ```
   AIMessage(content='저는 구글에서 훈련된 대규모 언어 모델입니다. 이름은 없어요. \n\n무엇을 도와드릴까요? \n',
   ...(생략)...
   ```

4. 대화 이력을 포함하여 과거에 대화한 내용을 질문합니다.

   메시지 리스트에 과거 대화 내용을 포함하면 과거에 대화한 내용에 관련된 질문에 답할 수 있습니다. 챗봇이란 결국 과거 대화 내용을 포함하는 처리를 자동으로 처리하는 시스템으로 볼 수 있습니다.

   ```
   from langchain_core.messages import AIMessage

   # 대화 이력과 함께 과거 대화 내용에 관해 질문
   llm.invoke(
       [
           ("human", "안녕하세요! 제 이름은 승민입니다."),
           ("ai", "안녕하세요, 승민! 만나서 반갑습니다. 오늘은 어떤 도움이 필요하신가요?"),
           ("human", "내 이름은?"),
       ]
   )
   ```
   ```
   AIMessage(content='승민님, 당신의 이름은 **승민**입니다! \n\n혹시 다른 질문이 있으신가요? \n',
   ...(생략)...
   ```

8.6.4 챗봇 준비하기

챗봇을 구성하고 사용하는 순서는 다음과 같습니다.

1. 러너블을 사용하여 챗봇을 정의합니다.

    RunnableWithMessageHistory()로 러너블(이 경우 LLM 모듈)을 감싸면 러너블의 입출력이 추적되어 대화 기록에 저장됩니다.

    ```
    from langchain_community.chat_message_histories import ChatMessageHistory
    from langchain_core.chat_history import BaseChatMessageHistory
    from langchain_core.runnables.history import RunnableWithMessageHistory

    # 대화 이력을 저장할 공간 준비
    store = {}

    # 세션마다 대화 이력 가져오기
    def get_session_history(session_id: str) -> BaseChatMessageHistory:
        if session_id not in store:
            store[session_id] = ChatMessageHistory()
        return store[session_id]

    # 챗봇 정의
    chatbot = RunnableWithMessageHistory(llm, get_session_history)
    ```

    여기에서 중요한 부분은 get_session_history()로 전달되는 함수입니다. 이 함수는 session_id를 받아 MessageHistory를 반환해야 합니다. 그리고 session_id는 개별 대화를 구분하는 데 사용되며, 체인을 호출할 때 구성 요소로 함께 전달해야 합니다.

2. 설정 내용을 준비합니다.

    세션 ID에 유니크한 ID를 설정합니다. 이 예시에서는 "abc1"을 사용했습니다.

    ```
    # 설정 준비
    config = {"configurable": {"session_id": "abc1"}}
    ```

3. 대화를 시작합니다.

    chatbot.invoke()에 준비한 설정 내용을 지정합니다.

    ```
    # 대화
    response = chatbot.invoke(
        [("human", "안녕하세요! 제 이름은 승민입니다.")],
        config=config,
    )
    response.content
    ```

○ 계속

> 안녕하세요, 승민님! 만나서 반가워요! 무엇을 도와드릴까요?

4. 과거의 대화 내용에 관해 질문합니다.

   과거의 대화 내용을 기억하고 있는지 확인합니다.

   ```
   # 과거 대화 내용에 관해 질문
   response = chatbot.invoke(
       [("human", "내 이름은?")],
       config=config,
   )
   response.content
   ```

   > 승민님, 혹시 잊으셨나요? 당신의 이름은 **승민**입니다!

8.6.5 커스텀 지시

커스텀 지시(사용자가 원하는 응답의 유형을 지시)로 챗봇을 특정 사용자에게 맞춤형으로 설정할 수 있습니다. 커스텀 지시를 활용하여 챗봇을 구현하는 방법은 다음과 같습니다.

1. 프롬프트 템플릿을 준비합니다.

   시스템 메시지를 포함한 프롬프트 템플릿을 준비하고 LLM 모듈 앞에 연결합니다. 그리고 플레이스홀더를 사용하여 시스템 메시지 뒤에 입력 메시지를 입력합니다.

   ```
   from langchain_core.prompts import ChatPromptTemplate

   # 프롬프트 템플릿 준비
   prompt_template = ChatPromptTemplate.from_messages(
       [
           ("system", "당신은 훌륭한 AI 비서입니다. 말 끝에 '~이다.'를 붙여 대답해 주세요."),
           ("placeholder", "{messages}"),
       ]
   )

   # 체인 준비
   chain = prompt_template | llm
   ```

2. 챗봇을 정의합니다.

   input_messages_key에 "messages"를 지정합니다.

   ```
   # 챗봇 준비
   chatbot = RunnableWithMessageHistory(
       chain,
       get_session_history,
       input_messages_key="messages",
   )
   ```

3. 설정 내용을 준비합니다.

   이전 예시와는 다른 세션 ID("abc2")를 부여합니다.

   ```
   # 설정 준비
   config = {"configurable": {"session_id": "abc2"}}
   ```

4. 대화를 시작합니다.

   커스텀 지시 내용으로 말끝에 '~랍니다.'를 붙이도록 하고, 그 효과를 확인합니다.

   ```
   # 대화
   response = chatbot.invoke(
       {"messages": [("human", "안녕하세요! 제 이름은 승민입니다.")]},
       config=config
   )
   response.content
   ```
   안녕하세요, 승민님! 만나서 반가워요. 😊 저는 훌륭한 AI 비서랍니다. 무엇을 도와드릴까요? 😊

5. 과거 대화 내용에 관해 질문합니다.

   과거에 대화했던 내용을 기억하는지도 확인합니다.

   ```
   # 과거 대화 내용에 관해 질문
   response = chatbot.invoke(
       {"messages": [("human", "내 이름은?")]},
       config=config,
   )
   response.content
   ```
   승민님, 당신의 이름은 승민이랍니다! 😊

8.6.6 대화 이력 관리하기

챗봇을 구축할 때 알아야 할 중요한 개념 중 하나가 바로 **대화 이력을 관리**하는 방법입니다. 대화 이력을 관리하지 않으면 메시지 목록이 계속해서 쌓이므로 LLM 컨텍스트 윈도우에서 오버플로될 수 있습니다.

대화 이력을 관리하는 절차는 다음과 같습니다.

1. 메시지 필터와 체인을 준비합니다.

   대화 이력의 최대 크기가 메시지 네 개 분량이 되도록 메시지 필터링 함수를 준비합니다. 그리고 이것을 프롬프트 템플릿 앞에 연결합니다.

   ```
   from langchain_core.runnables import RunnablePassthrough

   # 메시지 필터 준비
   def filter_messages(messages, k=4):
       return messages[-k:]

   # 체인 준비
   chain = (
       RunnablePassthrough.assign(messages=lambda x: filter_messages(x["messages"]))
       | prompt_template
       | llm
   )
   ```

   RunnablePassthrough.assign()은 입력 데이터를 처리해서 다음으로 넘겨줍니다. 여기에서는 messages 키에 filter_messages()를 적용했습니다.

2. 챗봇을 준비합니다.

   ```
   # 챗봇 준비
   chatbot = RunnableWithMessageHistory(
       chain,
       get_session_history,
       input_messages_key="messages",
   )
   ```

3. 설정 내용을 준비합니다.

```
# 설정 준비
config = {"configurable": {"session_id": "abc3"}}
```

4. 대화를 시작합니다.

```
# 대화
response = chatbot.invoke(
    {"messages": [("human", "안녕하세요! 제 이름은 승민입니다.")]},
    config=config,
)
response.content
```
안녕하세요! 승민님, 만나서 반가워요. 😊

5. 과거의 대화 내용을 연속으로 질문합니다.

대화 이력의 최대 크기가 메시지 네 개 분량이므로 2회 이전의 대화 이력은 사라집니다. 따라서 두 번째 질문에서는 알려 준 이름에 관련된 정보는 지워졌다는 것을 확인할 수 있습니다.

```
# 과거 대화 내용에 관해 질문
response = chatbot.invoke(
    {"messages": [("human", "내 이름은?")]},
    config=config,
)
response.content
```
승민입니다.

```
# 과거 대화 내용에 관해 질문(2회차)
response = chatbot.invoke(
    {"messages": [("human", "내 이름은?")]},
    config=config,
)
response.content
```
죄송합니다. 저는 당신의 이름을 모릅니다. 당신의 이름은 무엇인가요?

8.6.7 랭스미스 확인하기

랭스미스를 사용하여 질의응답과 관련된 대화 이력 내용을 확인할 수 있습니다.

▼ 그림 8-20 랭스미스를 사용한 대화 이력 확인

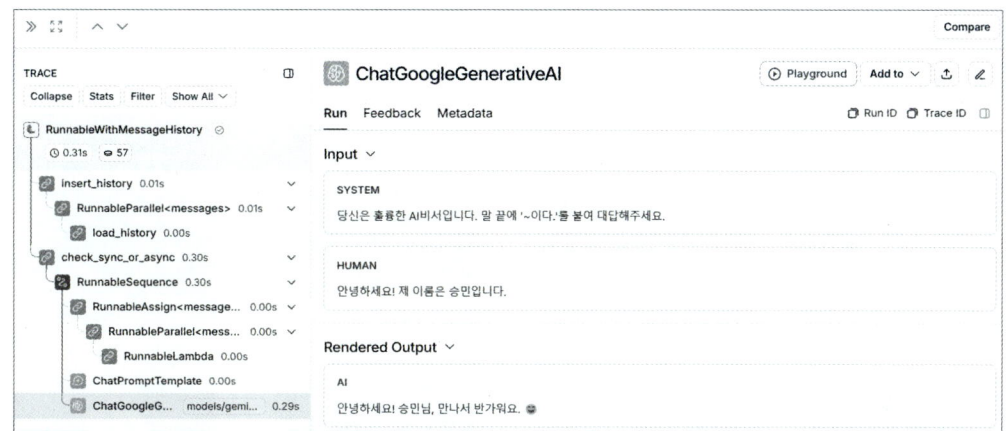

8.7 검색 증강 생성

앞 절에서 살펴본 챗봇은 대규모 언어 모델의 사전 학습 지식만으로 질의응답을 수행했습니다. 이 절에서는 외부의 새로운 정보도 함께 활용하려고 검색 증강 생성의 구조와 구현 방법, 사용 방법을 설명합니다.

8.7.1 검색 증강 생성의 개요

검색 증강 생성은 사용자 질문에 따라 적절한 정보를 검색하고, 이를 프롬프트와 함께 사용하여 대규모 언어 모델의 지식을 한층 강화하는 시스템입니다.

대규모 언어 모델만으로도 폭넓은 주제를 추론할 수 있지만, 그 지식은 학습에 사용된 특정 시점까지 공개된 데이터로 제한되어 있습니다. 최신 정보나 개인이 관리하는 데이터도 추론할 수 있는 AI 애플리케이션을 구축하고 싶다면, 검색 증강 생성을 사용하는 것이 좋은 방법입니다.

전형적인 검색 증강 생성 애플리케이션은 다음 두 종류 처리로 이루어집니다.

인덱스 생성

외부 데이터를 가져와 인덱스를 생성합니다. 이 과정은 일반적으로 검색 증강 생성 애플리케이션을 사용하기 전에 진행합니다.

▼ 그림 8-21 인덱스 생성 과정

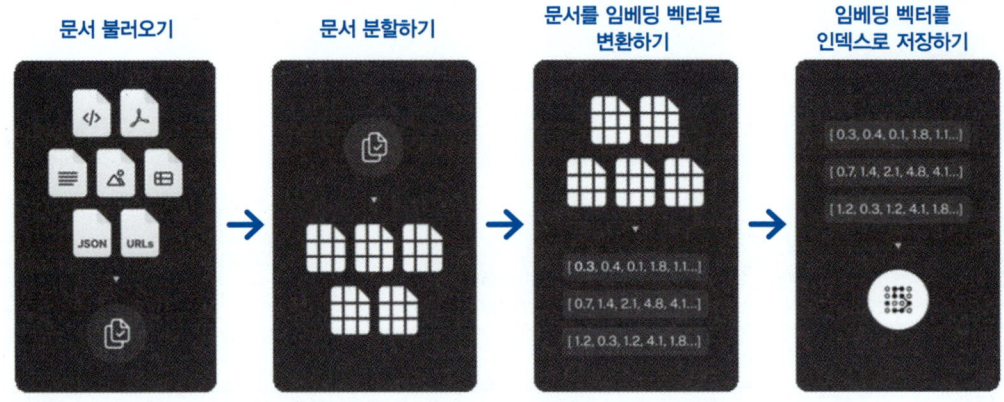

인덱스에서 관련 데이터를 가져와 사용자에게 응답 제공

검색 증강 생성 애플리케이션은 사용자 입력으로 저장해 놓은 인덱스에서 연관성이 높은 데이터를 가져와 그것을 모델에게 넘겨줍니다.

▼ 그림 8-22 인덱스에서 가져온 관련 데이터를 토대로 사용자에게 응답을 생성하는 과정

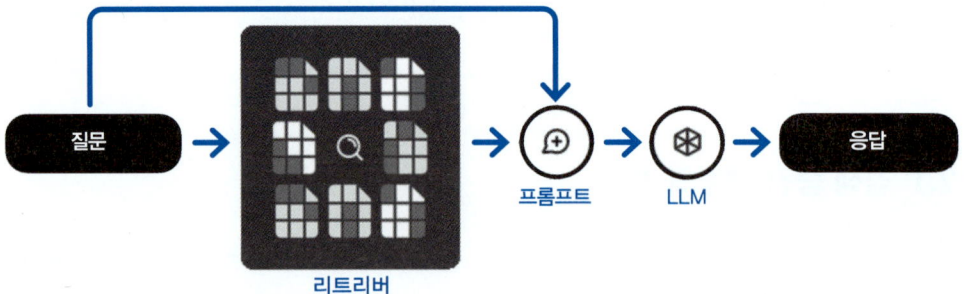

URL Q&A with RAG[3] – 랭체인
https://python.langchain.com/v0.1/docs/use_cases/question_answering/

---

3 역주 랭체인의 최신 문서에는 생략되어 있기 때문에 0.1 버전 문서를 소개하고 있습니다.

8.7.2 랭체인 준비하기

8.1.5절에서 다룬 준비 과정과 같습니다. 8.1.5절을 다시 한 번 참고합니다.

8.7.3 임베딩 모델 준비하기

검색 증강 생성에서 사용할 임베딩 모델을 준비합니다. 이전 장에서도 소개한 적이 있는 허깅 페이스에 공개된 **BAAI/bge-m3** 모델을 사용합니다.

> **URL** BAAI/bge-m3 – 허깅 페이스
> https://huggingface.co/BAAI/bge-m3

임베딩 모델을 준비하는 순서는 다음과 같습니다.

1. 허깅 페이스 패키지를 설치합니다.

```
# 허깅 페이스 패키지 설치
!pip install langchain-huggingface
```

이 패키지는 허깅 페이스의 기능을 랭체인에서 사용하려고 만든 파트너 패키지입니다.

> **URL** 허깅 페이스 – 랭체인
> https://python.langchain.com/docs/integrations/providers/huggingface/

2. 임베딩 모델을 준비합니다.

허깅 페이스의 액세스 토큰에 접근을 요청하는 대화창이 나타나지만, 코드는 그대로 진행될 것입니다. 진행되지 않는다면 허깅 페이스에서 액세스 토큰을 발급받아 `HF_TOKEN`을 새 보안 비밀에 추가합니다.

```
from langchain_huggingface.embeddings import HuggingFaceEmbeddings

# 임베딩 모델 준비
hf_embeddings = HuggingFaceEmbeddings(
    model_name="BAAI/bge-m3",
)
```

3. 임베딩 모델을 실행합니다.

   임베딩 모델이 동작하는지 확인합니다. 여기에서는 **"임베딩 벡터로 변환할 텍스트"**라는 텍스트를 임베딩 벡터로 변환해 보겠습니다.

```
# 임베딩 모델 실행
embeds = hf_embeddings.embed_query(
    "임베딩 벡터로 변환할 텍스트"
)
print(len(embeds))
print(embeds)
```

```
1024
[-0.047472670674324036, -0.010639089159667492, 0.014603301882743835, ...]
```

> **Column** ≡ 랭체인의 임베딩 모델
>
> 허깅 페이스에서 공개 중인 임베딩 모델 이외의 모델에 관련된 더 자세한 정보는 다음 공식 문서를 참고합니다.
>
> **URL** 임베딩 모델 – 랭체인
> https://python.langchain.com/docs/integrations/text_embedding/
>
> ▼ 그림 8-23 랭체인의 임베딩 모델

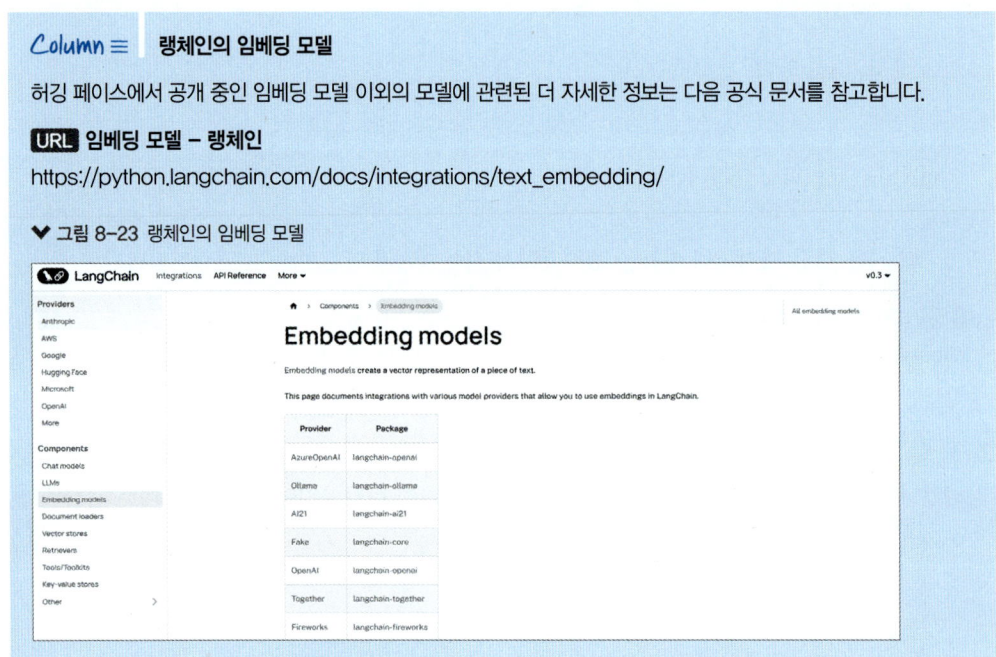

8.7.4 벡터 스토어 준비하기

벡터 스토어는 벡터 검색이나 유사도 검색을 효율적으로 수행하려고 설계된 데이터베이스입니다. 벡터 스토어의 준비 순서는 다음과 같습니다.

1. 문서를 준비합니다.

```python
from langchain_core.documents import Document

# 문서 준비
documents = [
    Document(
        page_content="개는 충성심이 높고 친근하기 때문에 아주 멋진 반려동물입니다.",
        metadata={"source": "mammal-pets-doc"},
    ),
    Document(
        page_content="고양이는 독립심이 높은 반려동물이며, 자기만의 공간을 만끽하는 경우가 많습니다.",
        metadata={"source": "mammal-pets-doc"},
    ),
    Document(
        page_content="금붕어는 비교적 간단하게 키울 수 있기 때문에 초심자에게 인기가 많은 반려동물입니다.",
        metadata={"source": "fish-pets-doc"},
    ),
    Document(
        page_content="앵무새는 사람의 말을 따라 할 수 있는 영리한 새입니다.",
        metadata={"source": "bird-pets-doc"},
    ),
    Document(
        page_content="토끼는 사회적인 동물이며, 자유롭게 뛰어다닐 충분한 공간이 필요합니다.",
        metadata={"source": "mammal-pets-doc"},
    ),
]
```

문서에는 다음 두 가지 속성이 있습니다.

- page_content: 콘텐츠를 나타내는 문자열

- metadata: 임의의 메타데이터를 포함하는 사전

2. 크로마 패키지를 설치합니다.

이번 예시에서는 크로마(Chroma)라는 벡터 데이터베이스를 사용합니다.

```python
# 크로마 패키지 설치
!pip install langchain-chroma
```

이 패키지는 크로마 기능을 랭체인에서 사용하려고 만든 파트너 패키지입니다.

> **URL** 크로마 - 랭체인
> https://python.langchain.com/docs/integrations/providers/chroma/

3. 벡터 스토어를 준비합니다.

```
from langchain_chroma import Chroma

# 벡터 스토어 준비
vectorstore = Chroma.from_documents(
    documents,
    embedding=hf_embeddings,
)
```

벡터 스토어는 쿼리를 실행하는 메서드를 다수 제공합니다.

- 동기 혹은 비동기
- 문자열 쿼리와 임베딩 쿼리
- 유사도 점수를 반환하는 경우와 반환하지 않는 경우
- 유사도와 주변 최대 관련성

4. 문자열 쿼리와 유사도로 검색을 수행합니다.

```
# 문자열 쿼리와의 유사도 검색
vectorstore.similarity_search("고양이")
```

```
[Document(metadata={'source': 'mammal-pets-doc'}, page_content='고양이는 독립심이 높은 반려동물이며, ...),
Document(metadata={'source': 'mammal-pets-doc'}, page_content='토끼는 사회적인 동물이며, ...),
Document(metadata={'source': 'mammal-pets-doc'}, page_content='개는 충성심이 높고 ...),
Document(metadata={'source': 'bird-pets-doc'}, page_content='앵무새는 사람의 말을 따라 할 수 있는 ...)]
```

5. 문자열 쿼리와 유사도로 비동기 검색을 수행합니다.

```
# 문자열 쿼리와의 유사도로 비동기 검색
await vectorstore.asimilarity_search("고양이")
```

◯ 계속

```
[Document(metadata={'source': 'mammal-pets-doc'}, page_content='고양이는 독립심이 
높은 반려동물이며, ...),
Document(metadata={'source': 'mammal-pets-doc'}, page_content='토끼는 사회적인 
동물이며, ...),
Document(metadata={'source': 'mammal-pets-doc'}, page_content='개는 충성심이 높고 
...),
Document(metadata={'source': 'bird-pets-doc'}, page_content='앵무새는 사람의 말을 
따라 할 수 있는 ...)]
```

6. 문자열 쿼리와의 유사도로 검색을 수행하고 유사도 점수를 표시합니다.

```
# 문자열 쿼리와의 유사도로 검색+유사도 점수
vectorstore.similarity_search_with_score("고양이")
```

```
[(Document(metadata={'source': 'mammal-pets-doc'}, page_content='고양이는 독립심이 
높은 반려동물이며, ...),
  0.7465860843658447),
 (Document(metadata={'source': 'mammal-pets-doc'}, page_content='토끼는 사회적인 
동물이며, ...),
  1.0000420808792114),
 (Document(metadata={'source': 'mammal-pets-doc'}, page_content='개는 충성심이 높고 
...),
  1.0269265174865723),
 (Document(metadata={'source': 'bird-pets-doc'}, page_content='앵무새는 사람의 말을 
따라 할 수 있는 ...),
  1.1604772806167603)]
```

7. 임베딩 쿼리와 유사도로 검색을 수행합니다.

```
# 임베딩 쿼리와의 유사도 검색
embedding = hf_embeddings.embed_query("고양이")
vectorstore.similarity_search_by_vector(embedding)
```

```
[Document(metadata={'source': 'mammal-pets-doc'}, page_content='고양이는 독립심이 
높은 반려동물이며, ...),
Document(metadata={'source': 'mammal-pets-doc'}, page_content='토끼는 사회적인 
동물이며, ...),
Document(metadata={'source': 'mammal-pets-doc'}, page_content='개는 충성심이 높고 
...),
Document(metadata={'source': 'bird-pets-doc'}, page_content='앵무새는 사람의 말을 
따라 할 수 있는 ...)]
```

> Column ≡ **랭체인의 벡터 스토어**
>
> 크로마 이외의 벡터 스토어에 관련된 더 자세한 정보는 다음 공식 문서를 참고합니다.
>
> **URL** 벡터 스토어 - 랭체인
> https://python.langchain.com/docs/integrations/vectorstores/

▼ 그림 8-24 랭체인의 벡터 스토어

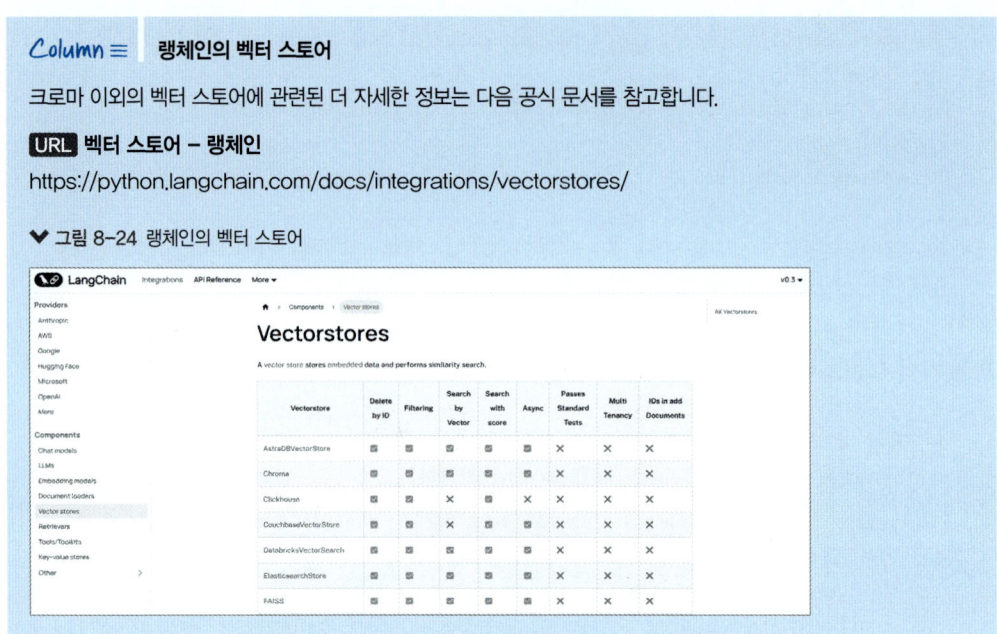

8.7.5 리트리버 준비하기

벡터 스토어에는 러너블이 구현되어 있지 않아 LCEL 체인에 바로 연결할 수 없습니다. 따라서 as_retriever() 메서드로 벡터 스토어를 리트리버로 변환해서 연결해야 합니다. 리트리버는 관련 정보를 검색하는 모듈로, 러너블이 구현되어 있습니다.

벡터 스토어를 리트리버로 변환하는 순서는 다음과 같습니다.

1. 벡터 스토어를 리트리버로 변환합니다.

    다음 코드는 search_kwargs={"k": 1}로 설정하여 상위 한 개의 관련 정보만 가져오도록 지정했습니다. 이 값이 클수록 더욱 많은 관련 정보를 사용할 수 있어 정확도는 올라가지만, 프롬프트 길이가 길어 처리 속도는 느립니다.

    ```
    # 리트리버 준비
    retriever = vectorstore.as_retriever(
        search_type="similarity",
        search_kwargs={"k": 1},
    )
    ```

    VectorStoreRetriever의 search_type에는 다음 검색 유형을 지정할 수 있습니다.

유사도(similarity)

쿼리 벡터와 데이터베이스의 벡터 간 유사도를 평가하여 가장 유사한 벡터(문서)를 검색합니다.

다양성(mmr, maximum marginal relevance)

검색 결과의 다양성을 고려하는 검색 방식으로, 관련성이 높으면서도 중복이 적은 문서를 검색합니다.

임계 값을 반영한 유사도(similarity_score_threshold)

검색 결과의 유사도 점수가 임계 값을 넘을 때만 결과를 반환합니다. 이 임계 값은 similarity_threshold로 지정합니다.

2. 리트리버를 실행합니다.

   이 예시에서는 batch()로 한 번에 두 가지 단어와 연관성이 높은 정보를 검색합니다.

```
# 리트리버 실행
retriever.batch(["고양이", "물고기"])

[[Document(metadata={'source': 'mammal-pets-doc'}, page_content='고양이는 독립심이 높은 반려동물이며, ...(생략)...)],
 [Document(metadata={'source': 'fish-pets-doc'}, page_content='금붕어는 비교적 간단하게 키울 수 있기 때문에 ...(생략)...)]]
```

> **Column** ≡ 랭체인의 리트리버
>
> VectorStoreRetriever 이외의 리트리버에 관련된 더 자세한 정보는 다음 공식 문서를 참고합니다.
>
> **URL** 리트리버 – 랭체인
> https://python.langchain.com/docs/integrations/retrievers/
>
> ▼ 그림 8-25 랭체인의 리트리버

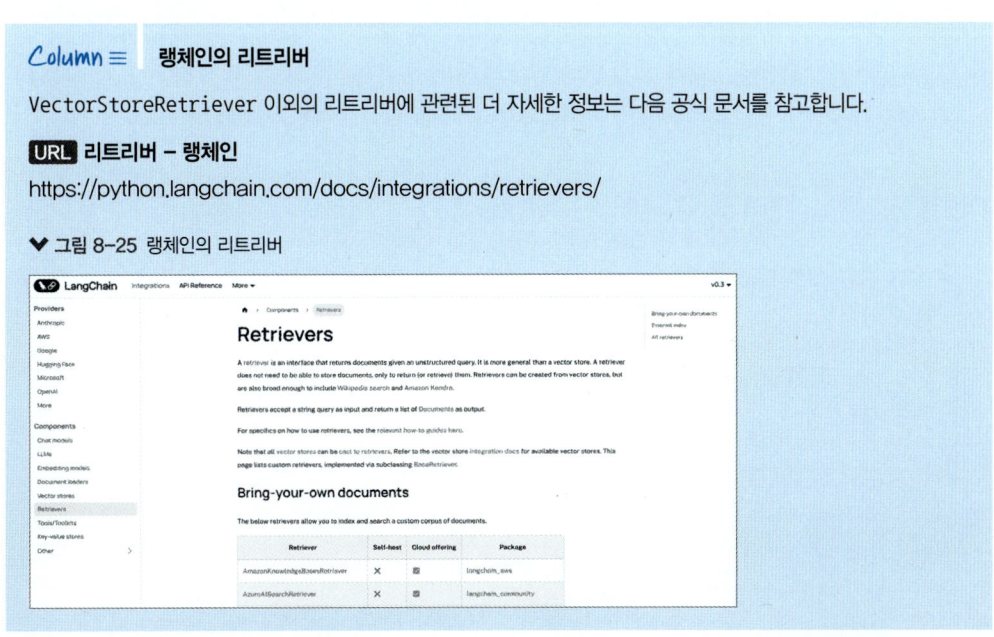

8.7.6 검색 증강 생성 구현하기

검색 증강 생성을 구현하는 순서는 다음과 같습니다.

1. LLM을 준비합니다.

```
from langchain_google_genai import ChatGoogleGenerativeAI

# LLM 준비
llm = ChatGoogleGenerativeAI(
    model="models/gemini-1.5-flash",
)
```

2. 프롬프트 템플릿을 준비합니다.

```
from langchain_core.prompts import ChatPromptTemplate
from langchain_core.runnables import RunnablePassthrough

# 프롬프트 템플릿 준비
message = """
제공된 컨텍스트만을 사용해서 이 질문에 답변해 주세요.

{question}

Context:
{context}
"""

prompt_template = ChatPromptTemplate.from_messages([("human", message)])
```

3. 검색 증강 생성 체인을 준비합니다.

```
# 검색 증강 생성 체인 준비
rag_chain = (
    {"context": retriever, "question": RunnablePassthrough()}
    | prompt_template
    | llm
)
```

이 코드에서 RunnablePassthrough()는 입력 데이터를 가공하지 않고 다음 처리 단계로 넘깁니다. 이번 예시에서 프롬프트 템플릿에는 리트리버로 검색한 관련 정보(context)와 입력 데이터(question)가 모두 필요합니다.

4. 질의응답을 수행합니다.

   문서 내용이 반영된 응답을 출력하는지 확인합니다.

   ```
   # 질의응답
   response = rag_chain.invoke("고양이에 관해 알려 주십시오.")
   print(response.content)
   고양이는 독립심이 높은 반려동물이며, 자기만의 공간을 만끽하는 경우가 많습니다.
   ```

8.7.7 검색 증강 생성으로 문서 처리하기

검색 증강 생성을 구현할 때 문서 데이터를 불러와 처리하는 순서는 다음과 같습니다.

1. unstructured 패키지를 설치합니다.

   unstructured 패키지는 파이썬으로 개발된 데이터를 추출하고 각종 처리를 지원하는 라이브러리입니다. DirectoryLoader에서 사용되므로 다음과 같이 설치합니다.

   ```
   # unstructured 패키지 설치
   !pip install unstructured
   ```

2. 문서를 업로드합니다.

   화면 왼쪽의 **폴더 아이콘**을 눌러 파일 목록을 표시하고, 마우스 오른쪽 버튼을 눌러 data 폴더를 새로 만듭니다. 7.1절에서 준비한 문서를 업로드합니다.

   ▼ 그림 8-26 문서 업로드

   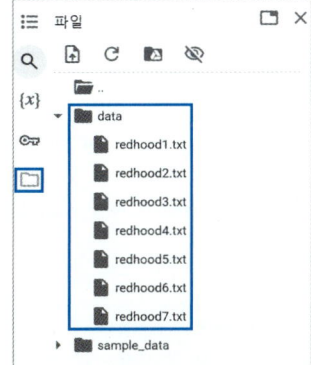

3. 문서를 불러옵니다.

DirectoryLoader()로 폴더에서 문서를 불러옵니다.[4]

```python
# nltk 리소스 추가
import nltk

required_resources = [
    'punkt',
    'stopwords',
    'averaged_perceptron_tagger_eng',
    'punkt_tab'
]

for resource in required_resources:
    try:
        nltk.data.find(resource)
    except LookupError:
        nltk.download(resource)

from langchain.document_loaders import DirectoryLoader

# 문서 불러오기
loader = DirectoryLoader("./data/")
documents = loader.load()
```

이 책에서 사용하는 문서 데이터는 매우 짧아서 앞의 코드를 그대로 사용하지만, 훨씬 긴 분량의 데이터를 사용하려면 텍스트 분리기로 문서를 분할하면 좋습니다. 이와 관련된 더 자세한 내용은 8.8절에서 설명합니다.

4. 벡터 스토어를 준비합니다.

```python
from langchain_chroma import Chroma

# 벡터 스토어 준비
vectorstore = Chroma.from_documents(
    documents,
    embedding=hf_embeddings,
)
```

---

[4] 역주 여기 샘플 코드에서는 데이터를 불러오려고 nltk를 설치하여 필요한 리소스를 내려받습니다. 원활하게 실습하려면 해당 셀을 먼저 실행하기 바랍니다.

5. 리트리버를 준비합니다.

   이번 예시에서는 상위 두 개의 관련 정보를 가져오게 설정했습니다.

   ```
   # 리트리버 준비
   retriever = vectorstore.as_retriever(
       search_type="similarity",
       search_kwargs={"k": 2},
   )
   ```

6. 검색 증강 생성 체인을 준비합니다.

   ```
   # 검색 증강 생성 준비
   rag_chain = (
       {"context": retriever, "question": RunnablePassthrough()}
       | prompt_template
       | llm
   )
   ```

7. 질의응답을 수행합니다.

   검색 증강 생성으로 문서에서 질문에 대한 답을 정확하게 출력한 것을 확인할 수 있습니다.

   ```
   # 질의응답
   response = rag_chain.invoke("은비가 알게 된 비밀은?")
   print(response.content)
   ```

   은비가 알게 된 비밀은 **아크 코퍼레이션의 불법적인 실험**에 대한 증거입니다.

   텍스트에서 은비는 아크 코퍼레이션의 보안 시스템을 뚫고 불법적인 실험에 대한 증거를 찾아내려고 했습니다. 이후 그녀는 이 증거를 바탕으로 블로그에 글을 올렸고, 아크 코퍼레이션의 비밀은 세상에 드러났습니다.

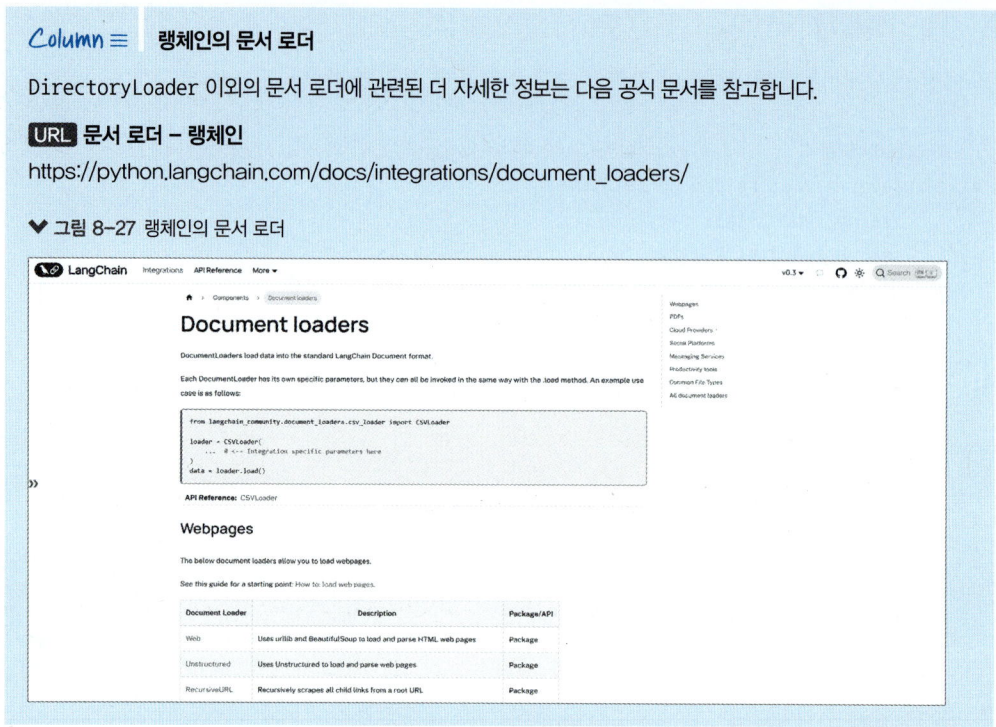

▼ 그림 8-27 랭체인의 문서 로더

8.7.8 랭스미스 확인하기

랭스미스를 사용하여 검색 증강 생성으로 얻은 문서 정보를 확인할 수 있습니다.

▼ 그림 8-28 랭스미스를 사용하여 검색 증강 생성으로 얻은 문서 정보 확인

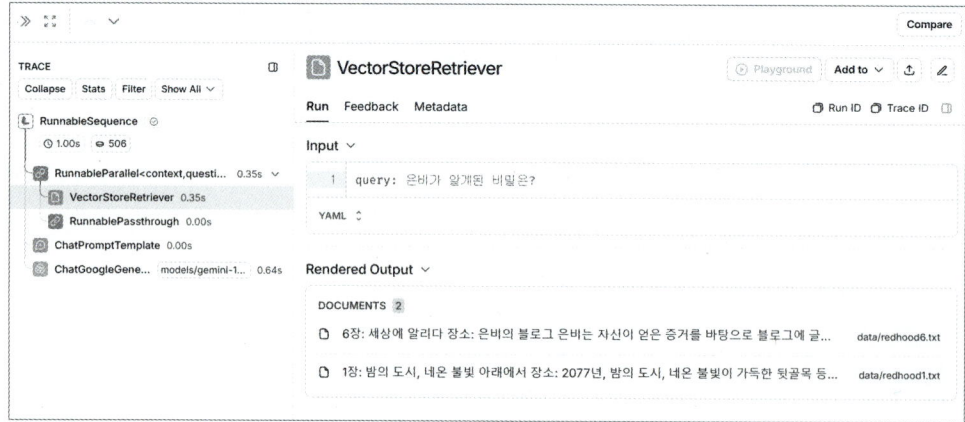

8.8 에이전트

8.5절에서 설명한 체인으로도 다양한 기능을 구현할 수 있지만, 더욱 복잡한 작업을 수행하려면 이 절에서 다루는 주제인 에이전트 모듈을 사용하는 것이 좋습니다.

8.8.1 에이전트 개요

에이전트는 자연어 인터페이스로 API, 함수, 데이터베이스 등 **도구**를 조작하는 시스템입니다. 체인은 미리 정해진 기능을 수행하는 반면, 에이전트는 사용자 요구에 따라 수행하는 기능이 다릅니다. 따라서 도구는 에이전트가 수행하는 특정 기능이라고도 할 수 있습니다.

에이전트는 **행동하는 이유에 대한 추론**과 그 **이유에 따른 행동**을 번갈아 가며 수행합니다. 이때 **행동**은 외부 환경에 영향을 주고 새로운 정보를 **관찰**하면서 수집합니다. **추론**은 외부 환경에 영향을 주지 않는 대신 상황이나 맥락으로 미래를 추론하고, 행동에 유용한 정보를 업데이트함으로써 내부 상태에 영향을 미칩니다.

전형적인 에이전트 처리 흐름은 다음과 같습니다. 에이전트는 작업이 완료되었다고 생각할 때까지 **추론**, **행동**, **관찰**을 반복합니다.

① 입력: 사용자가 에이전트에 작업을 부여합니다.
② 추론: 에이전트는 무엇을 해야 할지 생각합니다.
③ 행동: 에이전트는 사용할 도구와 도구의 입력을 결정합니다.
④ 관찰: 도구의 출력을 관찰합니다.
⑤ 작업 완료: 사용자에게 응답합니다.

▼ 그림 8-29 에이전트 처리 흐름

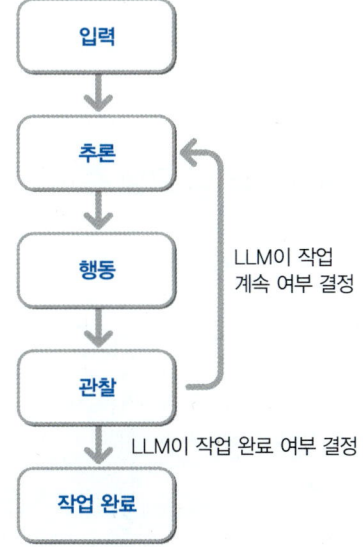

예를 들어 **파이썬 프로그램 작성**을 에이전트에 작업으로 부여했다면 처리 흐름은 다음과 같습니다.

① **입력**: 파이썬으로 프로그램 작성을 지시합니다.

② **추론**: 파이썬 코드를 실행할 수 있는 도구를 사용하기로 계획합니다.
③ **행동**: 파이썬 코드를 실행할 수 있는 도구로 프로그램을 작성합니다.
④ **관찰**: 오류가 표시되는 것을 관찰합니다.

② **추론**: 오류를 수정하기로 계획합니다.
③ **행동**: 파이썬 코드를 실행할 수 있는 도구로 프로그램을 수정합니다.
④ **관찰**: 프로그램이 정상적으로 동작하는 것을 관찰합니다.

⑤ **작업 완료**

이처럼 에이전트를 사용하면 복잡한 작업도 **행동하는 이유에 대한 추론**과 **이유에 따른 행동**을 번갈아 가며 반복해서 작업을 무사히 완료할 수 있습니다.

URL 에이전트 구축하기 - 랭체인
https://python.langchain.com/docs/tutorials/agents/#installation

8.8.2 랭체인 준비하기

8.1.5절에서 다룬 준비 과정과 같습니다. 8.1.5절을 다시 한 번 참고합니다.

8.8.3 임베딩 모델 준비하기

임베딩 모델을 준비하는 과정은 다음과 같습니다.

1. 허깅 페이스 패키지를 설치합니다.

```
# 허깅 페이스 패키지 설치
!pip install langchain-huggingface
```

2. 임베딩 모델을 준비합니다.

   허깅 페이스 허브에 접근하려고 토큰(HF_TOKEN)에 대한 액세스를 요청하는 경고 메시지를 표시합니다. 그러나 이 허가는 공개되지 않은 모델이나 데이터셋에 접근하는 경우에 한하므로 이 과정은 건너뛰고 모델을 내려받습니다.

   ```
   from langchain_huggingface.embeddings import HuggingFaceEmbeddings

   # 임베딩 모델 준비
   hf_embeddings = HuggingFaceEmbeddings(
       model_name="BAAI/bge-m3",
   )
   ```

   이 코드가 진행되지 않을 때는 허깅 페이스에서 액세스 토큰을 생성하여 보안 비밀에 입력한 뒤 실행하기 바랍니다.

8.8.4 도구 준비하기

이 책에서는 온라인 검색 도구로 **타빌리**(Tavily)와 로컬 인덱스 검색 도구인 **리트리버**(Retriever)를 사용합니다.

타빌리는 LLM과 AI 에이전트에 최적화된 검색 엔진입니다. 실시간으로 정확하고 신뢰도가 높은 정보를 여러 소스에서 가져와 편향이나 잘못된 정보를 큰 폭으로 감소시키는 것이 목적입니다. 타빌리를 사용하려면 API 키를 생성해야 하며, 제한적이지만 무료로 사용할 수 있습니다.

리트리버는 이전 8.7절에서 다룬 질문과 관련된 정보를 검색하는 모듈입니다.

▼ 그림 8-30 타빌리 API 키 생성

타빌리 준비하기

타빌리를 준비하는 순서는 다음과 같습니다.

1. 타빌리 웹 사이트에서 API 키를 생성합니다.

   URL **타빌리**
   https://tavily.com/

2. 환경 변수를 준비합니다.

▼ 그림 8-31 환경 변수 준비

```
import os
from google.colab import userdata

# 환경 변수 준비(왼쪽 열쇠 아이콘으로
TAVILY_API_KEY 설정)
os.environ["TAVILY_API_KEY"] =
userdata.get("TAVILY_API_KEY")
```

3. 타빌리를 준비합니다.

```
from langchain_community.tools.tavily_search import TavilySearchResults

# 타빌리 준비
tavily_tool = TavilySearchResults(max_results=2)
```

4. 타빌리를 실행합니다.

   타빌리 동작을 확인합니다. 이번 예시에서는 **"대한민국의 수도는 어디인가요?"**라는 입력에 관련된 정보 두 개를 인터넷에서 가져온 것을 확인할 수 있습니다.

```
# 타빌리 실행
tavily_tool.invoke("대한민국의 수도는 어디인가요?")
[
    {
        'url': 'https://www.a-ha.io/questions/40159372a1dc09e3b630d0a0543c615c',
        'content': '한국의 수도는 어디인가요? 알려 주세요 ...(생략)...
    },
    {
        'url': 'https://ko.wikipedia.org/wiki/수도',
        'content': '대한민국의 수도는 서울이다. ...(생략)...
    }
]
```

리트리버 준비하기

리트리버 준비 순서는 다음과 같습니다.

1. 문서를 준비합니다.

WebBaseLoader()를 사용하여 랭체인 문서의 첫 페이지(https://python.langchain.com/) 정보를 문서 데이터로 사용합니다.

```
from langchain_community.document_loaders import WebBaseLoader
from langchain_text_splitters import RecursiveCharacterTextSplitter

# 문서 준비
loader = WebBaseLoader("https://python.langchain.com/")
documents = loader.load()
print(len(documents))
```

```
1
```

앞쪽 페이지에서 긴 분량의 문서를 하나 불러온 것을 확인할 수 있습니다.

2. 문서를 분할합니다.

긴 분량의 문서는 텍스트 분리기(TextSplitter)로 분할하면 좋습니다. 컨텍스트 윈도우의 사이즈를 넘어 입력되지 않거나 프롬프트가 길어짐에 따라 추론 시간도 길어지기 때문입니다.

```
# 문서 분할
documents = RecursiveCharacterTextSplitter(
    chunk_size=1000, chunk_overlap=200
).split_documents(documents)
print(len(documents))
```

```
13
```

이 예시에서는 RecursiveCharacterTextSplitter()를 사용하여 문서를 분할했습니다. 그 결과 13개로 분할된 것을 확인할 수 있습니다.

앞에서 사용한 분할 파라미터 의미는 다음과 같습니다.

- chunk_size: 문서의 크기(토큰 수)
- chunk_overlap: 앞뒤로 겹칠 크기(토큰 수)

3. 크로마 패키지를 설치합니다.

```
# 랭체인 크로마 패키지 설치
!pip install langchain-chroma
```

4. 벡터 스토어를 준비합니다.

```
from langchain_chroma import Chroma

# 벡터 스토어 준비
vectorstore = Chroma.from_documents(
    documents,
    embedding=hf_embeddings,
)

# 리트리버 준비
retriever = vectorstore.as_retriever(
    search_type="similarity",
    search_kwargs={"k": 2},
)
```

5. 리트리버를 준비합니다.

```
from langchain.tools.retriever import create_retriever_tool

# 리트리버 준비
retriever_tool = create_retriever_tool(
    retriever,
    "langchain_search",
    "Langchain에 관한 정보를 검색합니다. Langchain에 관해 질문이 있다면, 이 도구를 사용해 주세요.",
)
```

6. 리트리버를 실행합니다.

리트리버가 동작하는지 확인합니다. "Langsmith에 관해 알려 주세요."라는 입력에 관련된 정보를 가져온 것을 확인할 수 있습니다.

```
# 리트리버 실행
retriever_tool.invoke("Langsmith에 관해 알려 주세요.")
```

◯ 계속

```
(self-constructing) chainText embedding modelsHow to combine results from multiple
retrieversHow to select examples from a LangSmith
...(생략)...
```

> **Column ≡ 랭체인 도구**
>
> 타빌리나 리트리버 이외의 도구는 다음 공식 문서를 참고합니다. **도구 모음**(Toolkit)이란 관련된 여러 도구를 묶은 패키지로, 특정 사용 사례나 목적에 대응하는 포괄적인 도구 세트입니다.
>
> **URL** 도구/도구 모음 – 랭체인
> https://python.langchain.com/docs/integrations/tools/
>
> ▼ 그림 8-32 랭체인의 도구/도구 모음
>
>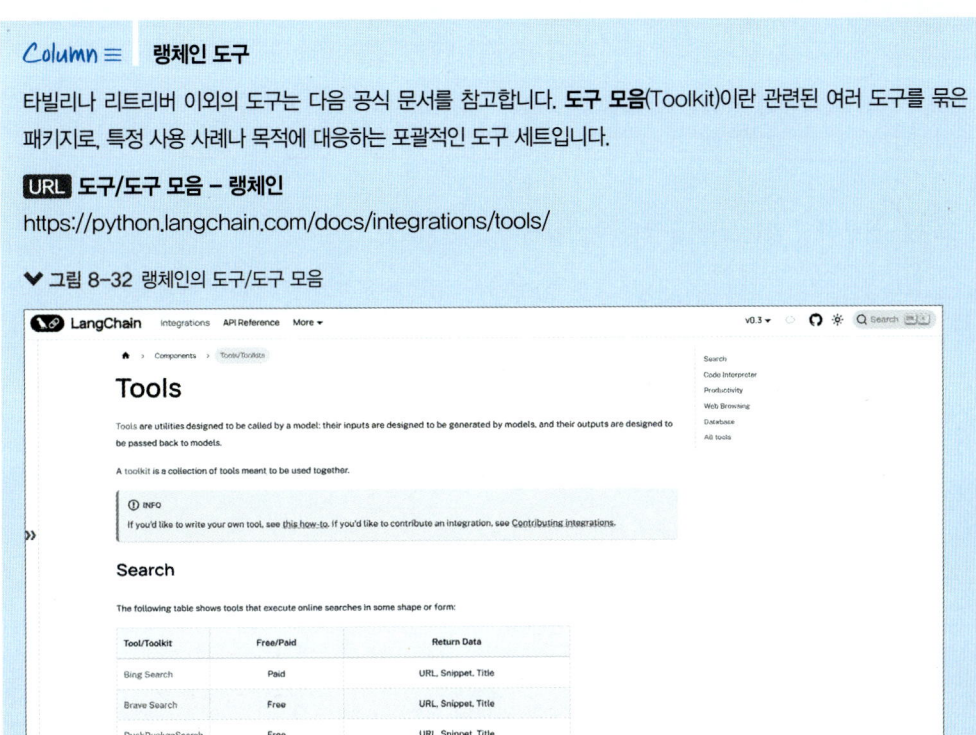

8.8.5 에이전트 구현하기

에이전트 구현 순서는 다음과 같습니다.

1. LLM을 준비합니다.

```
from langchain_google_genai import ChatGoogleGenerativeAI

# LLM 준비
llm = ChatGoogleGenerativeAI(
    model="models/gemini-1.5-flash",
)
```

2. 에이전트를 준비합니다.

```python
from langgraph.prebuilt import chat_agent_executor

# 에이전트 준비
agent_executor = chat_agent_executor.create_tool_calling_executor(
    llm,
    tools=[tavily_tool, retriever_tool]
)
```

3. 도구를 사용하지 않는 질의응답을 수행합니다.

```python
# 도구를 사용하지 않는 질의응답
response = agent_executor.invoke(
    {"messages": [("human", "안녕하세요.")]}
)
response["messages"][-1].content
```
안녕하세요! 무엇을 도와드릴까요?

4. 타빌리를 사용하여 질의응답을 수행합니다.

```python
# 타빌리를 사용한 질의응답
response = agent_executor.invoke(
    {"messages": [("human", "대한민국의 수도는 어디인가요?")]}
)
response["messages"][-1].content
```
대한민국의 수도는 서울입니다.[5]

5. 리트리버를 사용하여 질의응답을 수행합니다.

```python
# 리트리버를 사용한 질의응답
response = agent_executor.invoke(
    {"messages": [("human", "Langsmith에 관해 알려 주세요.")]}
)
response["messages"][-1].content
```

○ 계속

---

[5] 역주 내용이 같은 질문이라도 언어 종류에 따라 타빌리를 사용한 질의응답이 원활하지 않을 수 있습니다.

> Langchain과 Langsmith는 관련이 있지만 서로 다른 도구입니다. Langchain은 LLM 애플리케이션을 구축하는 프레임워크고, Langsmith는 Langchain 애플리케이션을 위한 추적 및 디버깅 플랫폼입니다.
> ...(생략)...

8.8.6 메시지 스트리밍

에이전트가 여러 단계를 실행 중이라면 시간이 걸릴 수 있습니다. 메시지 스트리밍으로 단계가 실행될 때마다 중간 진행 상황을 확인할 수 있습니다.

메시지 스트리밍 방법은 다음 코드와 같습니다.

```python
# 메시지 스트리밍
for chunk in agent_executor.stream(
    {"messages": [("human", "랭스미스에 관해 알려 주세요.")]}
):
    print(chunk)
    print("--")
{'agent': {'messages': [AIMessage(...)]}}
--
{'tools': {'messages': [ToolMessage(...)]}}
--
{'agent': {'messages': [AIMessage(...)]}}
--
```

8.8.7 대화 이력을 포함한 에이전트 구현하기

대화 이력을 에이전트에 포함시켜 구현하는 방법은 다음과 같습니다.

1. 대화 이력을 준비합니다.

```python
from langgraph.checkpoint.sqlite import SqliteSaver
with SqliteSaver.from_conn_string(":memory:") as memory:[6]
```

---

[6] 역주 이어지는 내용의 실습 코드는 모두 with 문 안쪽으로 들여쓰기가 되어 있고, 하나의 셀에서 실행됩니다. 실습 코드와 내용을 함께 참고하길 권장합니다.

2. 대화 이력을 포함한 에이전트를 준비합니다.

```python
from langgraph.checkpoint.sqlite import SqliteSaver
with SqliteSaver.from_conn_string(":memory:") as memory:

    # 대화 이력을 포함한 에이전트 준비
    agent_executor = chat_agent_executor.create_tool_calling_executor(
        llm,
        tools=[tavily_tool, retriever_tool],
        checkpointer=memory
    )
```

3. 설정 내용을 준비합니다.

```python
# 대화 이력을 포함한 에이전트 준비
...(생략)...
# 설정 준비
config = {"configurable": {"thread_id": "abc123"}}
```

4. 대화를 시작합니다.

```python
# 대화 이력을 포함한 에이전트 준비
...(생략)...
# 설정 준비
...(생략)...
# 대화
for chunk in agent_executor.stream(
    {"messages": [("human", "안녕하세요! 제 이름은 승민입니다.")]},
    config=config
):
    print(chunk)
    print("--")
```

```
{'agent': {'messages': [AIMessage(content='안녕하세요, 승민님! 만나서 반가워요. 무엇을 도와드릴까요?\n', ...)]}}
```

5. 과거의 대화 내용에 관해 질의응답을 수행합니다.

```python
# 대화 이력을 포함한 에이전트 준비
    ...(생략)...
    # 설정 준비
    ...(생략)...
```

```
# 대화
...(생략)...
# 과거 대화 내용에 관해 질문
for chunk in agent_executor.stream(
    {"messages": [("human", "내 이름은?")]},
    config=config
):
    print(chunk)
    print("--")
```

```
{'agent': {'messages': [AIMessage(content='승민님입니다.\n', ...)]}}
```

6. 리트리버를 사용하여 질의응답을 수행합니다.

```
with SqliteSaver.from_conn_string(":memory:") as memory:
# 대화 이력을 포함한 에이전트 준비
    ...(생략)...
    # 설정 준비
    ...(생략)...
    # 대화
    ...(생략)...
# 리트리버를 사용한 질의응답
for chunk in agent_executor.stream(
    {"messages": [("human", "Langsmith에 관해 알려 주세요.")]},
    config=config
):
    print(chunk)
    print("--")
```

```
{'agent': {'messages': [AIMessage(content='', additional_kwargs={'function_call': ...)]}}
--
{'tools': {'messages': [ToolMessage(...)]}}
--
{'agent': {'messages': [AIMessage(content='LangSmith는 LangChain 애플리케이션을 검사, 모니터링 및 평가하여 지속적으로 최적화하고 자신감 있게 배포할 수 있도록 돕는 도구입니다. LangChain의 생산 환경 배포를 위한 중요한 구성 요소입니다. LangChain의 다른 구성 요소들과 함께 사용하여 LangChain 기반 애플리케이션의 개발, 배포 및 관리 전반에 걸쳐 효율성과 신뢰성을 높여 줍니다.\n', ...)]}}
```

8.8.8 랭스미스 확인하기

랭스미스로 도구 선택 과정도 확인할 수 있습니다.

▼ 그림 8-33 랭스미스를 사용한 에이전트 동작 확인

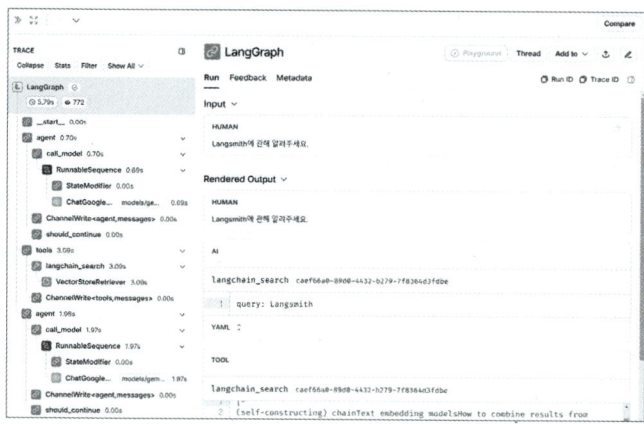

찾아보기

A

Add stop sequence 075
Agent 302
AI 버츄얼 유튜버 032
AI 작곡 서비스 058
AlphaFold 025
AlphaGo 025
AlphaStar 025
API 029
APIKey.swift 220
Application Programming Interface 029
as_retriever() 362
assistant 117
astream_log() 346
asyncio 290
Attention 044

B

Bard 050
BeautifulSoup 269
BeautifulSoupWebReader 269
BERT 046
BitmapFactory.decodeResource() 205
build.gradle.kts 192

C

Chain of Thought 029
chat_agent_executor 313
chat_agent_executor.create_tool_calling_executor() 313
ChatBot 302
chatbot.invoke() 350
ChatGoogleGenerativeAI 307, 320, 324

chat.history 126
ChatModel 307
chat.send_message() 125
ChatVertexAI 320
Chroma 359
chunk 250
CLIP 052
cognitive architecture 315
complete() 255
completion 028
contents 117
ContentView.swift 222, 232
CoT 029

D

DALL-E 052
DALL-E 2 053
DALL-E 3 054
Data Loaders 269
DEBUG 248
deep learning 037
Dify 298
DirectoryLoader() 366

E

embedding 145
Evaluating 245

F

Faiss 279
faiss-cpu 280
faiss.IndexFlatL2() 280

FaissVectorStore 279–280
FaithfulnessEvaluator 295
File API 136
fine-tuning 168
function calling 155
function_response 159
function_responses 163

G

Gboard 208
Gemini 1.0 Pro 026
Gemini 1.0 Ultra 026
Gemini 1.5 Flash 026
Gemini 1.5 Pro 026
Gemini Advanced 035
Gemini Nano 027, 207
Gemma 207
gemma-2b-it-q4_K_M.gguf 236
genai.embed_content() 147
genai.list_models() 122
generate_content() 124
generateContentStream() 198, 224
generate_question_context_pairs() 291
generativeai 195
GenerativeAI-Info.plist 219
generative-ai-swift 221
GenerativeModel() 126, 183, 200
Get code 073
get_text_embedding() 259
GitHub 211
GOOGLE_API_KEY 122, 169
GOOGLE_APPLICATION_CREDENTIALS 182, 326

Google Colab 086
GPT-2 047
GPT-3 049
GPT-3.5 049
GPT-4 050

H

HF_TOKEN 153, 357
Hit Rate 293
Hugging Face 146

I

Image GPT 051
Imagen 2 054
Imagen 3 055
index 151, 245
index.as_query_engine() 251
Indexing 245
index.search() 152
index.storage_context.persist() 253
input_messages_key 352
invoke() 307
iOS 217

J

JSON 출력 133

K

Keras 085
Kotlin 189

L

LangChain 301
LANGCHAIN_API_KEY 317
LangChain-core 303
langchain-google-vertexai 326
LangGraph 304
LangServe 305
LangSmith 305
Large Language Model 027
LCEL 311, 338
Let's think step by step 028
Llama.cpp 209, 234
Llama.cpp 양자화 모델 212
Llama Hub 258
LlamaIndex 242
LLM 027
load_index_from_storage() 253
Loading 244
local.properties 192
logging 248
logging.basicConfig() 248

M

machine learning 036
MainActivity.kt 199
manual function calling 162
Markdown 091
MessagePlaceholder 331
MLX 형식 234
MLX Swift 234
Model 074
model.count_tokens() 128

model.generate_content() 124-126
model.generateContent() 197, 205, 223, 232
model.startChat() 199
model.state 172
MRR 293
Multi Modal 136
multi-turn 072

N

node_postprocessors 267
numpy 113

O

one-hot vector 041
operation.cancel() 173
operation.metadata 172

P

PaLM 050
PaLM 2 050
parallel function calling 165
pc.create_index() 285-286
pc.Index() 287
pc.list_indexes() 285
Perplexity AI 082
pillow 139
Pinecone 281
pinecone-client 284
PineconeVectorStore 283
pip install 090
pip list 090
PlaceHolder 332

prompt 028

PromptValue 309

Property List 219

Pydantic 336

PyTorch 085

Q

qa_dataset.save_json() 292

Query 245

Querying 245

quickstart-index 285

R

RAG 243

Recorder 208

Recurrent Neural Network 043

RecursiveCharacterTextSplitter() 373

Reranker 266

response.candidates[0].finish_reason 129

Response Evaluation 288

ResponseStoppedException 202

Retrieval-Augmented Generation 243

Retrieval Evaluation 288

Retriever 371

RetrieverEvaluator 293

RLHF 049

RNN 043

role 117

RT-2 033

Runnable 338

RunnablePassthrough.assign() 353

RunnableWithMessageHistory() 350

S

Safety settings 075

search_type 362

Secrets Gradle 플러그인 192

SentenceTextSplitter 262

Seq2Seq 044

Sequence-to-Sequence 044

Settings.llm 255

Settings.tokenizer 262

similarity_top_k 264

SimpleDirectoryReader("data").load_data() 250

source_nodes 268

StorageContext.from_defaults() 253

Storing 245

stream() 325

supported_generation_methods 122

T

T5 048

Tavily 371

Temperature 074

TensorFlow 085

text-embedding-3-small 259

TextSplitter 373

tiktoken 261

Token Count 074

TokenTextSplitter 262

Tools 074

Top-P 075

TPU 095

transformers 146

U

unstructured 365

user 117

USM 079

UUID 290

V

Vector Store 275

VectorStoreRetriever 362

vertexai.generative_models 183-184

Y

YoutubeTranscriptReader 273

Z

Zero Shot 047

ㄱ

가중치 파라미터 038

검색 성능 평가 288

검색 엔진 151

검색 증강 생성 243

게이트박스 032

고급 설정 075

구글 딥마인드 025

구글 서비스 024

구글 워크스페이스 030

구글 원 AI 프리미엄 031

구글 AI 스튜디오에서 파인 튜닝 175

구글 AI 제미나이 API 118

구조화 132

규칙 기반 037

깃 211

깃허브 211

ㄴ

노트북 086

노트북LM 185

뉴런 038

뉴트리노 056

ㄷ

달리 052

달리 2 053

달리 3 054

딥러닝 022

딥러닝 모델 027

ㄹ

라마인덱스의 기본 패키지 256

라마허브 258

라우터 315

랭그래프 304

랭서브 305

랭스미스 305

랭체인의 리트리버 363

랭체인의 문서 로더 368

랭체인 커뮤니티 304

랭체인 코어 303

레코더 208

로그 레벨 248

로딩 244

로봇 제어 033

리눅스 명령어 090
리트리버 303

ㅁ

마크다운 091
머신러닝 022
멀티턴 072
메시지플레이스홀더 329
멜 스펙트로그램 056
모달리티 136
모듈 338
무작위성 127
문자열 프롬프트 템플릿 328
뮤직LM 057

ㅂ

바이어스 039
버텍스 AI 177
버텍스 AI 제미나이 API 118
버트 046
번역 067
범용 음성 모델 079
벡터 스토어 258
보이스 엔진 058

ㅅ

사고의 사슬 029
생성 파라미터 123
손실 041
수노 058
수동 함수 호출 157
순환 신경망 043

스택짱 032
스테이트 머신 315
시맨틱 검색 175
시스템 지시 123
시퀀스-투-시퀀스 044
시퀀스-투-시퀀스 모델 048
식별자 290
식별 정보 175
신경망 039
심층 신경망 039

ㅇ

안드로이드 스튜디오 190
안드로이드 AI 코어 210
안전 등급 129
안전 설정 123
액세스 권한 175
양자화 209
어텐션 044
에이전트 302
역할 117
예측 값 041
오차 역전파 041
오토 인코딩 모델 047
오픈AI의 토크나이저 261
오픈AI API 257
요약 067
원-핫 벡터 041
웹 UI 030, 076
위스퍼 056
음성 처리 043
응답 성능 평가 288

이마젠 2 054
이미지를 사용한 질의응답 069
이미지 생성 069
이미지 지피티 051
이미지 처리 043
이웃 탐색 149
인덱스 151
인덱싱 245
인메모리 275
인스턴스 086
인증 정보 파일 175
인지 아키텍처 315
임계 값 039, 131
임베딩 모델 146, 247
임베딩 벡터 145
입출력 스키마 340

ㅈ

자동 함수 호출 157
자바스크립트 068
자연어 025
자연어 처리 025
저장 245
제로샷 047
제미나이 023, 051
제미나이 1.0 울트라 026
제미나이 1.0 프로 026
제미나이 1.5 프로 026
제미나이 1.5 플래시 026
제미나이 나노 027
제어형 디코딩 134
젬마 208

종료 이유 129
주크박스 056
중지 시퀀스 추가 081
지보드 208
지피티-2 047
지피티-3 049
지피티-3.5 049
지피티-4 050
질의응답 066

ㅊ

챗봇 032
챗 프롬프트 템플릿 308, 328
청크 250
체인 인터페이스 338
최상위 K 081
최상위 P 081
추론 042

ㅋ

컴플리션 028
케라스 085
코틀린 189
콘텐츠 117
콜백 258
쿼링 245
크로마 359
클립 052

ㅌ

타빌리 371
타코트론 2 056

텍스트 분리기 260
텍스트 생성 066
텍스트 생성 모델 117
텍스트-투-텍스트 트랜스퍼 트랜스포머 048
텐서플로 085
토크나이저 260
트랜스포머 045

파트너 패키지 304
팜2 050
퍼플렉시티 AI 082
편향 039
평가 245
프로그램 생성 068
프롬프트 028
프롬프트 엔지니어링 049
프롬프트 템플릿 308

ㅍ

파이단틱 출력 파서 336
파이스 279
파이썬 068
파이토치 085

ㅎ

허깅 페이스 146